Estudio de la urbanización en Centroamérica

DIRECCIONES EN EL DESARROLLO
Países y regiones

Estudio de la urbanización en Centroamérica

Oportunidades de una Centroamérica urbana

Augustin Maria, Jose Luis Acero, Ana I. Aguilera y Marisa Garcia Lozano, editores

GRUPO BANCO MUNDIAL

Contenido

Recuadros

Mapas

Tablas

Prefacio

Centroamérica es hoy la segunda región de más rápida urbanización en el mundo. La urbanización avanza a tasas sin precedentes y las ciudades se están convirtiendo en el lugar donde los desafíos y las oportunidades se concentran cada vez más. Dentro de la próxima generación, 7 de cada 10 centroamericanos vivirán en ciudades, sumando así 700.000 nuevos residentes urbanos cada año en las próximas tres décadas. De acuerdo con las tasas actuales de urbanización, la población urbana de la región se duplicará hacia 2050, acogiendo a más de 25 millones de nuevos habitantes urbanos. La subestimación de esta transición podría aumentar la creación de asentamientos informales, así como la concentración de la población y la actividad económica en zonas propensas al riesgo, socavando la productividad y reduciendo la capacidad de los países y ciudades para resistir choques externos. La urbanización no planificada y sin control socava la inclusión social, exacerbando el crimen y la violencia, que es hoy uno de los desafíos más acuciantes de la región. Para avanzar, las ciudades de Centroamérica deben prepararse y adaptarse para proporcionar más y mejores servicios, mejorar la infraestructura, ampliar el acceso a viviendas asequibles, y permitir al sector privado crear empleos de calidad para todos.

La descentralización en Centroamérica ha ampliado las responsabilidades de los gobiernos locales en toda la región, permitiéndoles contribuir directamente a enfrentar los desafíos más acuciantes para el desarrollo de sus países. Esta mayor responsabilidad se basa en su capacidad institucional y financiera, y en su habilidad para planificar y coordinar con diferentes niveles de gobierno donde los roles funcionales se intersectan. Fortalecer la capacidad de los gobiernos locales es clave para mejorar la prestación de servicios, así como para reducir los cuellos de botella en la expansión del acceso a viviendas asequibles para familias de bajos ingresos. Mientras tanto, entender la magnitud de las pérdidas sociales y económicas causadas por los desastres naturales será esencial, ya que los gobiernos locales deben trabajar para prevenir el riesgo futuro, reducir la vulnerabilidad y construir ciudades resilientes. Además, las estrategias de desarrollo económico local ayudarán a los gobiernos a apoyar el crecimiento económico y la creación de empleo, promoviendo la competitividad de las ciudades basada en las ventajas comparativas de las aglomeraciones urbanas y la ubicación estratégica de la región cerca de los mercados de Estados Unidos y Sudamérica.

Conocer bien las causas y los impactos potenciales de la urbanización es esencial para crear un futuro más sostenible y asegurar que todos los ciudadanos disfruten de los beneficios de esta transición. El *Estudio de la urbanización en Centroamérica: Oportunidades de una Centroamérica urbana*, pone en evidencia las tendencias e implicaciones de la urbanización para los gobiernos centrales y locales, quienes enriquecerán su diálogo sobre políticas y fomentarán ciudades más sostenibles, resilientes y competitivas. El informe se centra en cuatro áreas de política: (i) gestión de la ciudad e instituciones, (ii) acceso a la vivienda, (iii) resiliencia de la ciudad, y (iv) competitividad de la ciudad. Una mirada más atenta a estos ámbitos de política es vital para el desarrollo de largo plazo de la región, ya que la rápida urbanización ejerce presión sobre las finanzas municipales y la provisión de infraestructura urbana básica.

Estoy seguro de que este informe estimulará un diálogo abierto y constructivo sobre los retos y oportunidades de la urbanización para Centroamérica y ayudará a enmarcar políticas e inversiones para que los ciudadanos puedan tener una mejor calidad de vida y disfrutar de ciudades más equitativas y productivas.

J. Humberto Lopez
Director Centroamérica
Región de América Latina y el Caribe

Agradecimientos

Este *Estudio de la Urbanización en Centroamérica* ha sido preparado por un equipo central dirigido por Augustin Maria (Especialista Senior en Desarrollo Urbano – Líder de Proyecto) y conformado por Jose Luis Acero (Especialista en Desarrollo Urbano), Ana I. Aguilera (Especialista en Desarrollo Urbano) y Marisa García Lozano (Analista de Desarrollo Urbano, Consultora). El equipo agradece a los autores principales de los capítulos del reporte: Ana I. Aguilera [Capítulo 1]; Mats Andersson (Experto en Gestión Municipal, Consultor) [Capítulo 2]; Jonas Ingemann Parby (Especialista en Desarrollo Urbano) y David Ryan Mason (Especialista en Desarrollo Urbano) [Capítulo 3]; Oscar A. Ishizawa (Especialista Senior en Gestión del Riesgo de Desastres) y Haris Sanahuja (Experto en Gestión del Riesgo de Desastres, Consultor) [Capítulo 4]; y Albert Solé (Economista Senior) [Capítulo 5].

El equipo brinda un reconocimiento especial a Catalina Marulanda (Especialista Líder en Desarrollo Urbano) por su orientación y apoyo a lo largo de las diversas rondas de revisión.

El estudio fue enriquecido gracias a la revisión detallada de los colegas Alexandra Ortiz (Líder de Programa), Nancy Lozano Gracia (Economista Senior), y Austin Kilroy (Economista Senior).

El equipo también agradece las importantes contribuciones realizadas por J. Humberto López (Director de País); Anna Wellenstein (Gerente de Práctica); Christian Peter (Líder de Programa); Ana Campos (Especialista Senior en Gestión del Riesgo de Desastres); Angélica Núñez (Especialista Senior en Desarrollo Urbano); Lizardo Narváez (Especialista en Gestión del Riesgo de Desastres); Luis Aviles (Analista de Operaciones); Luis Triveño (Especialista en Desarrollo Urbano); Tatiana Peralta Quirós (Especialista en Movilidad Urbana y Tecnología); y Rafael Van der Borght, Federico Ortega, Kshitij Batra, Leonardo Espinosa, Rocío Calidonio, Dmitry Sivaev, Benjamin Stewart, y Christoph Aubrecht (Consultores). Bruce Ross-Larsson de *Communications Development Incorporated* proporcionó apoyo editorial.

Este libro refleja varias rondas de conversaciones con los gobiernos de los seis países de Centroamérica: Costa Rica, El Salvador, Guatemala, Honduras, Nicaragua y Panamá. El apoyo continuo y orientación de cada gobierno fue fundamental para este análisis.

El estudio no habría sido posible sin la generosa contribución financiera del *Korean Green Growth Partnership Trust Fund* (KGGPTF), y del "Fondo Fiduciario de Donantes para el Desarrollo Urbano Sostenible" de la Cooperación Suiza (SECO), el Departamento para el Desarrollo Internacional del Reino Unido (DFID) y el Ministerio Noruego de Asuntos Exteriores.

Acerca de los editores y colaboradores

Editores

Augustin Maria es Especialista Senior de Desarrollo Urbano en la Práctica Global Social, Urbana, Rural y de Resiliencia en el Banco Mundial. Actualmente trabaja en gestión municipal, revitalización urbana, vivienda, y resiliencia urbana en Centroamérica y Argentina. Desde su incorporación al Banco en 2008 ha trabajado en América Latina y el Caribe, Oriente Medio y África del Norte, y Asia del Sur en cuestiones relacionadas con el desarrollo urbano, la gestión del riesgo de desastres y el suministro de agua y saneamiento. Se graduó como ingeniero de la *École des Mines* en París y tiene un doctorado en economía de París-Dauphine.

Jose Luis Acero es Especialista en Desarrollo Urbano del Banco Mundial. Desde su incorporación al Banco en 2013, ha prestado apoyo operacional y analítico a proyectos en Argentina, Bolivia, Centroamérica, Colombia, México y Marruecos, incluyendo trabajos sobre evaluaciones urbanísticas, políticas urbanas, acceso a financiamiento de vivienda para segmentos de bajos ingresos, captura del valor del suelo, y desarrollo económico local. Mientras cursaba su MPA en la Universidad de Columbia tuvo la oportunidad de ser miembro de un equipo liderado por el Profesor Jeffrey Sachs para asesorar al gobierno de Paraguay en temas de desarrollo industrial y económico. También trabajó como Coordinador de Operaciones en el Centro de Desarrollo Regional de Naciones Unidas (UNCRD), promoviendo iniciativas de integración regional en las principales áreas metropolitanas de Colombia. Jose Luis se graduó como Ingeniero Industrial de la Universidad de Los Andes en Bogotá, tiene una Maestría en Economía de la misma universidad y una una maestría en Administración Pública de la Universidad de Columbia en Nueva York.

Ana I. Aguilera es Especialista en Desarrollo Urbano del Banco Mundial. Su trabajo se centra en mejorar la gestión de las ciudades con énfasis en la economía urbana y el desarrollo espacial. Ha estudiado las relaciones entre morfología urbana, productividad y acceso a servicios básicos en las ciudades. Su trabajo también comprende la gestión y diseño de encuestas para medir los niveles de vida y los indicadores socioeconómicos en países como Jordania, Líbano, Sierra Leona, Sudáfrica, Tanzania y en la región del Kurdistán. Ana ha contribuido a varios estudios de urbanización del Banco Mundial, incluyendo aquellos para

Etiopía, Nigeria, Turquía y Centroamérica. En 2014 fue galardonada con el Fondo de Innovación de la Juventud por su trabajo utilizando datos celulares para entender los patrones de movilidad en las ciudades. Ana se graduó como economista de la Universidad Católica Andrés Bello en Caracas y tiene una Maestría en Políticas Públicas de la Universidad de Chicago.

Marisa Garcia Lozano es Analista (Consultora) en la unidad de Desarrollo Urbano y Gestión de Riesgos de Desastres de América Latina y el Caribe del Banco Mundial. Presta apoyo analítico y operacional a proyectos de mejoramiento de barrios informales, renovación urbana y desarrollo económico local en Centroamérica y Argentina. Antes de unirse al Banco, Marisa fue una pasante de Construcción de Paz Ambiental en Environmental Law Institute, donde realizó investigaciones sobre poblaciones desplazadas por el huracán Katrina y la tormenta Sandy y la distribución de beneficios de los fondos fiduciarios de recursos naturales. Entre 2011 y 2013, trabajó en un proyecto de patrimonio cultural caribeño en la Organización de los Estados Americanos. También ha realizado trabajos de consultoría para Nathan Associates Inc. y RTI International. Marisa tiene una maestría en estudios de desarrollo internacional de la Universidad George Washington y una licenciatura en relaciones internacionales del Tecnológico de Monterrey.

Colaboradores

Capítulo 1: Ana I. Aguilera, Especialista en Desarrollo Urbano

Capítulo 2: Mats Andersson, Experto en Gestión Municipal, Consultor

Capítulo 3: Jonas Ingemann Parby y David Ryan Mason, Especialistas en Desarrollo Urbano

Capítulo 4: Haris Sanahuja, Experto en Gestión de Riesgo de Desastres, Consultor, y Oscar A. Ishizawa, Especialista Senior en Gestión de Riesgo de Desastres

Capítulo 5: Albert Solé, Economista Senior

Abreviaturas

AAUD	Autoridad de Aseo Urbano y Domiciliario, Panamá
ALC	América Latina y el Caribe
AMG	Área Metropolitana de Guatemala
AMHON	Asociación de Municipios de Honduras
ANIP	Autoridad Nacional de Ingresos Públicos, Panamá
BID	Banco Interamericano de Desarrollo
BM	Banco Mundial
BPO	*Business Process Outsourcing* (Tercerización del Proceso de Negocios)
CAPRA	*Central American Probabilistic Risk Assessment* (Evaluación Probabilística del Riesgo en Centroamérica)
CEPAL	Comisión Económica para América Latina y el Caribe
CINDE	Coalición de Iniciativas de Desarrollo, Costa Rica
COAMSS	Consejo de Alcaldes del Área Metropolitana de San Salvador
CRCR	Constitución de la República de Costa Rica
CRES	Constitución de la República de El Salvador
CRG	Constitución de la República de Guatemala
CRH	Constitución de la República de Honduras
CRN	Constitución de la República de Nicaragua
CRP	Constitución de la de la República de Panamá
DEL	Desarrollo Económico Local
DESP	Desarrollo del Sector Privado
DMSP	*Defense Meteorological Satellite Program* (Programa de Satélites Meteorológicos de la Defensa)
DPP	Diálogo Público-Privado
DRFI	*Disaster Risk Financing and Insurance Program* (Programa de Financiamiento y Seguros para Desastres)
DSP	Diagnóstico Sistemático de País
EM-DAT	*Emergency Events Database* (Base de Datos de Eventos de Emergencia)

EMPAGUA	Empresa Municipal de Agua, Ciudad de Guatemala
ENOS	El Niño-Oscilación del Sur
EPZ	*Export Processing Zone* (Zona de Procesamiento de Exportaciones)
FMI	Fondo Monetario Internacional
FODES	Fondo para el Desarrollo Económico y Social de los Municipios de El Salvador
FUNDASAL	Fundación Salvadoreña de Desarrollo y Vivienda Mínima
GAM	Gran Área Metropolitana
GFDRR	*Global Facility for Disaster Reduction and Recovery* (Fondo Mundial para la Reducción de los Desastres y la Recuperación)
GHSL	*Global Human Settlements Layer* (Capa Global de Asentamientos Humanos)
GLEAM	*Global Economic Activity Map* (Mapa Global de la Actividad Económica)
GRD	Gestión del Riesgo de Desastres
HU	Huracanes
IA	Índice de Aglomeración
IBI	Inversión Bruta Interna
IDM	Indicadores del Desarrollo Mundial (*World Development Indicators*)
IED	Inversión Extranjera Directa
IMF	Institución Microfinanciera
INIFOM	Instituto Nicaragüense de Fomento Municipal
INVU	Instituto Nacional de Vivienda y Urbanismo, Costa Rica
ISDEM	Instituto Salvadoreño de Desarrollo Municipal
MAP	Marco de Alianza con el País (*Country Partnership Framework*)
MIDES	Manejo Integral de Deshechos Sólidos, El Salvador
MIVIOT	Ministerio de Vivienda y Ordenamiento Territorial, Panamá
MRS	Manejo de Residuos Sólidos
NOAA	*National Oceanic and Atmospheric Administration* (Administración Nacional Oceánica y Atmosférica)
OCDE	Organización para la Cooperación y el Desarrollo Económico
ONU	Organización de las Naciones Unidas
ONUDD	Oficina de las Naciones Unidas contra la Droga y el Delito
OPAMSS	Oficina de Planificación Metropolitana de San Salvador
PAS	Programa de Agua y Saneamiento del Banco Mundial (*World Bank Water and Sanitation Program*)
PCGIR	Política Centroamericana para la Gestión Integral del Riesgo de Desastres

PIB	Producto Interno Bruto
PNUD	Programa de las Naciones Unidas para el Desarrollo
PPA	Pérdida Promedio Anual
PPC	Paridad de Poder de Compra *(Purchasing Power Parity)*
PRDP	Perfil de Riesgo de Desastres del País
SAT	Superintendencia de Administración Tributaria, Guatemala
SEDLAC	*Socio-Economic Database for Latin America and the Caribbean* (Base de datos Socioeconómicos para América Latina y el Caribe)
SEGEPLAN	Secretaría de Planificación y Programación de la Presidencia, Guatemala
TM	Terremotos
TT	Tormentas Tropicales
US$	Dólar estadounidense
ZEE	Zonas Económicas Especiales

Síntesis

¿Por qué es importante la urbanización para Centroamérica?

Centroamérica experimenta una transición importante en la que las poblaciones urbanas aumentan a gran velocidad, lo que trae consigo desafíos apremiantes así como oportunidades para impulsar un crecimiento sostenido, inclusivo y resiliente. Hoy en día, el 59 por ciento de la población de Centroamérica vive en zonas urbanas, pero se espera que en la próxima generación 7 de cada 10 personas vivan en ciudades, lo que equivale a sumar 700,000 nuevos residentes urbanos cada año. Al ritmo actual de urbanización, la población urbana de la región se duplicará en tamaño hacia 2050, dando la bienvenida a más de 25 millones de nuevos habitantes urbanos que demandarán una mejor infraestructura, una mayor cobertura y calidad de los servicios urbanos, y mejores oportunidades de empleo. A medida que un mayor número de personas se concentre en las zonas urbanas, los gobiernos nacionales y locales de Centroamérica tienen tanto oportunidades como desafíos para asegurar la prosperidad de las generaciones actuales y futuras.

Los principales desafíos para el desarrollo de la región están relacionados con la falta de inclusión social, la vulnerabilidad a los desastres naturales y la falta de oportunidades económicas y de competitividad. Una revisión de los más recientes Diagnósticos Sistemáticos de País (DSP) del Banco Mundial (2015b, 2015d, 2015e, 2015f, 2016) para Costa Rica, El Salvador, Guatemala, Honduras, Nicaragua[1] y Panamá pone de relieve los desafíos comunes para el desarrollo en toda la región. Los informes muestran que los países experimentan, en diversos grados, limitaciones para el crecimiento económico y la competitividad. Costa Rica y Panamá son las dos economías más avanzadas de la región, sin embargo, sus sistemas de educación y capacitación no están respondiendo adecuadamente a su ritmo de desarrollo, lo que crea un desajuste entre las habilidades laborales y los puestos de trabajo. Otras causas del bajo crecimiento y la poca competitividad se relacionan con la baja productividad, los bajos niveles de inversión y la falta de diversificación de las exportaciones. En cuanto a la inclusión social, la región se caracteriza por la desigualdad de ingresos, la exclusión económica, el bajo acceso a servicios básicos de calidad y los altos niveles de delincuencia y violencia.

Por último, los DSP subrayan la exposición y la vulnerabilidad de los seis países de Centroamérica a los desastres naturales e identifican la resiliencia como una prioridad importante de política. Si bien la mejora de las políticas urbanas por sí sola no puede abordar todas estas cuestiones, sí es un factor instrumental en conjunto con otras políticas sectoriales.

Debido a la rápida urbanización en la región, las ciudades de Centroamérica concentran cada vez más estos desafíos del desarrollo. A pesar de los importantes avances en la reducción de la pobreza y el aumento del PIB per cápita en las últimas décadas, la rápida urbanización en Centroamérica ha amplificado los desafíos que se concentran en las ciudades. La vivienda inadecuada, la vulnerabilidad a los desastres naturales y el bajo crecimiento económico son comunes en los centros urbanos. Mientras que las ciudades de la región han extendido su territorio para dar cabida al crecimiento y a la migración de la población, la calidad de las viviendas, especialmente en términos de acceso a la infraestructura, no ha seguido el ritmo de la demanda. Una parte importante del desarrollo territorial reciente de la región ha tenido lugar en zonas expuestas a riesgo de desastres. Hoy en día, las ciudades centroamericanas concentran entre 70 y 80 por ciento de los activos que se encuentran en riesgo, o la infraestructura está expuesta a los efectos potenciales de eventos naturales adversos. Esta concentración crecerá aún más con el aumento de la urbanización. Si el terremoto que afectó a El Salvador en 2001 tuviera lugar de nuevo hoy, las posibles pérdidas económicas ascenderían a US$ 1,810 millones, o 7 por ciento del PIB del país. A pesar de concentrar la mayor parte de la actividad económica, las ciudades en Centroamérica no sacan ventaja de todo su potencial. Necesitan acelerar la creación de empleo para una demografía joven en pleno auge con el fin de incrementar el crecimiento y aumentar los ingresos per cápita.

Los desafíos para el desarrollo de la región pueden abordarse en las ciudades, focalizando los esfuerzos en las oportunidades económicas que ofrecen. Al abordar los costos de la urbanización, los países de Centroamérica tienen la oportunidad de mejorar la prosperidad y calidad de vida de la región. El ritmo de la urbanización en la región exige acciones de política inmediatas para sacar ventaja de los beneficios que las ciudades pueden brindar y para evitar los costos de las externalidades negativas. Al igual que en otras regiones del mundo, la urbanización en la región ha ido de la mano con el crecimiento económico. Las ciudades pueden beneficiarse de las llamadas economías de aglomeración, donde la concentración espacial de personas y empresas conduce a una mayor productividad. En 1994, cuando menos de la mitad de la población de la región vivía en zonas urbanas, el PIB per cápita en los países de Centroamérica era de US$ 5,318 en promedio. Veinte años más tarde, con la creciente urbanización de la región, los ingresos per cápita se duplicaron a un promedio de US$ 11,531[2], aunque con diferencias significativas entre los países. Sin embargo, los beneficios de la urbanización no son automáticos. La urbanización por sí misma puede determinar las trayectorias de desarrollo de los países. A pesar del crecimiento reciente, la mayoría de los países de Centroamérica necesitarían un crecimiento real de los ingresos per cápita de entre 6 y 14 por ciento para cerrar la brecha con los países más prósperos en 2030.

El *Estudio de la Urbanización en Centroamérica* ofrece una mejor comprensión de las tendencias y las implicaciones de la urbanización, así como las acciones que los gobiernos centrales y locales pueden tomar para obtener los beneficios previstos de esta transformación. El estudio hace recomendaciones sobre cómo las políticas urbanas pueden contribuir a abordar los principales desafíos de desarrollo identificados, es decir, la falta de inclusión social, la alta vulnerabilidad a los desastres naturales y la falta de oportunidades económicas y de competitividad. En concreto, el estudio se centra en cuatro áreas prioritarias para las ciudades de Centroamérica: instituciones para la gestión de las ciudades, acceso a una vivienda adecuada y bien ubicada, resiliencia a los desastres naturales y aumento de la competitividad a través del desarrollo económico local. Este Resumen Ejecutivo reúne los principales mensajes desarrollados a lo largo del Estudio de la Urbanización, e incluye un capítulo de diagnóstico y cuatro capítulos sectoriales:

El Capítulo 1, "Cómo está transformando la urbanización a Centroamérica", ofrece un diagnóstico de las tendencias de urbanización actuales y futuras, incluyendo una visión general de la velocidad y extensión de la urbanización, las características del sistema de ciudades centroamericano y la concentración de la actividad económica en las ciudades. También presenta los retos económicos y sociales que enfrentan las ciudades, los cuales son analizados con mayor detalle en los cuatro capítulos sectoriales restantes.

El Capítulo 2, "Gestionando ciudades y aglomeraciones: fortaleciendo las instituciones para una efectiva planificación y provisión de servicios", destaca el papel fundamental de los gobiernos locales en la gestión eficaz de las ciudades para garantizar la prestación de servicios de calidad, así como para la planificación coordinada con el gobierno nacional para un desarrollo coherente y sostenible de las áreas urbanas.

El Capítulo 3, "Hacia ciudades más inclusivas mediante el mejoramiento del acceso a una vivienda adecuada y bien ubicada", resalta las limitaciones en el sector de la vivienda que los responsables de las políticas deben abordar con el fin de impulsar un modelo de vivienda más eficiente, incluyente y sostenible, que esté integrado con el desarrollo urbano. Igualmente, se identifican las prioridades a nivel nacional y de ciudad para mejorar el acceso a una vivienda asequible y de calidad.

El Capítulo 4, "Hacia ciudades más resilientes para reducir la vulnerabilidad de Centroamérica a los desastres naturales", aboga por la construcción de ciudades resilientes para reducir el impacto a largo plazo de los desastres naturales sobre la población y la economía. Califica los riesgos y la exposición al riesgo en las zonas urbanas de la región y describe mecanismos mediante los cuales los países pueden fortalecer la gestión del riesgo de desastres (GRD) y aumentar la resiliencia urbana.

El Capítulo 5, "Hacia ciudades más competitivas para la creación de más y mejores empleos", trata sobre el potencial del desarrollo económico local (DEL) para aumentar la competitividad local y nacional, contribuyendo a fomentar la estabilidad macroeconómica y fortaleciendo el desarrollo del sector privado. Igualmente, aplica el marco global sobre ciudades competitivas del Banco Mundial (2015a) al contexto de Centroamérica.

Cómo la urbanización está transformando a Centroamérica (Capítulo 1)

Centroamérica es la segunda región de más rápida urbanización en el mundo, solo superada por África. Cuando se comparan con la media global de urbanización y con países en etapas similares de urbanización, los países de Centroamérica presentan altas tasas de crecimiento de la población urbana. La Figura O.1 muestra que Costa Rica tiene la mayor proporción de población urbana (75 por ciento) en la región, y al mismo tiempo uno de los ritmos más rápidos de crecimiento anual en el mundo para países con niveles similares de urbanización (2.5 por ciento en 2014). Por el contrario, Guatemala y Honduras tienen niveles más bajos de urbanización con más de la mitad de su población viviendo en las ciudades, pero a la vez experimentan dos de las mayores tasas de crecimiento de la población urbana de la región (a una tasa anual del 3.4 y 3.2 por ciento, respectivamente en 2015). Panamá, El Salvador y Nicaragua tienen niveles intermedios de urbanización, alrededor del 60 por ciento, con tasas de urbanización superiores a la media mundial y comparables a las tasas de crecimiento de Sudáfrica o Marruecos.

Las zonas urbanas han crecido más rápido que la población urbana, lo que contribuye al aumento de los niveles de expansión urbana de baja densidad. Con datos de la Capa Global de Asentamientos Humanos (*Global Human Settlements Layer*, GHSL), este estudio examinó el impacto territorial del proceso de urbanización en Centroamérica entre 1975 y 2014. Los datos muestran que la superficie total urbanizada[3] en la región se ha triplicado en los últimos 40 años. Mientras que los aumentos en la superficie construida y de la población siguieron

Figura O.1   El crecimiento de la población urbana de los países de Centroamérica es alto en comparación con el de los países con niveles similares de urbanización

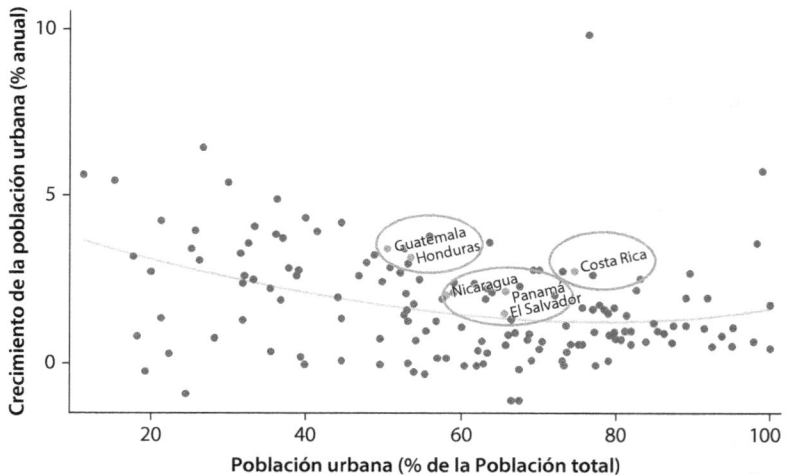

Fuente: Naciones Unidas 2014.

una tendencia similar hasta el año 2000, la tendencia reciente muestra que el suelo urbanizado ha ido aumentando mucho más rápido que la población. Esta expansión del área construida se traduce en zonas urbanas en expansión más grandes, lo que aumenta el costo de la prestación de servicios básicos y de la infraestructura de conexión. Un desarrollo urbano más compacto y mayores densidades de población podrían reducir no solo los costos de infraestructura, sino también los costos de mantenimiento. Dentro de la región, El Salvador ha visto la mayor transformación al cuadruplicar su superficie construida desde 1975. Se necesita una mejor planificación del uso del suelo para gestionar esta expansión de una manera más sostenible.

Muchas áreas urbanas se extienden mucho más allá de los límites municipales. Este estudio presenta los resultados de análisis hechos para identificar las áreas urbanas más grandes en los seis países con el apoyo de diferentes bases de datos espaciales. El análisis identificó 167 aglomeraciones urbanas con una población de más de 15,000 personas. El Mapa O.1 muestra la localización de las zonas urbanas identificadas en un mapa regional. Muchas de las ciudades capitales y secundarias han superado sus límites municipales. De las 167 aglomeraciones de la región, 72 abarcan tres o más municipios.

Mapa O.1 Aglomeraciones urbanas identificadas en Centroamérica

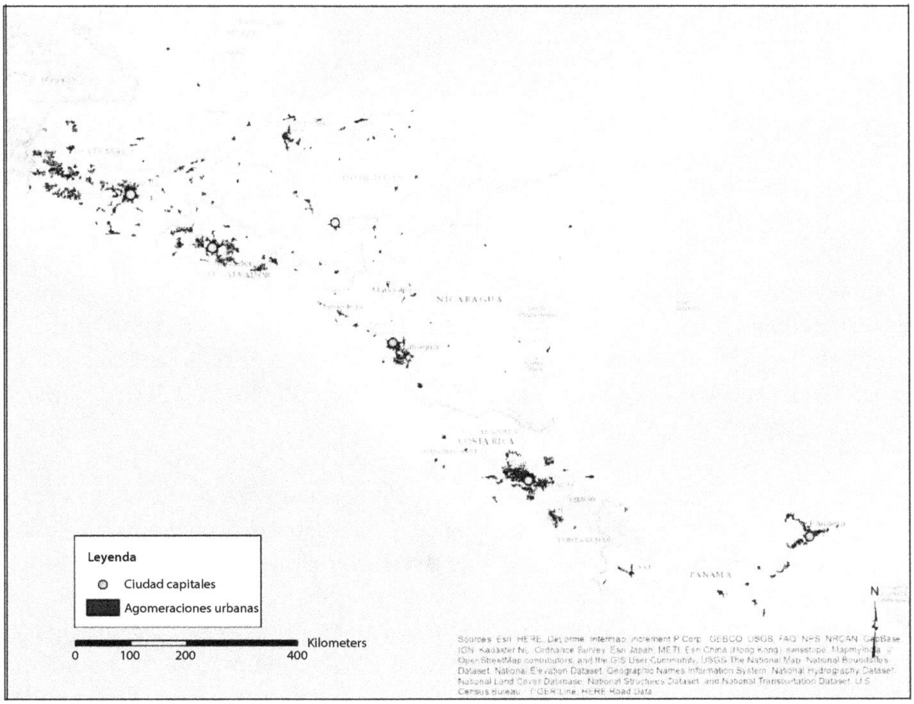

Fuente: Elaboración propia a partir de datos del Perfil de Riesgo de Desastres del País (PRDP) y la versión alfa de GHSL (2016).

Mapa O.2 Límites municipales y metropolitanos oficiales comparados con las aglomeraciones urbanas

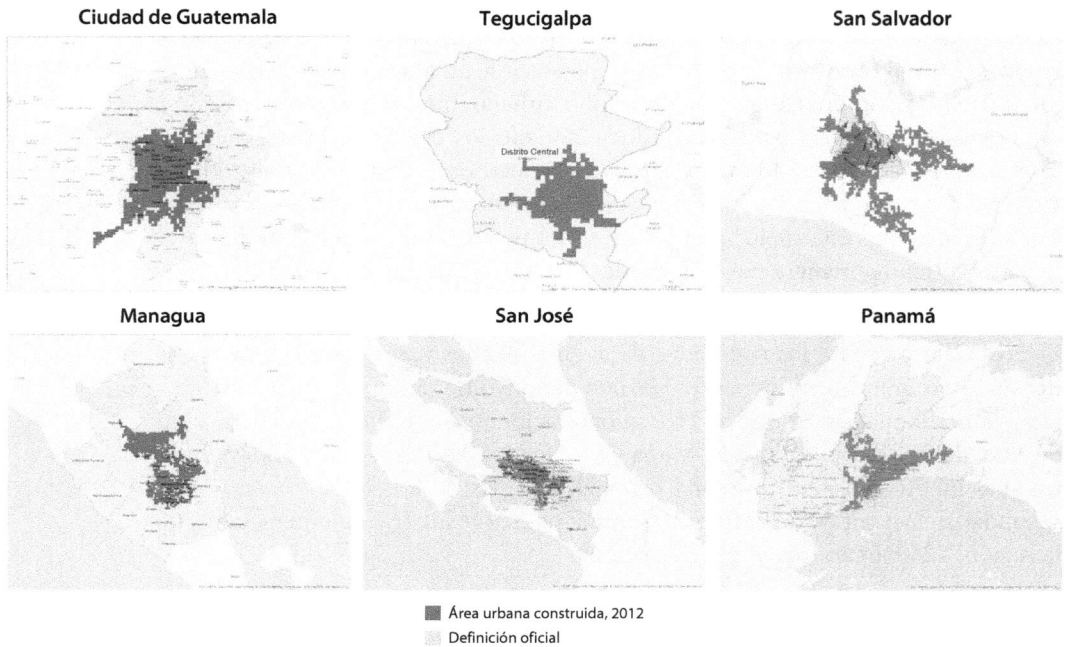

Ciudad de Guatemala   Tegucigalpa   San Salvador

Managua   San José   Panamá

■ Área urbana construida, 2012
▓ Definición oficial

Fuente: Elaboración propia a partir de datos de GHSL y datos censales.

La extensión espacial de las aglomeraciones urbanas más allá de los límites municipales constituye un desafío para la gestión de las ciudades. Sin los mecanismos de cooperación intermunicipales apropiados, es difícil asegurar la adecuada y coordinada planificación y prestación de servicios a nivel de aglomeraciones urbanas, sobre todo en las grandes ciudades. Con la excepción de Tegucigalpa, todas las ciudades capitales se extienden más allá de varios límites municipales (Mapa O.2). Aunque todos los países de la región tienen delimitaciones metropolitanas oficiales para sus ciudades capitales –mostradas en azul claro– algunas de ellas requieren ser actualizadas para reflejar los cambios en la dinámica urbana y garantizar una gestión apropiada de las aglomeraciones. Vale la pena resaltar el caso de San Salvador ya que la aglomeración urbana supera al doble el tamaño de los límites metropolitanos oficiales.

Las ciudades capitales concentran una mayor proporción de la población urbana que la reportada por cifras oficiales. En las estadísticas oficiales, alrededor de un tercio de la población urbana de Centroamérica vive en una de las seis ciudades capitales, y se espera que éstas contribuyan menos del 15 por ciento del aumento de la población urbana previsto para la próxima década. Sin embargo, al considerar que las aglomeraciones urbanas se extienden más allá de los límites oficiales, el peso demográfico y económico de la aglomeración de la capital en el país es más grande, a veces dramáticamente más grande, como es el caso de San José. Más de dos tercios de la población urbana en

Honduras se distribuye entre las dos áreas metropolitanas más grandes (San Pedro Sula y Tegucigalpa). Del mismo modo, Managua metropolitana concentra el 55 por ciento de la población urbana en Nicaragua, mientras que San José y sus ciudades satélites representan casi el 85 por ciento de la población urbana en Costa Rica. Esto pone de relieve la importancia de gestionar estas grandes aglomeraciones, debido a sus funciones actuales y futuras dentro de sus respectivos países.

Las ciudades secundarias han crecido significativamente durante la última década y representan entre el 15 y el 65 por ciento de los sistemas urbanos nacionales. De acuerdo con cifras censales oficiales, las ciudades secundarias representaron casi dos tercios del crecimiento de la población urbana en Nicaragua y Guatemala durante la última década. Las ciudades con un tamaño de población entre 15,000 y 100,000 habitantes representaron entre el 20 y el 30 por ciento del crecimiento de la población en las zonas urbanas, lo que hace más importante su papel en los sistemas urbanos nacionales. Mientras que las grandes áreas metropolitanas representaron al menos el 40 por ciento del crecimiento demográfico en las zonas urbanas, las ciudades secundarias y las pequeñas aglomeraciones están creciendo rápidamente. En Guatemala y El Salvador, por ejemplo, las remesas contribuyen al crecimiento y expansión de las ciudades secundarias. Estas ciudades secundarias representan una parte muy importante de la población, e incluso en países pequeños las ciudades secundarias y pequeñas que funcionan correctamente juegan un papel importante. Este estudio aboga por políticas que puedan apoyar la gestión de las ciudades secundarias y pequeñas. Mientras que la mayor parte de la literatura existente se centra en la gestión de las grandes ciudades capitales –que requieren una mayor coordinación metropolitana para garantizar la conectividad de servicios como el transporte, manejo de aguas residuales y recolección de residuos– la mejora de la prestación de servicios básicos y de la infraestructura de conexión en las ciudades pequeñas y medianas pueden potenciar su papel como centros comerciales y logísticos de conexión de los agricultores en las zonas rurales con los mercados industriales.

Las ciudades son el lugar donde los retos más apremiantes para el desarrollo de Centroamérica deben ser abordados

Cada vez más, las ciudades concentran los principales retos para el desarrollo de la región –la falta de inclusión social, la vulnerabilidad a los desastres naturales y la falta de oportunidades económicas y de competitividad– así como las oportunidades para enfrentarlos. Con base en los DSP del Banco Mundial[4] (en el caso de Nicaragua, la Estrategia de Alianza con el País), la tabla O.1 resume los principales desafíos de desarrollo para cada uno de los países de la región. Debido a la concentración de personas y de la actividad económica, las ciudades no solo reúnen estos desafíos, sino también las oportunidades para enfrentarlos. Si es bien gestionada, la urbanización es una oportunidad para mejorar la prosperidad y calidad de vida, pero los beneficios de la urbanización

Tabla O.1 Desafíos claves del desarrollo en Centroamérica

	Falta de oportunidades económicas y baja competitividad	*Falta de inclusión social*	*Vulnerabilidad a los desastres naturales*
Costa Rica	• Presiones fiscales que amenazan el pacto social y así como la Marca Verde. • Desajuste entre las cualificaciones y los puestos de trabajo.	• Reducción de la pobreza estancada y creciente desigualdad. • Bajo acceso al tratamiento de aguas residuales y al manejo de residuos sólidos.	• Alta exposición a los riesgos, especialmente hidrometeorológicos y geofísicos.
El Salvador	• Falta de oportunidades y baja competitividad económica. • Movilidad limitada de la clase media.	• Falta de inclusión social y financiera.	• Alta vulnerabilidad a los desastres naturales.
Guatemala	• Bajo crecimiento económico. • Bajos niveles de inversión y de productividad agrícola. • Instituciones débiles (baja tributación, débil clima de inversión, frágil estado de derecho).	• Contrato social fragmentado. • Desigualdad generalizada y exclusión económica. • Desnutrición. • Falta de una educación de calidad.	• Vulnerabilidad a los desastres naturales que afectan de manera desproporcionada a los pobres.
Honduras	• Fricciones regulatorias que afectan a los mercados de trabajo y productos. • Continua inestabilidad fiscal. • Infraestructura inadecuada y acceso limitado al capital. • Escasez de habilidades laborales.	• Bajo acceso y calidad de los servicios básicos. • Distribución desigual de acceso a los servicios, lo que perjudica a los pobres. • Altos niveles de delincuencia y violencia. • Acceso limitado a la educación.	• Baja resistencia a los riesgos naturales.
Nicaragua	• Vulnerabilidad externa debido a la escasa diversificación económica. • Vulnerabilidad al aumento de precio de los alimentos.	• Altas tasas de criminalidad. • Desigualdad en el acceso a los servicios entre los diferentes grupos de ingresos. • Acceso limitado a la educación primaria.	• Alta vulnerabilidad a los riesgos, especialmente aquellos que golpean la infraestructura básica, caminos y viviendas.
Panamá	• Efectividad limitada de las instituciones públicas y del marco regulatorio. • Deficiencias en la cobertura y calidad de la educación secundaria y terciaria.	• Aumento de la delincuencia y la violencia. • Débil protección de los derechos a las tierras • Concentración creciente de la pobreza extrema en los territorios indígenas.	• El cambio climático y el aumento de la variabilidad de las precipitaciones.

Fuente: Síntesis de Diagnósticos Sistemáticos de País (DSP); a excepción de Nicaragua, que se basa en la Estrategia de Alianza con el País para el período fiscal 2013-2017.

no son automáticos. La velocidad y la extensión de la urbanización en la región demandan acciones de política inmediatas para sacar provecho de los muchos beneficios que las ciudades pueden ofrecer y para evitar los costos innecesarios de externalidades negativas. Los beneficios de las ciudades provienen de las economías de aglomeración, en las que la concentración espacial de personas y empresas conduce a una mayor productividad. Sin embargo, la aglomeración se asocia también con retos cada vez mayores, denominados "deseconomías de aglomeración" o "efectos de congestión", tales como congestión del tráfico, vivienda inasequible y degradación del medio ambiente, lo que puede reducir la calidad de vida y la productividad de las ciudades.

Las ciudades concentran una gran parte de la actividad económica y pueden convertirse en motores del crecimiento

Las oportunidades de empleo y la actividad económica se concentran en las ciudades, especialmente las más grandes. Investigaciones en todo el mundo sugieren que más del 80 por ciento de la actividad económica global se concentra en las zonas urbanas. Las ciudades también concentran la mayor parte de la actividad económica en los países de Centroamérica. La superposición de las áreas urbanas definidas en este estudio con un nuevo modelo de desagregación espacial del PIB aplicado a Centroamérica muestra que las ciudades contribuyen más del 78 por ciento a la economía regional. Las ciudades en Costa Rica y Panamá representan más del 84 por ciento del PIB del país respectivo, mientras que las áreas urbanas en otros países de la región aportan entre el 72 y el 78 por ciento de sus economías nacionales. Dentro de cada país, más de dos tercios de la actividad económica se concentra en las ciudades más grandes (las seis ciudades capitales y San Pedro Sula).

Las ciudades pueden contribuir a reducir la pobreza y aumentar la prosperidad. La evidencia internacional sugiere que la urbanización y el crecimiento económico están estrechamente correlacionados. En Centroamérica, la urbanización ha ido de la mano con mayores ingresos per cápita y la disminución de la pobreza. Pero los beneficios no son automáticos ni causantes directos del desarrollo económico. Por ejemplo, Costa Rica y Panamá son los dos países más urbanizados de la región y también los que han experimentado mejores trayectorias de desarrollo en términos de reducción de la pobreza y aumento de los ingresos per cápita. Sin embargo, este crecimiento también se ha visto facilitado por distintos factores económicos y políticos. Aunque con disparidades intrarregionales, los países centroamericanos avanzaron en la reducción de la pobreza durante este período de urbanización, pasando de aproximadamente el 48 por ciento de residentes urbanos viviendo en pobreza en 1994 al 33 por ciento en 2013. Las zonas urbanas ofrecen mejores empleos, salarios más altos, un mejor acceso al agua potable, y distancias menores a los centros de salud. Al mismo tiempo, las ciudades pueden sostener el crecimiento económico si transforman sus economías en portafolios económicos de mayor valor añadido.

Sin embargo, el crecimiento económico en la mayoría de los países de la región tiene como base un nivel de competitividad bajo. A pesar de un papel más predominante de los servicios y la industria en los últimos años, la mayoría de las economías de la región se caracterizan por la producción y el comercio de productos básicos con poco valor añadido, a excepción de Costa Rica y Panamá. Estos productos básicos se venden generalmente a través de canales de comercialización y distribución internacionales controlados por grandes corporaciones multinacionales y están sujetos tanto a la volatilidad de los precios como a la aparición de nuevos actores en las cadenas globales de suministro. La inversión como porcentaje del PIB en el Triángulo del Norte[5] es muy inferior al promedio de los países de medianos y bajos ingresos[6], y puesto que tiende a apuntar a los sectores con bajas habilidades laborales, las ganancias en productividad se han mantenido bajas, e incluso en algunos casos sin cambio durante la última década.

Las altas tasas de pobreza y de delincuencia en las zonas urbanas son un reto para la inclusión social

La urbanización ha venido acompañada por una disminución en los niveles de pobreza, pero el número de pobres que viven en las ciudades sigue en aumento. A pesar de las disparidades intrarregionales, los países han avanzado en la reducción de la pobreza. Sin embargo, a medida que más personas se han trasladado a las ciudades en busca de mejores condiciones de vida, el número de pobres urbanos ha aumentado en términos absolutos, llegando a más de 8.3 millones de personas en 2011.

Las tasas de criminalidad y victimización tienden a ser mayores en las zonas urbanas. Las seis ciudades capitales tienen tasas de homicidios por cada 100,000 habitantes más altas que la media nacional, con las mayores diferencias observadas en Ciudad de Guatemala (116.6 frente a 41.6 en 2010) y Ciudad de Panamá (53.1 frente a 17.2 en 2012). Informes del Banco Mundial y de la Oficina de las Naciones Unidas contra las Drogas y el Delito (Banco Mundial 2010) reconocen un vínculo entre la urbanización y mayores niveles de criminalidad y violencia en la región, dadas las características inherentes a las zonas urbanas y al tipo de desarrollo urbano que se ha dado en Centroamérica. La mala planificación urbana, el hacinamiento residencial, el deterioro o falta de espacios públicos de recreación y la insuficiencia de servicios públicos básicos, agravados con un acceso limitado a oportunidades educativas y laborales, están bien documentados como factores de riesgo de la delincuencia y la violencia.

El crecimiento y la expansión de asentamientos informales están vinculados a mercados de vivienda disfuncionales en las ciudades

La vivienda, un motor clave del crecimiento económico, es una base importante para la urbanización incluyente. La calidad y la ubicación de la vivienda en las ciudades tiene consecuencias a largo plazo para los hogares y los gobiernos. Una vivienda bien ubicada proporciona beneficios adicionales a los hogares por su proximidad a los empleos, la recreación, la infraestructura y a servicios tales como escuelas y hospitales. Las viviendas con acceso inmediato a estos servicios pueden reducir el tiempo y los gastos de traslado de sus habitantes y proporcionar mejores resultados en educación y salud. La proximidad a los servicios básicos como mejores instalaciones de agua, saneamiento y recolección de residuos sólidos, ha tenido impactos directos sobre las tasas de mortalidad y productividad económica. Como cada uno de estos factores influyen en la competitividad, habitabilidad y resiliencia, un acceso amplio a la vivienda urbana de calidad es esencial.

Sin embargo, los países de la región enfrentan grandes déficits de vivienda, lo que contribuye a la formación de barrios marginados y asentamientos informales los cuales albergan a alrededor del 29 por ciento de los residentes urbanos.

La proporción de la población urbana de la región que vive en estas condiciones informales y precarias se aproxima a la media global del 32 por ciento. Entre el 3 y el 10 por ciento de las viviendas se encuentran en zonas de alto riesgo, propensas a desastres. Los datos disponibles sugieren que esta situación es más frecuente en Nicaragua y Guatemala, donde aproximadamente el 45 y el 39 por ciento de la población vive en barrios marginados, respectivamente. En 2009, se estimaba que había 11.3 millones de hogares en Centroamérica, de los cuales el 37 por ciento enfrentaba algún tipo de déficit cualitativo. Por ejemplo, datos recientes sugieren entre el 30 y el 66 por ciento de la población urbana de la región carece acceso a sistemas de alcantarillado. Alternativas tales como los sistemas sépticos son más comunes, pero en la mayoría de los países más del 25 por ciento (más del 50 por ciento en Nicaragua) tampoco cuenta con este tipo de instalaciones. Además, se estima que 290,000 hogares se establecen anualmente en la región, ejerciendo una mayor presión sobre la demanda de vivienda de calidad.

Los países de la región enfrentan desafíos comunes en el acceso a una vivienda asequible. Las ciudades han extendido su territorio para dar cabida a la migración y el crecimiento de la población, pero la calidad de las viviendas, sobre todo el acceso a la infraestructura, no se ha mantenido al ritmo de esta necesidad. Las unidades de vivienda conectadas a infraestructura básica y ubicadas cerca a los servicios urbanos son escasas y están fuera del alcance de los pobres. Existen programas de subsidio hipotecario destinados a mejorar la asequibilidad. Sin embargo, muchos grupos de bajos ingresos no cumplen con los requisitos, tales como presentar ingresos documentados y un historial bancario. Como alternativa, los pobres urbanos con frecuencia habitan en viviendas auto-construidas y auto-financiadas con diversos niveles de conexión a la infraestructura y de calidad de la vivienda, o en acuerdos de alquiler informales. La falta de planificación urbana ha permitido la expansión de baja densidad de los asentamientos informales en zonas donde los costos de la tierra y la vivienda son más bajos, incluidas las zonas con riesgo de inundaciones, deslizamientos o terremotos. La extensión urbana de baja densidad aumenta el costo de la prestación de servicios a estos desarrollos de vivienda y contribuye a una mayor congestión y exposición a riesgos ambientales y naturales.

En una región propensa a los desastres naturales, las ciudades concentran a las personas y los bienes en situación de riesgo

La ubicación geográfica de Centroamérica hace que sea muy propensa a desastres derivados de eventos naturales adversos como huracanes, sequías, inundaciones, terremotos y El Niño-Oscilación del Sur. En los últimos 50 años, el número de eventos naturales registrados ha incrementado sustancialmente en todos los países. Dichos desastres han afectado de forma negativa el PIB per cápita, el ingreso y la pobreza, lo que dificulta la capacidad de promover el crecimiento sostenible. La mayoría de las pérdidas económicas en la región ha sido causada por terremotos, huracanes y grandes inundaciones, especialmente en las zonas urbanas. Los desastres meteorológicos han causado las mayores pérdidas económicas, mientras que los terremotos, a pesar de ser menos frecuentes, ocasionan el mayor número de muertes derivadas de desastres.

La creciente concentración de la población y la actividad económica en zonas de alto riesgo ha incrementado la vulnerabilidad a eventos naturales catastróficos. En Centroamérica, los desastres generados por eventos naturales han tenido efectos devastadores y disruptivos sobre los fundamentos de las economías, revirtiendo los beneficios del desarrollo. Entre 1970 y 2010, los grandes desastres -incluyendo terremotos, huracanes e inundaciones- causaron daños y pérdidas por más de US$ 80 mil millones. El promedio anual de pérdidas derivadas de eventos naturales catastróficos representa entre el 0.7 y el 2.6 por ciento del PIB nacional en Nicaragua, El Salvador y Honduras. Al sumar todos los países, el inventario regional de edificios e infraestructura expuestos al riesgo asciende a US$ 232 mil millones, de las cuales más del 75 por ciento se concentra en las ciudades.

Prioridades de política: Cómo aprovechar las ciudades para impulsar el potencial de desarrollo de Centroamérica

Algunos de los desafíos más apremiantes de la región pueden ser abordados mediante mejores políticas públicas que promuevan ciudades más inclusivas, resilientes y competitivas. La sección anterior presentó un diagnóstico del proceso de urbanización en curso en Centroamérica y los desafíos comunes de desarrollo que enfrentan los países. En esta sección se procede a identificar cuatro prioridades de política pública destinadas a hacer frente a estos desafíos a nivel de ciudad. Las prioridades y los mensajes que las acompañan, desarrolladas a detalle en cada uno de los cuatro capítulos sectoriales, se presentan aquí en ese mismo orden.

Gestión de ciudades y aglomeraciones: Fortaleciendo las instituciones para una efectiva planificación y provisión de servicios (Capítulo 2)

Mensaje 1: Empoderar a los gobiernos locales, tanto institucional como financieramente, es fundamental para mejorar su desempeño en la prestación de servicios clave y el financiamiento de las inversiones necesarias para atender a una creciente población urbana.

Mejorar las capacidades de los gobiernos locales es clave para hacer que las ciudades sean más competitivas, más habitables y más resilientes. Para hacer frente a los impactos negativos de la urbanización y cosechar sus beneficios esperados, se requieren municipios fortalecidos que lleven una gestión eficaz de las ciudades. Los municipios son la forma predominante de gobierno local en Centroamérica y el proceso de descentralización en curso en la región ha ampliado sus responsabilidades. Sin embargo, su capacidad para cumplir con estas responsabilidades cada vez mayores se ve restringida por su limitada capacidad institucional y financiera. Hoy en día, el peso de las municipalidades en las finanzas nacionales varía sustancialmente en toda la región. En países como Guatemala o Nicaragua (donde los ingresos de los gobiernos locales representan casi el 20 por ciento de los ingresos del gobierno), los municipios desempeñan un papel crítico. En países como El Salvador y Honduras, esta contribución es relativamente moderada (10.2 y 12.1 por ciento, respectivamente), y mucho más baja en Costa Rica y Panamá (7.6 y 2 por ciento, respectivamente).

Se requiere fortalecer la capacidad institucional de los municipios para que puedan asumir un mayor número de responsabilidades en la prestación de servicios. La descentralización presiona la capacidad de muchos municipios de la región, al sumar a sus funciones administrativas locales la entrega de infraestructura y servicios locales. Además, los gobiernos municipales tienen un papel central en la planificación territorial. A pesar de que muchos municipios no tienen la capacidad técnica para elaborar planes de desarrollo territoriales, juegan un papel clave en su aplicación ya que en ellos recae la responsabilidad de emitir los permisos de construcción (excepto en Costa Rica). Dada la magnitud del desafío, los países de Centroamérica deberían desarrollar una hoja de ruta clara para mejorar el desempeño institucional de los municipios, y alinear sus programas de fomento de capacidades del gobierno local con estos objetivos.

Aunque el peso económico de los municipios en Centroamérica es comparable al de otros países de Latinoamérica –con ingresos de los gobiernos locales que varían entre el 0.5 y el 4 por ciento del PIB– los recursos siguen siendo limitados en términos absolutos. La Figura O.2 muestra las diferencias en los ingresos de los gobiernos locales como porcentaje del PIB. Dado que todos los países de la región tienen niveles relativamente bajos de gasto público como porcentaje del PIB, los ingresos per cápita de los municipios son uniformemente bajos. En 2012,

Figura O.2 Peso financiero de los municipios en los países de Centroamérica

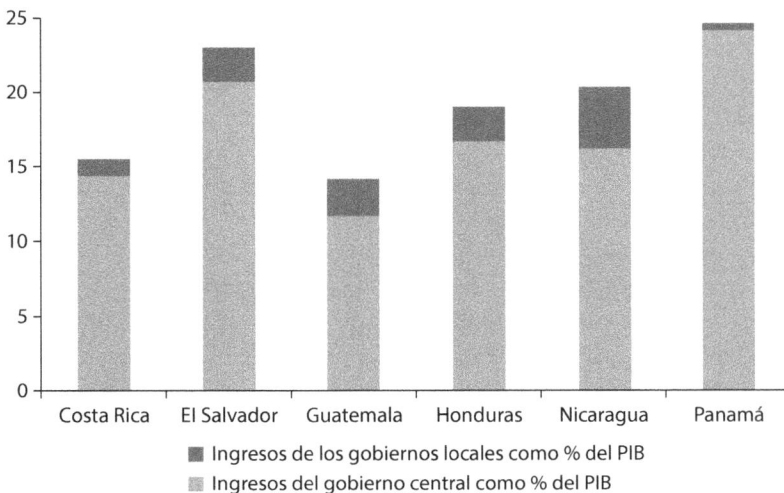

Leyenda:
■ Ingresos de los gobiernos locales como % del PIB
▨ Ingresos del gobierno central como % del PIB

Fuente: Basado en datos de los bancos centrales de los países y los Ministerios de Finanzas.

los ingresos per cápita promedio de los gobiernos locales oscilaron entre US$ 90 en Panamá y US$ 185 en Guatemala. La autonomía financiera de los municipios centroamericanos ha disminuido, mientras que la dependencia de las transferencias de los gobiernos nacionales ha incrementado. Mientras que el alcance de las funciones llevadas a cabo por los municipios ha crecido con el tiempo, la devolución de las responsabilidades de gasto no ha sido igual. En ausencia de fuentes adecuadas de ingresos, el aumento de responsabilidades ha dado lugar a mandatos sin fondos. El gasto municipal no ha aumentado de forma paralela a los ingresos propios, lo que profundiza el desequilibrio vertical.

Los países centroamericanos pueden aprovechar los mecanismos de transferencia existentes con el fin de aumentar la capacidad de los municipios para financiar las inversiones requeridas, fortaleciendo al mismo tiempo su capacidad administrativa y técnica, así como la rendición de cuentas. La mayoría de los países de Centroamérica utilizan las transferencias basadas en fórmulas como la principal fuente de apoyo financiero para sus municipios. Este tipo de mecanismos de transferencias fiscales intergubernamentales transparentes y predecibles son un componente importante de un marco de financiamiento municipal sólido. La experiencia internacional ofrece ejemplos de cómo los gobiernos nacionales pueden construir sobre estas bases para desarrollar programas que integren el apoyo financiero a la inversión municipal, el desarrollo de capacidades y los incentivos para un mejor desempeño institucional a nivel municipal.

Mensaje 2: Los mecanismos de cooperación intermunicipal pueden ser reforzados para ofrecer una adecuada prestación de servicios y planificación territorial en aglomeraciones urbanas que cubren varias jurisdicciones gubernamentales locales.

Las ciudades capitales y otras ciudades secundarias están creciendo más allá de los límites municipales, lo cual requiere una cooperación intermunicipal más fuerte. La necesidad de desarrollar mecanismos e instrumentos eficaces para la planificación y gestión metropolitana es especialmente apremiante para las principales ciudades. Muchas de estas áreas metropolitanas sufren de altos niveles de fragmentación, priorizando así la necesidad de una mayor coordinación entre municipios. Solo unas pocas aglomeraciones cuentan con mecanismos de coordinación supra e inter-municipales, siendo el Consejo de Alcaldes del Área Metropolitana de San Salvador (COAMSS) el ejemplo más significativo. Otras formas de coordinación y cooperación entre los municipios son las Mancomunidades y las asociaciones de gobiernos locales creados sobre la base de acuerdos legales conocidos como Convenios. Los gobiernos locales deben trabajar de manera conjunta para asegurar la planificación y la equidad efectiva en la prestación de servicios. La prestación de algunos servicios públicos, tales como el alcantarillado, la eliminación de residuos y la recolección de las aguas residuales, a menudo está fragmentada lo que resulta en mayores costos y problemas de financiamiento para los gobiernos locales. La ausencia de un ordenamiento metropolitano formal o informal tiende a reflejarse en la pérdida de oportunidades de ahorro que se pueden conseguir a través de contribuciones monetarias justas de todos los gobiernos municipales que comparten problemas comunes. La esencia de un enfoque metropolitano es que los gobiernos locales cooperen en algunas, pero no todas, las iniciativas o servicios.

Garantizar un marco jurídico básico y aclarar las funciones y responsabilidades es clave para establecer un acuerdo metropolitano. En los seis países existen disposiciones legales básicas para que los gobiernos locales puedan formar acuerdos de cooperación intermunicipales. En cualquier plan de gobernanza metropolitana es necesario aclarar las funciones y responsabilidades de las partes involucradas, en particular si se introduce alguna nueva autoridad, incluyendo las responsabilidades de gasto y las fuentes de ingresos de la nueva entidad. Esta información debe ser comunicada de manera efectiva a los residentes de la zona, para que conozcan a la autoridad responsable de rendir cuentas. Si a una agencia metropolitana no se le da *ninguna* autoridad independiente (y solo tiene una función de asesoramiento), existe un alto riesgo de poca efectividad.

Mensaje 3: Los gobiernos central y locales pueden mejorar la coordinación en áreas donde confluyen las responsabilidades funcionales, sobre todo en el desarrollo espacial y la prestación de servicios.

La coordinación entre los gobiernos central y locales es esencial, pero el alcance y el enfoque dependen del contexto local. Los municipios y agencias del gobierno central trabajan juntos en una multitud de temas que van desde la planificación espacial y el financiamiento municipal hasta la prestación compartida de servicios locales y la respuesta ante emergencias. En algunos sectores, los municipios pueden tener una función de ejecución dentro de un marco regulatorio nacional, con la supervisión de un organismo central (como es el caso de la vivienda, la educación y la salud). El diálogo y la coordinación entre ambos niveles de gobierno se vuelven más importantes a medida que más responsabilidades se transfieren a los municipios, sobre todo cuando el gobierno central está operando en jurisdicciones municipales. La transferencia de responsabilidades es un proceso gradual que puede realizarse en etapas, de manera que exista una clara distinción sobre "quién hace qué" y no haya vacíos o superposiciones en la prestación de servicios y la planificación del uso del suelo.

El alcance de las responsabilidades funcionales devueltas por el gobierno central a los gobiernos locales varía de forma significativa entre los países de Centroamérica, al igual que los métodos de coordinación. Dependiendo del sector y el país, la coordinación suele tener lugar en alguno de los siguientes contextos: la prestación de servicios a nivel local es compartida entre los gobiernos locales y centrales; las agencias del gobierno central llevan a cabo responsabilidades dentro de las jurisdicciones municipales; y los municipios tienen una función de ejecución dentro de un marco nacional de reglamentación. En Panamá y Costa Rica, donde el gobierno central presta la mayoría de los servicios públicos locales, la coordinación de la planificación espacial (uso de la tierra) es fundamental, sobre todo para el desarrollo del transporte y la construcción de viviendas. En Nicaragua y Guatemala, donde los municipios proveen la mayoría de los servicios, el énfasis debe estar en las finanzas de la relación vertical (regímenes fiscales y sistemas de transferencia fiscales intergubernamentales eficaces y que, idealmente, incluyan incentivos a la buena recaudación local y la gestión del gasto).

Hacia ciudades más inclusivas mediante el mejoramiento del acceso a una vivienda adecuada y bien ubicada (Capítulo 3)

Mensaje 4: Las políticas de vivienda deben reforzar todo el sistema de suministro de viviendas, mejorando la calidad y la asequibilidad de la vivienda para todos los grupos de ingresos.

Asegurar la disponibilidad de viviendas de calidad ayudará a Centroamérica a maximizar los beneficios sociales y económicos de la urbanización. La ubicación de una vivienda tiene un impacto en la disponibilidad y el acceso que tiene a los puestos de trabajo, las escuelas, los centros de salud y los servicios públicos que proporcionan las ciudades. Sin embargo, en la tendencia actual de expansión urbana las nuevas viviendas están más alejadas de los centros de empleo y eleva el costo para el gobierno de proporcionar conexiones de infraestructura a estos desarrollos. Sin mejoras en la calidad y la asequibilidad de la vivienda, los residentes desaprovecharán el desarrollo económico y humano, así como los beneficios sociales que las ciudades pueden ofrecer. El sector de la vivienda es un "agregador" natural de la mayoría de las inversiones de sectores específicos en el entorno urbano (tales como transporte, agua, saneamiento, energía). La vivienda es un factor determinante de la forma urbana y por tanto direcciona la provisión y mantenimiento de la infraestructura, y tiene un impacto directo en la calidad de vida de segmentos más vulnerables de la población. Mejorar el acceso y la calidad de una vivienda urbana asequible tendrá impactos directos en las condiciones de vida y las oportunidades económicas de los habitantes más pobres y vulnerables de las ciudades.

Las intervenciones de política deben centrarse tanto en aumentar la accesibilidad al financiamiento de vivienda como en mejorar la calidad de las viviendas informales existentes. En lugar de favorecer intervenciones específicas, la política debe centrarse en el fortalecimiento del sector de la vivienda en su totalidad con el fin de mejorar la accesibilidad y disponibilidad de viviendas para todos los grupos de ingresos. Si bien cada país de la región tiene diferentes necesidades y prioridades de vivienda, las políticas de vivienda deben abordar tres temas claves que se resumen en la Figura O.3.

- **Áreas transversales:** Se refieren a las intervenciones que mejorarían la función del mercado de la vivienda para todos los grupos de ingresos. Pueden incluir mejoras en la administración municipal de tierras, así como reformas a las normas de planificación y construcción que permitan la formalización de viviendas marginales a través de mejoras, y reduzcan el tiempo y los pasos necesarios para cumplir con las regulaciones de registro y permisos. Este tipo de intervenciones alentaría la inversión en desarrollos urbanos de mayor densidad y dentro de áreas ya urbanizadas. La formalización de los alquileres

Figura O.3 Reformas al sector de la vivienda para el crecimiento y la inclusión

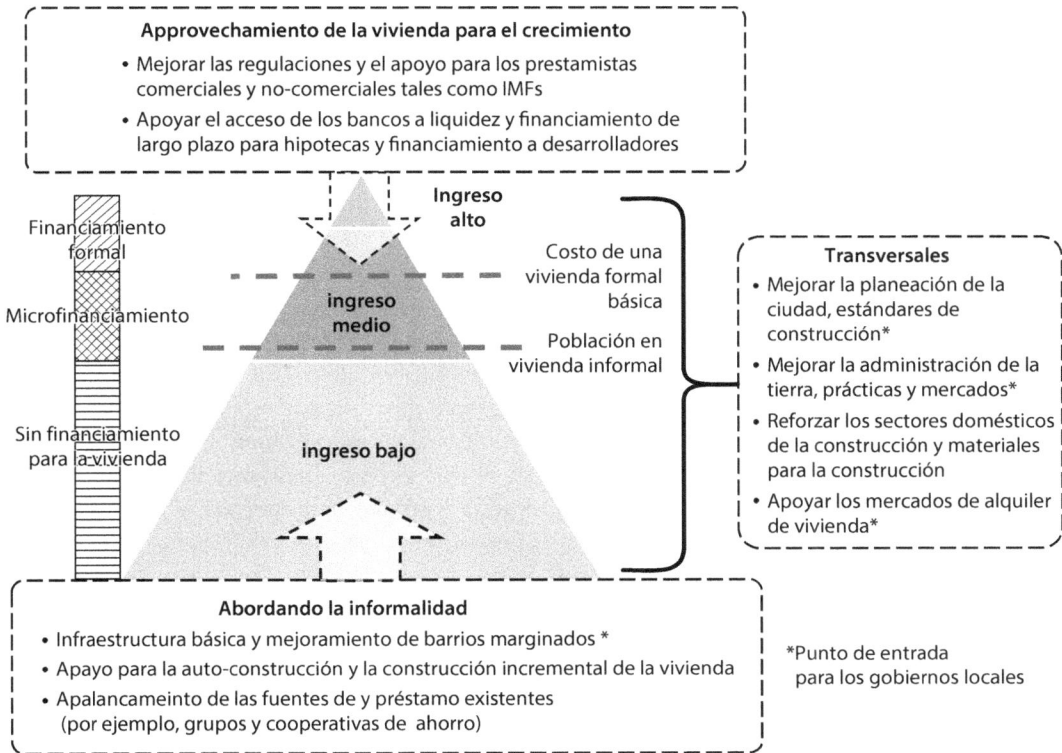

Approvechamiento de la vivienda para el crecimiento
- Mejorar las regulaciones y el apoyo para los prestamistas comerciales y no-comerciales tales como IMFs
- Apoyar el acceso de los bancos a liquidez y financiamiento de largo plazo para hipotecas y financiamiento a desarrolladores

Financiamiento formal

Microfinanciamiento

Sin financiamiento para la vivienda

Ingreso alto

ingreso medio

ingreso bajo

Costo de una vivienda formal básica

Población en vivienda informal

Transversales
- Mejorar la planeación de la ciudad, estándares de construcción*
- Mejorar la administración de la tierra, prácticas y mercados*
- Reforzar los sectores domésticos de la construcción y materiales para la construcción
- Apoyar los mercados de alquiler de vivienda*

Abordando la informalidad
- Infraestructura básica y mejoramiento de barrios marginados *
- Apayo para la auto-construcción y la construcción incremental de la vivienda
- Apalancameinto de las fuentes de y préstamo existentes (por ejemplo, grupos y cooperativas de ahorro)

*Punto de entrada para los gobiernos locales

proporcionaría una opción flexible de vivienda de bajo costo para diferentes grupos de edad y de ingresos.

- **Vivienda para el crecimiento:** Las intervenciones en vivienda deben tratar de reducir el costo de la compra de una casa formal. El financiamiento de la vivienda puede ser reforzado a través de cambios al sector bancario que fomenten la competencia en los préstamos hipotecarios e identifiquen criterios de selección y calificación para los prestatarios de bajos ingresos, incluyendo soporte adicional para los prestamistas microfinancieros y los grupos de ahorro. Esto mejoraría las opciones de préstamos para la compra de una vivienda o para la auto-construcción. Estas políticas también aumentarían la demanda de materiales y mano de obra para la construcción de viviendas formales.

- **Reducción de la informalidad:** Las viviendas existentes en los asentamientos informales no cumplen los estándares y a menudo carecen de acceso a servicios básicos. Las inversiones en infraestructura direccionadas a los asentamientos informales pueden mejorar la calidad de la vivienda a través de su mejoramiento *in situ*. Además, esto se puede complementar con el financiamiento y la asistencia técnica para la auto-construcción, a la mejora y la expansión de la vivienda.

Las políticas actuales tienden a enfocarse en el apoyo a la vivienda propia, pasando por alto otras soluciones que podrían abordar al segmento más amplio del mercado. La propiedad de vivienda es apoyada a través de subsidios hipotecarios para la compra de una casa nueva y terminada. A pesar de que estos subsidios han ampliado la propiedad de vivienda entre los grupos de ingresos medios y altos empleados formalmente, no abordan otras áreas de necesidad de vivienda. Por ejemplo, los gobiernos han reconocido la importancia de la modernización y mejoramiento de los asentamientos informales para mejorar la calidad del inventario existente, pero la necesidad sigue siendo mucho mayor que lo que se ha entregado. Organizaciones comunitarias y entidades sin fines de lucro en asociación con gobiernos locales también han desarrollado proyectos de mejoramiento de barrios, pero estos no han alcanzado la escala necesaria. Por otra parte, los inquilinos constituyen una proporción significativa de los residentes urbanos. El alquiler de vivienda ofrece movilidad laboral y flexibilidad para los nuevos migrantes y jóvenes profesionales, especialmente aquellos que no pueden pagar una hipoteca. Pero hay poco apoyo para aumentar la calidad y disponibilidad de la vivienda de alquiler formal o para mejorar el marco regulatorio que protege a propietarios e inquilinos. Con el fin de promover una política de vivienda verdaderamente inclusiva basada en el mercado y el inventario de viviendas actual, estos vacíos existentes en las políticas de vivienda deben ser abordados y focalizados sobre la base de una evaluación cuidadosa de las circunstancias nacionales y locales.

Mensaje 5: Las políticas de vivienda necesitan estar mejor alineadas y coordinadas con los planes de desarrollo, ordenamiento territorial y gestión a nivel nacional y local con el fin de promover ciudades sostenibles e inclusivas.

Las ciudades pueden tener un papel clave en el desarrollo de un sistema de vivienda inclusivo, en coordinación con los gobiernos nacionales. Las opciones de política para apoyar el suministro de viviendas deben tomar en cuenta los diferentes tamaños y formas de las ciudades primarias y secundarias. Para las ciudades principales y capitales, se requiere una diversidad de tipos de vivienda cerca de centros de trabajo y servicios existentes. Las ciudades secundarias en crecimiento tendrán que mejorar la planificación y coordinación para asegurar que el nuevo crecimiento urbano brinde a los residentes el acceso a los servicios necesarios y reduzca la incidencia de nuevos asentamientos informales. Por ejemplo, la coordinación entre los planes locales de uso de la tierra y desarrollo de vivienda y los programas nacionales de subsidios para vivienda podría ayudar a alinear dichos subsidios para mejorar la asequibilidad de la vivienda con las necesidades de planificación y las condiciones del mercado de viviendas locales.

Los programas de subsidios hipotecarios existentes fomentan el desarrollo de vivienda nueva fuera de las zonas urbanas, lo que presenta costos adicionales para los beneficiarios y los gobiernos locales. Con el fin de garantizar que el precio de las unidades elegibles cumpla con los requisitos para poder obtener subsidios, los constructoras buscan reducir costos mediante la adquisición de terrenos de menor valor, como ha ocurrido en Managua. Del mismo modo en Costa Rica donde se otorgan grandes subsidios al frente, los beneficiarios adquieren parcelas rurales vacantes y después construyen unidades de vivienda con ahorros propios o a través de hipotecas comerciales. Tales subsidios estimulan el consumo de tierras de bajo costo para viviendas que se encuentran lejos de los centros de empleo y los servicios urbanos, lo que aumenta el tiempo y el costo de trasladarse a las ciudades centrales. Para los gobiernos locales y los proveedores de servicios públicos, esta forma de desarrollo aumenta los costos de la inversión y mantenimiento para la infraestructura troncal y los servicios públicos que requieren estos nuevos desarrollos. Los programas nacionales de subsidios para la vivienda deben incluir criterios de ubicación para fomentar el consumo de vivienda a través del desarrollo y densificación de zonas ya urbanizadas, en lugar de desarrollos periféricos que contribuyen a la expansión urbana.

Las políticas de vivienda tienen que incorporar y fortalecer los vínculos entre los programas y subsidios nacionales y las herramientas y capacidades de los gobiernos locales. Con el fin de mejorar los barrios de bajos ingresos, las políticas de vivienda deben fomentar la coordinación entre los gobiernos subnacionales y los ministerios pertinentes, incluyendo vivienda, transporte, finanzas e infraestructura. Esto reducirá las inversiones públicas traslapadas o redundantes y contribuirá a hacer que los subsidios directos a la vivienda en zonas urbanas sean más sostenibles ambiental y económicamente. Del mismo modo, las políticas de vivienda deben apoyar a una pluralidad de opciones de vivienda y tenencia (aparte de privilegiar viviendas unifamiliares independientes) de acuerdo con las necesidades locales y regionales. Los gobiernos locales se beneficiarían de herramientas y capacidades para desarrollar planes locales que permitan una mejor coordinación de las inversiones en infraestructura y planificación de viviendas a largo plazo con las jurisdicciones vecinas.

Hacia ciudades más resilientes para reducir la vulnerabilidad de Centroamérica a los desastres naturales (Capítulo 4)

Mensaje 6: Para evitar el riesgo futuro, se debe proveer a los municipios información adecuada e incentivos para incorporar criterios de gestión del riesgo de desastres en los planes locales de desarrollo territorial, los planes de inversión y las normas de construcción.

En un contexto de rápida urbanización, en el que se espera que más de 50 millones de personas habiten en las ciudades de Centroamérica en 2050, la planificación del uso del suelo, las normas de construcción y las inversiones sensibles al riesgo de desastres son fundamentales para construir la resiliencia urbana futura. La ubicación inicial en sitios seguros es inherentemente más económica que la reubicación de los asentamientos existentes. Por lo tanto, hacer que las ciudades de Centroamérica sean más resilientes es fundamental para reducir el impacto a largo plazo de los desastres naturales en las personas y las economías. Los desastres naturales no solo tienen un gran impacto negativo en la vida de los residentes urbanos de la región –especialmente los pobres– sino que obstaculizan la trayectoria de crecimiento nacional. Hoy en día las ciudades contienen entre el 70 y 80 por ciento de los activos en riesgo en los diferentes países, y esta concentración irá aumentando como resultado de la creciente urbanización, el aumento de la población y un mayor crecimiento económico. La urbanización mal gestionada conduce a una mayor vulnerabilidad a los desastres naturales ya que los asentamientos precarios generalmente se desarrollan en áreas propensas al riesgo, las normas de construcción inadecuadas aumentan la vulnerabilidad a los terremotos y la expansión de zonas urbanas sin la infraestructura adecuada aumenta los riesgos de inundaciones.

La planificación del desarrollo urbano y local está bajo el dominio de los gobiernos locales y ofrece un importante punto de entrada para influir la Gestión de Riesgo de Desastres (GRD) y la resiliencia urbana. La infraestructura que ahora está siendo afectada por desastres alguna vez fue el resultado de decisiones de inversión pública o privada, por lo que incluir el análisis del riesgo de desastres como parte del ciclo de planificación de proyectos de inversión es un aspecto clave en el desarrollo de estrategias de inversión resilientes. Es necesario contar con financiamiento adicional, la correcta dotación de personal y la capacidad para hacer cumplir los reglamentos de construcción a nivel local. Mientras que la mayoría de los países tienen códigos de construcción nacionales que incluyen criterios de riesgo de desastres, los servicios relacionados con permisos e inspección son generalmente caros y demasiado complejos por lo que dificultan cumplir con los requisitos marcados por los códigos. Esto fomenta la informalidad de la construcción, lo que a su vez aumenta la vulnerabilidad de las poblaciones urbanas frente a los riesgos sísmicos. Por ejemplo, obtener un permiso de construcción en Nicaragua tomaba 189 días en 2005, pero "proyectos de simplificación municipales" en municipios piloto redujeron los costos de cumplimiento de los permisos de operación y construcción en un 30% en promedio, y aumentaron siete veces la formalización.

Mensaje 7: Reducir los riesgos existentes requerirá de inversiones con el apoyo financiero de los gobiernos centrales. Sin embargo, las ciudades tendrán que liderar la priorización de las inversiones en nuevas infraestructuras de mitigación del riesgo y en el reforzamiento de la infraestructura existente considerada crítica.

La reducción del riesgo existente requiere hacer frente a la vulnerabilidad de las estructuras construidas. Esto podría lograrse mediante el desarrollo de sistemas eficaces para priorizar el reequipamiento de la infraestructura y, en casos extremos, la promoción de reasentamiento preventivo. En un contexto de recursos limitados disponibles para los gobiernos locales, las principales medidas de reducción del riesgo de desastres priorizadas en los planes municipales de GRD deben ser negociadas y apoyadas por los gobiernos centrales. Con un diseño apropiado, las nuevas construcciones pueden hacerse resistentes al desastre por un pequeño porcentaje del costo de la construcción (entre el 5 y 10 por ciento), mientras que la adaptación de las estructuras vulnerables ya existentes puede requerir entre el 10 y 50 por ciento del valor del edificio.

Además del compromiso del gobierno local, el compromiso por parte del gobierno central sigue siendo fundamental para apoyar el financiamiento de los planes de reducción de desastres, como parte de estrategias más amplias de reducción del riesgo de desastres. La falta de mandatos claros relacionados con las responsabilidades de GRD dentro de los marcos regulatorios sectoriales de los países (agua, electricidad, transporte, vivienda, etc.), agravada por la lenta descentralización de los servicios públicos, ha obstaculizado la capacidad de los gobiernos locales para entregar servicios públicos resilientes al desastre de manera eficiente. En este contexto, se deben actualizar los marcos regulatorios de los ministerios y entidades centrales que prestan servicios públicos e incluir explícitamente la responsabilidad de identificar y reducir los riesgos de desastres.

La reducción de la vulnerabilidad de la infraestructura existente es crítica. La mayoría de las grandes aglomeraciones urbanas en Centroamérica se encuentran en zonas propensas a los sismos y se han visto afectadas por terremotos destructivos en diferentes momentos de la historia. Remover, sustituir y/o adaptar edificios existentes no regulados e inseguros requiere un enfoque incremental que pueda reducir el riesgo de desastres en un período razonable a un costo viable. Dar prioridad a las infraestructuras esenciales –tales como escuelas, hospitales, plantas de tratamiento de agua potable, puentes y sistemas de drenaje– puede facilitar la participación de los gobiernos locales y nacionales y aumentar la eficiencia del gasto público.

Mensaje 8: Para entender mejor los riesgos de desastre, los gobiernos nacionales deben mejorar la base de conocimientos sobre la vulnerabilidad y los perfiles de riesgo a nivel de ciudad y ponerlos a disposición de los actores locales.

Mejorar la base de conocimientos sobre la vulnerabilidad y los perfiles de riesgo es una condición básica para identificar e implementar políticas de reducción del riesgo de desastres y mejorar la resiliencia urbana. La comprensión de los riesgos de desastre implica, en primer lugar, un conocimiento amplio de los eventos naturales que podrían tener un impacto negativo en las personas y los activos del territorio, incluyendo atributos tales como la frecuencia, los períodos de retorno, probabilidades e intensidades (es decir, entender la amenaza). En segundo lugar, es necesario identificar a las personas y el tipo de activos (incluidos los materiales y el valor de las construcciones) que están expuestos a estas amenazas (es decir, entender la exposición), lo que es un aspecto dinámico en el contexto de los procesos de rápida urbanización. En tercer lugar, una vez que se identifican el segmento de la población y los activos expuestos, debe determinarse su vulnerabilidad específica a cada riesgo en concreto (es decir, entender la vulnerabilidad), para evaluar finalmente la probabilidad de un impacto negativo (es decir, entender el riesgo de desastres).

Para incorporar de manera efectiva los criterios de riesgo de desastres en la planificación local del uso del suelo, es necesario generar información robusta sobre los riesgos locales. Actualmente, los mapas de riesgo en la región están disponibles, en su mayoría, en baja resolución y a escala nacional (especialmente para las pequeñas y medianas ciudades y por lo tanto son inadecuados para informar a las etapas de diagnóstico de los planes locales de uso del suelo. Metodologías integrales de identificación de riesgos, tales como mapas de riesgo (con base en los impactos históricos) o evaluaciones probabilísticas de riesgo, pueden informar a los actores locales e incorporarse fácilmente en la planificación del uso del suelo y la zonificación espacial. El proyecto de Perfil del Riesgo de Desastres de los Países de Centroamérica, dirigido por el Banco Mundial, tenía el objetivo de contribuir a esta meta mediante la evaluación de posibles pérdidas económicas directas derivadas de eventos naturales adversos, y ayudar a los gobiernos en la planificación y preparación a largo plazo. El Mapa O.3 muestra el modelo de exposición de los edificios para la Ciudad de Panamá, donde la mayor parte del valor del inventario de construcciones se concentra en la zona del centro.

Mapa O.3 Modelo PRDP de exposición de las construcciones en la Ciudad de Panamá

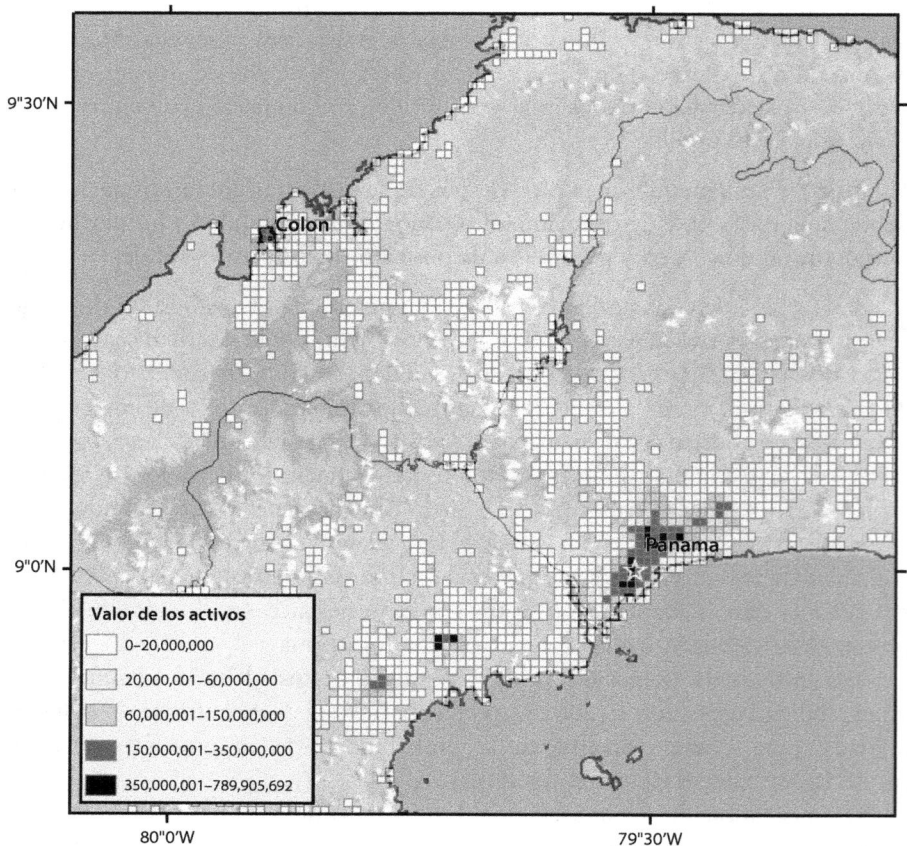

Fuente: Banco Mundial, 2015c.

Hacia ciudades más competitivas para la creación de más y mejores empleos (Capítulo 5)

Dado que la urbanización concentra la actividad económica en las ciudades, la mejora de su competitividad se vuelve aún más importante. La experiencia internacional muestra que usar un enfoque subnacional para el desarrollo económico puede proveer a los países de Centroamérica con nuevas vías para la formulación de políticas que apoyen su transición económica. Las ciudades competitivas pueden sostener el éxito económico mediante la adopción de políticas de Desarrollo Económico Local (DEL) que apoyen el crecimiento de las empresas existentes, atraigan a los inversores externos y estimulen la creación de nuevas empresas. En Centroamérica, tradicionalmente las medidas para impulsar la competitividad han sido lideradas en su mayoría por los gobiernos nacionales y orientadas a mejorar el clima de inversión. Se deben promover de manera más amplia políticas complementarias encaminadas al DEL para ayudar a los gobiernos locales a implementar iniciativas de creación de empleo que incorporen y aprovechen las ventajas comparativas locales.

Mensaje 9: A través de políticas eficaces de DEL, las ciudades de Centroamérica pueden mejorar su competitividad y facilitar el crecimiento económico y la creación de empleo.

La experiencia internacional muestra que las ciudades competitivas centran sus intervenciones en cuatro niveles de política para influir en los determinantes locales de la competitividad. En primer lugar se encuentran las instituciones y normas que mejoran el entorno empresarial. Segundo, está la provisión de infraestructura y suelo adecuados para las actividades económicas. Tercero están los programas y políticas destinados a desarrollar las habilidades y la innovación. Y cuarto, el apoyo y financiamiento a las empresas. Un análisis reciente del Banco Mundial sobre competitividad muestra que las ciudades más competitivas tienen un buen desempeño en términos de crecimiento económico y creación de empleo, y construyen asociaciones locales eficaces entre los actores públicos y privados –"coaliciones de crecimiento"– para diseñar e implementar estrategias que combinan acciones a través de los cuatro niveles de política.

Los gobiernos locales, con el apoyo de organismos nacionales o regionales, pueden aprender unos de otros para mejorar aún más el entorno empresarial local, promoviendo la convergencia hacia mejores prácticas en la región. En la actualidad, varían sustancialmente las regulaciones de negocios (creación de una empresa, obtención de un permiso de construcción, registro de una propiedad) y su implementación en los diferentes países, y entre las ciudades de un mismo país. Una comparación de las clasificaciones generales del reporte *Subnational Doing Business 2015* muestra que Ciudad de Panamá y San José se clasifican en las primeras posiciones, seguidas de Ciudad de Guatemala. Sin embargo, las diferencias entre ciudades de esos países y frente a otras ciudades de El Salvador, Honduras y Nicaragua son sustanciales.

Una manera efectiva de corregir y mejorar las políticas públicas es a través del aprendizaje de igual a igual, lo facilita la implementación de reformas y evita la duplicación de esfuerzos.

Para cerrar la brecha de habilidades, las ciudades están bien posicionadas para compatibilizar la oferta con la demanda de capital humano. La mejora del capital humano es imprescindible para afrontar el reto laboral, teniendo en cuenta la brecha de la región en los indicadores de desarrollo educativo. Una fuerza de trabajo no calificada obstaculiza el desarrollo económico y ancla la economía en industrias de salarios bajos, lo que hace más difícil romper el círculo vicioso de la desigualdad, el desempleo juvenil y la migración. Los esfuerzos del gobierno para reformar el sistema educativo deben ir acompañados de políticas pragmáticas para poner estas habilidades a la disponibilidad las empresas, a través de un enfoque de la educación secundaria y superior basado en la demanda, para mejorar las tasas de graduados que se incorporan al mercado laboral.

Los países de Centroamérica pueden desarrollar un enfoque más estratégico para la promoción de la inversión a través de una mejor comprensión del potencial y las oportunidades a nivel local. Los países pueden construir sobre la base de su éxito en la atracción de inversiones a las zonas económicas especiales para acelerar la transformación de sus economías. Junto con México, Colombia y la República Dominicana, los países de Centroamérica han sido adoptadores tempranos de las zonas de procesamiento de exportaciones, las *zonas francas*, y las zonas económicas especiales (ZEE). Las ZEE concentran una gran proporción de los empleos en manufactura ligera en El Salvador, Honduras, Guatemala y Nicaragua. Sin embargo, la evidencia internacional sugiere que la atracción de la producción basada únicamente en bajos costos, sin capitalizar sus efectos en la economía local, limita la sostenibilidad de las ganancias económicas. Las agencias de desarrollo económico local pueden aprovechar su conocimiento de los activos y la especialización productiva de su territorio para fomentar la adopción de nueva tecnología y el *know-how* de las zonas económicas especiales existentes e informar la planificación de otras nuevas.

Una mayor capacidad para el DEL puede facilitar el acceso de las firmas locales a los mecanismos de apoyo a las empresas, que tienden a estar dispersos en varios niveles y departamentos del gobierno nacional. Existen ya esfuerzos para simplificar y consolidar el apoyo nacional a la competitividad. La racionalización de la provisión nacional de servicios de negocios debe ir acompañada por el desarrollo de esquemas integrados similares a nivel local. Al hacerlo, se simplificaría la interacción con las empresas y el ambiente de los negocios permitiendo así a los funcionarios públicos tener una comprensión más completa de los retos competitivos de las ciudades.

Mensaje 10: Factores críticos para el éxito del DEL son la clara comprensión de las ventajas económicas locales, un fuerte diálogo público-privado (DPP) a nivel local y la capacidad local en la escala geográfica apropiada.

Las autoridades locales deben capturar la naturaleza distintiva de sus economías locales para comprender las posibles fuentes de ventajas comparativas y competitivas.

Iniciativas como el Índice de Competitividad Municipal en El Salvador y otros intentos similares para evaluar los climas de inversión subnacionales son pasos importantes para la recopilación de indicadores económicos de *benchmarking* en los entornos locales. En este contexto, las encuestas a nivel de empresa y los indicadores del clima de inversión son importantes fuentes de información acerca de las limitaciones percibidas para el desarrollo del sector privado en cada país y en la región. Las políticas de DEL deben basarse en una visión integral de los actores económicos locales que incluya tanto a las microempresas locales como a las empresas grandes y medianas.

La promoción de un DPP local eficaz es el elemento clave para convertir las estrategias de DEL en acción. La participación del sector privado en "coaliciones de crecimiento" es clave para la comprensión de la economía local, la definición de los planes económicos y de inversión, y la implementación de estrategias de DEL. En Centroamérica, las historias de éxito de DEL se han construido sobre la influencia de líderes públicos y privados tales como alcaldes, empresarios locales o expertos de la industria. Las coaliciones de crecimiento locales pueden ayudar a las ciudades no solo a identificar y atender las prioridades clave, sino también a impulsar las inversiones por parte del gobierno nacional.

La identificación de la escala geográfica adecuada para desarrollar políticas de DEL es crítica. Un enfoque local para el desarrollo económico permite una mejor comprensión de las condiciones económicas locales, y una relación más estrecha entre los agentes públicos y privados. Sin embargo, es importante buscar las economías de escala necesarias para que la prestación de servicios de DEL sea económicamente sostenible a nivel local, y que tome en cuenta los vínculos económicos con territorios vecinos. En las ciudades más grandes de Centroamérica, donde las aglomeraciones urbanas se extienden más allá de los límites municipales, la capacidad de DEL debe desarrollarse a nivel metropolitano o intermunicipal. En las regiones con una red empresarial menos desarrollada, la escala regional micro-regional es probablemente la mejor manera de alcanzar una masa crítica concentrándose en regiones con dinámicas económicas comunes.

El rol de los gobiernos nacionales y locales para abordar las prioridades de política

Cada una de las cuatro prioridades de política identificadas aquí requieren de la participación activa y continua tanto de los gobiernos nacionales como los locales. En la identificación de estas prioridades, cada nivel de gobierno juega un rol específico y complementario. La Tabla O.2 presenta las acciones concretas que se pueden tomar para mejorar la planificación y prestación de servicios, ofrecer vivienda urbana adecuada, mejorar la resiliencia a los desastres naturales y alcanzar mayores niveles de competitividad. Se distingue entre las acciones de los gobiernos nacionales y locales para lograr los objetivos específicos de cada sector.

Tabla O.2 Acciones desde los gobiernos nacionales y locales para hacer las ciudades más inclusivas, resilientes y competitivas

	Nacional	Local
Fortalecimiento de las instituciones para la planificación y la prestación eficaz de servicios	• Invertir en el desarrollo de la capacidad técnica de los gobiernos municipales. • Alinear los recursos financieros con las responsabilidades funcionales. • Proporcionar marcos legales, incentivos y asistencia técnica para la cooperación intermunicipal.	• Integrar la planificación del uso del suelo y la inversión en infraestructura a nivel local. • Mejorar los mecanismos para generar ingresos propios. • Coordinar la planificación y prestación de servicios a través de todos los municipios y aglomeraciones.
Facilitar el acceso a una vivienda adecuada y bien ubicada	• Desarrollar una política integral de vivienda. • Mejorar la focalización de los subsidios. • Fortalecer los sistemas de administración de tierras. • Proporcionar recursos e incentivos para que los municipios alineen los planes territoriales de desarrollo y de inversión de capital a los objetivos nacionales de vivienda. • Mejorar los sistemas de información a nivel nacional.	• Integrar los programas de vivienda con los planes de desarrollo local. • Dar prioridad a la generación de terrenos con servicios en lugares accesibles. • Implementar inversiones específicas de mejoramiento de barrios para ampliar el acceso a los servicios básicos en los barrios pobres.
Crear resiliencia mediante la reducción del riesgo de desastres	• Mejorar la calidad y accesibilidad de la información sobre riesgo de desastres con un enfoque en las áreas urbanas. • Incorporar la información del riesgo de desastres en las decisiones de inversión pública. • Asignar recursos financieros para financiar inversiones críticas para la reducción de riesgos.	• Desarrollar y hacer cumplir los planes de uso del suelo y las normas de construcción. • Identificar y priorizar las inversiones críticas necesarias para reducir el riesgo a nivel de ciudad.
Aumentar la competitividad a través del desarrollo económico local	• Mejorar la calidad y disponibilidad de los datos económicos para la toma de decisiones. • Desarrollar la capacidad subnacional para brindar servicios de apoyo empresarial a las firmas locales. • Adoptar un enfoque más estratégico para la promoción de inversiones con el fin de maximizar las ventajas comparativas espaciales y sectoriales.	• Mejorar el entorno empresarial en el ámbito local. • Incorporar consideraciones de desarrollo económico en los planes de desarrollo local. • Fortalecer el diálogo público-privado (DPP) en el ámbito local.

En conjunto con el proceso de descentralización en curso en la región, los países han avanzado en algunas de estas prioridades políticas en los últimos años, pero existen aún problemas en su implementación.

La visión general de las prioridades de política pone de relieve la importancia de integrar las políticas a nivel de ciudad. La integración local aparece claramente como un elemento transversal clave de las prioridades de política identificadas. La integración de la planificación territorial con la planificación de la inversión de capital puede llevar a una prestación de servicios locales más eficaz. La articulación de los programas de vivienda con los planes de desarrollo territoriales locales es fundamental para asegurar que las inversiones asociadas no se traduzcan en una expansión urbana costosa. El estudio señala que la incorporación de información del riesgo de desastres en la planificación territorial es una forma costo-efectiva para prevenir la creación de riesgo futuro. Por último, la incorporación del desarrollo económico en los planes de desarrollo local es un elemento importante que contribuye al aumento de la competitividad en el ámbito local. Mientras que algunos países de la región han avanzado en estos programas, en el futuro será necesario que los esfuerzos se fortalezcan a nivel de ciudad.

Los municipios están al frente de la integración de las políticas a nivel local, pero tienen que estar capacitados para desempeñar este rol. Debido a que son la forma predominante de gobierno local en todos los países de Centroamérica, los municipios tienen un papel central en la articulación local de las políticas mencionadas anteriormente. Es importante tener en cuenta que esta responsabilidad se suma a la función de prestación de servicios que ya tienen asignada, y para la que a menudo carecen de capacidad financiera y técnica. Las prioridades de política que se han definido para que las ciudades sean más inclusivas, resilientes y competitivas, refuerzan la necesidad de empoderar a los gobiernos locales, tanto institucional como financieramente. Esto significa alinear los recursos financieros con las responsabilidades funcionales en términos de prestación de servicios y provisión de infraestructura, desarrollando la capacidad administrativa de los municipios para planificar adecuadamente y ejecutar la inversión requerida, y fortaleciendo su capacidad técnica para planificar y gestionar efectivamente ciudades de rápido crecimiento.

El apoyo del gobierno nacional es crítico y debe centrarse en abordar los retos clave y orientarse a los resultados. Los gobiernos nacionales de Centroamérica son muy conscientes de la necesidad de apoyar a los municipios en el cumplimiento de sus funciones cada vez mayores, y los desafíos y oportunidades identificados en este estudio solo refuerzan esta prioridad. Un desafío que enfrentan los gobiernos nacionales al desarrollar programas que proporcionen a los municipios las herramientas que necesitan para hacer que las ciudades funcionen, es proporcionar un marco legal y de política coherente, y un conjunto claro de prioridades en términos de su desempeño. Esto requiere tanto del diálogo entre el gobierno nacional y los locales, como de la coordinación interna entre las agencias gubernamentales nacionales que interactúan con los gobiernos locales en las muchas áreas que forman parte del desarrollo local.

Abordar los temas a escala metropolitana o intermunicipal presenta la oportunidad de hacerles frente en la escala territorial pertinente y aprovechar así las economías de escala. Uno de los elementos clave del diagnóstico de la urbanización presentado en este estudio es la aparición de aglomeraciones que se extienden más allá de los límites municipales. Este fenómeno no solo tiene lugar en las principales áreas metropolitanas, sino también en las ciudades secundarias y localidades más pequeñas. Esto representa un reto adicional para los municipios al tener que coordinar las inversiones y la prestación de servicios a nivel de aglomeración urbana, pero también representa una oportunidad para desarrollar políticas en la escala territorial pertinente. Por ejemplo, al trabajar juntos los municipios pueden adoptar un enfoque integrado para la gestión del agua y pensar en el abastecimiento de agua, el saneamiento y el drenaje en la escala de una cuenca hidrográfica. También pueden abordar el desarrollo económico local a nivel de áreas de captación de empleo. Y quizás lo más importante, pueden sumar recursos humanos y financieros escasos para abordar los muchos desafíos que enfrentan de manera más eficiente.

Notas

1. Ningún DSP ha sido elaborado recientemente para Nicaragua; en su lugar, se utilizó la Estrategia de Alianza con el País - Período Fiscal 2013-2017.

2. El ingreso per cápita es igual al promedio del PIB per cápita (a precios constantes de 2011), ponderado por la población total del país.

3. Superficie urbanizada se define como las áreas que se caracterizan por tener tierras desarrolladas debido a la intervención humana, tales como edificios, concreto, asfalto y jardines suburbanos (es decir, cualquier tierra o edificio y estructuras no-edificadas que están presentes como parte de un entorno desarrollado más amplio, tales como una sección iluminada de un camino) (USGS, 2012).

4. Entre 2012 y 2016, el Banco Mundial preparó una serie de Diagnósticos Sistemáticos de País (DSP) para los países de la región de Centroamérica. Estos informes –que se producen en estrecha consulta con las autoridades nacionales y las partes interesadas clave– proporcionan una visión general de los objetivos estratégicos de desarrollo de un país. Estos diagnósticos identifican los principales objetivos y actividades que tienen un alto impacto, y están alineados con los objetivos globales de acabar con la pobreza absoluta e impulsar la prosperidad compartida de una manera sostenible.

5. La sub-región formada por El Salvador, Guatemala y Honduras.

6. Los países promedian el 18% del PIB en comparación con el 31% de los países de la categoría de bajos ingresos de acuerdo con el Plan de la Alianza para la Prosperidad, un mapa de ruta para avanzar en la integración regional firmado por Honduras, El Salvador y Guatemala en 2014.

Referencias

Banco Mundial. 2010. "Crime and Violence in Central America." Vol II. Report No. 56781-LAC. Poverty Reduction and Economic Management Unit, Banco Mundial, Washington, DC.

———. 2015a. "Competitive cities for jobs and growth: what, who, and how." World Bank, Washington, DC.

———. 2015b. "Costa Rica. Diagnóstico Sistemático de País" Banco Mundial, Washington, DC.

———. 2015c. "Country Disaster Risk Profiles for Costa Rica, El Salvador, Guatemala, Honduras, Nicaragua and Panama." World Bank, Washington, DC.

———. 2015d. "El Salvador - Diagnóstico sistemático de país: construyendo sobre las fortalezas para una nueva generación. Banco Mundial, Washington, DC.

———. 2015e. "Honduras: Unlocking economic potential for greater opportunities - Systematic Country Diagnostic." World Bank, Washington, DC.

———. 2015f. "Panama: Locking in success - Systematic Country Diagnostic." World Bank, Washington, DC.

————. 2016. "Guatemala - Closing gaps to generate more inclusive growth: systematic country diagnostic." World Bank, Washington, DC.

GHSL (Global Human Settlement Layer). 2016. European Commission. Global Human Settlement. http://ghslsys.jrc.ec.europa.eu/index.php.

United Nations. 2014. *World Urbanization Prospects 2014*. United Nations Publications.

USGS (U.S. Geological Survey Land Cover Institute). 2012. Washington, DC. US Department of Interior. http://landcover.usgs.gov/urban/umap/htmls/defs.php.

CAPÍTULO 1

Cómo está transformando la urbanización a Centroamérica

Ana I. Aguilera

Síntesis

Centroamérica es la región con el segundo proceso más rápido de urbanización en el mundo y se espera que su población urbana se duplique para el año 2050. Esta transición demográfica brinda una oportunidad única para abordar algunos de los desafíos más apremiantes de la región. Debido a la alta concentración de personas, actividad económica y riesgos en las zonas urbanas, las ciudades se han convertido en el lugar donde Centroamérica debe invertir más para abordar los cuellos de botella clave que obstaculizan el desarrollo de la región: la falta de oportunidades, la falta de inclusión social y el aumento de la vulnerabilidad a los desastres. Comprender la forma en la que se está desarrollando la urbanización en la región es clave para que las autoridades puedan identificar mejor los desafíos y oportunidades que esta transición puede traer a sus países.

Este capítulo describe los principales patrones del proceso de urbanización y expone cómo dicho proceso da forma a los principales desafíos y oportunidades para la región. La sección 2 proporciona una descripción de las tendencias observadas en la región durante las últimas décadas y describe la metodología que constituye la base del análisis. La sección 3 profundiza en los elementos que vinculan la urbanización con la prosperidad económica. Por último, la sección 4 se adentra en los desafíos que representa una creciente población urbana para la construcción de ciudades sostenibles y habitables.

Hallazgos clave

- Centroamérica se encuentra en medio de una rápida transformación urbana. La población urbana está creciendo a gran velocidad, incluso si se compara con los países en etapas similares de urbanización. Dentro de una generación, 7 de cada 10 personas vivirá en ciudades, añadiendo 700,000 nuevos residentes urbanos cada año.
- Las zonas edificadas se están expandiendo a un ritmo más rápido que la población urbana, lo que conduce al desarrollo de aglomeraciones urbanas que se

extienden más allá de los límites municipales. El estudio identificó 167 aglomeraciones urbanas en la región, de las cuales 72 se extienden a lo largo de tres o más municipios.

- Si bien la mayoría de la población urbana se concentra en las grandes aglomeraciones, las ciudades secundarias representan entre el 20 y 30 por ciento del crecimiento de la población en las zonas urbanas en los últimos años, lo que escala su papel en los sistemas urbanos nacionales.

- Las ciudades de la región concentran las oportunidades económicas. La urbanización en Centroamérica, como en otras regiones del mundo, ha ido de la mano con mayores ingresos per cápita y la disminución de la pobreza. Las ciudades impulsan la gran mayoría de los puestos de trabajo y de la actividad económica en Centroamérica, con más del 78 por ciento del PIB de la región concentrado en las zonas urbanas.

- Cada vez más, las ciudades concentran los desafíos sociales y la vulnerabilidad a los desastres. Hoy, 1 de cada 4 residentes urbanos vive en asentamientos informales que carecen de acceso a saneamiento mejorado, mientras que la tasa de homicidios está por encima de 53 por cada 100,000 habitantes en la mayoría de los países. Al mismo tiempo, la concentración cada vez mayor de las personas y la actividad económica en zonas de alto riesgo se ha traducido en un aumento de la vulnerabilidad ante eventos catastróficos, ya que las ciudades concentran entre el 70 y 80 por ciento de los activos en riesgo de la región.

Hacia una Centroamérica urbana: ¿Por qué importa la urbanización de la región?

Dentro de la próxima generación, 7 de cada 10 personas en Centroamérica estarán viviendo en ciudades. Hoy en día, el 59 por ciento de la población de la región vive en zonas urbanas, pero la rápida urbanización está cambiando el paisaje demográfico de la región. En 2050, la región duplicará su población urbana en una sola generación. Factores de "atracción" que movilizan a los trabajadores rurales y sus familias a las zonas urbanas tienen el potencial para mover grandes cantidades de personas pobres a lugares con mejores oportunidades económicas y acceso a los servicios básicos. Sin embargo, la alta proporción de residentes urbanos presenta retos importantes para las ciudades en la provisión de infraestructura urbana adecuada y servicios básicos. Al mismo tiempo se abre una oportunidad para crear un entorno favorable para la creación de empleo y una mayor productividad en las ciudades, que contribuya a reducir la pobreza y aumentar la habitabilidad.

Más del 78 por ciento del PIB se concentra en las ciudades más grandes de los países de Centroamérica, aunque la transición a sectores de alta productividad está aún en curso[1]. Investigaciones en todo el mundo sugieren que más del 80 por ciento de la actividad económica mundial se concentra en las ciudades. A nivel mundial, el 72 por ciento de las 750 ciudades más grandes del mundo superan a sus propias economías nacionales en términos de crecimiento económico. Las ciudades competitivas sustentan el éxito económico mediante políticas pro-activas de tres canales de crecimiento a nivel de empresa: el crecimiento de las empresas existentes, la atracción de inversionistas externos y la creación de nuevas empresas. Las ciudades también generan la gran mayoría de la actividad económica en los países de Centroamérica. Las áreas urbanas ofrecen mejores empleos, mejores salarios, mejor acceso al agua potable y distancias menores a los centros de salud. Sin embargo, a pesar de concentrar la mayor parte de la actividad económica, las ciudades no son tan productivas como podrían ser. La mayor parte del sector manufacturero de la región se distingue por productos de baja tecnología y solo una parte pequeña del sector de los servicios es intensiva en conocimiento. Aunque ambos sectores han mostrado un crecimiento importante en los últimos años, el crecimiento del empleo sigue teniendo lugar principalmente en ocupaciones de baja calificación (Bashir, Gindling y Oviedo, 2012).

Las ciudades pueden ayudar a sostener el crecimiento de Centroamérica mientras mejoran las condiciones de vida para los pobres. Impulsada principalmente por la creciente demanda de China de materias primas, la recuperación en los Estados Unidos y la continua debilidad de los precios internacionales de la energía, la región se ha beneficiado de un "círculo virtuoso" de demanda más fuerte, inflación más baja y mejor posición externa que impulsaron la creación de empleo, mejores salarios y la reducción de la pobreza en todos los países. El crecimiento del PIB en el año 2015 promedió 4.25 por ciento, ligeramente inferior al de 2014 (4.5 por ciento), debido a un enfriamiento de las remesas en países como El Salvador y otros arrastres del crecimiento específicos de cada país, incluyendo la retirada de Intel de Costa Rica (FMI 2015). A pesar de los buenos resultados económicos en los últimos años, algunas de las ganancias esperadas son todavía tentativas pues es esencial contar con políticas fortalecidas para obtener beneficios duraderos. Mientras que la región explora formas de mantener este crecimiento y seguir avanzando en los resultados sociales, las ciudades pueden convertirse en motores del crecimiento mediante el apoyo a la transformación estructural en curso y una mayor productividad en las aglomeraciones urbanas.

Las políticas a nivel de ciudad pueden ayudar a gestionar de forma eficaz los beneficios y los resultados negativos del rápido crecimiento urbano. Dado el ritmo acelerado de urbanización, abordar la necesidad de infraestructura y servicios urbanos es cada vez más importante en Centroamérica. Con el aumento de la población urbana, los gobiernos locales se enfrentan a la necesidad de responder a mayores retos y demandas de la población, tales como la provisión más amplia de servicios de agua y saneamiento, y de vivienda resiliente. Para ser capaces de proporcionar soluciones a estos y otros problemas urgentes, los gobiernos locales deben ser facultados institucional y financieramente. De este modo, pueden trabajar con el gobierno central y en estrecha colaboración con otros municipios, especialmente en las grandes aglomeraciones donde las líneas fronterizas de la ciudad y de las áreas metropolitanas se desvanecen.

Comprendiendo la velocidad y la extensión de la urbanización en Centroamérica

La población urbana está creciendo a velocidades desafiantes

Centroamérica es la región con el segundo proceso más rápido de urbanización en el mundo. Después de África, Centroamérica muestra la tasa de crecimiento urbano más alta a escala mundial. Como se muestra en la Figura 1.1, hasta finales de 1990 la tasa de urbanización de la región siguió de cerca la tendencia mundial y era mucho más lenta que la transformación experimentada por sus pares latinoamericanos. Durante las dos últimas décadas, la población urbana ha crecido a una tasa promedio del 3.8 por ciento al año, 1.7 veces más rápido que el promedio mundial y dos veces más rápido que el promedio de Latinoamérica[2]. La proporción de personas que viven en las ciudades aumentó de 48 por ciento en 1990 a cerca de 59 por ciento en la actualidad, aunque la región sigue siendo la menos urbanizada en Latinoamérica. Las proyecciones oficiales indican que Centroamérica duplicará su población urbana dentro de los próximos 35 años, dando la bienvenida a 25 millones de nuevos habitantes en las ciudades como consecuencia del crecimiento natural de la población y la

Figura 1.1 Centroamérica es la región con la segunda tasa más rápida de urbanización en el mundo

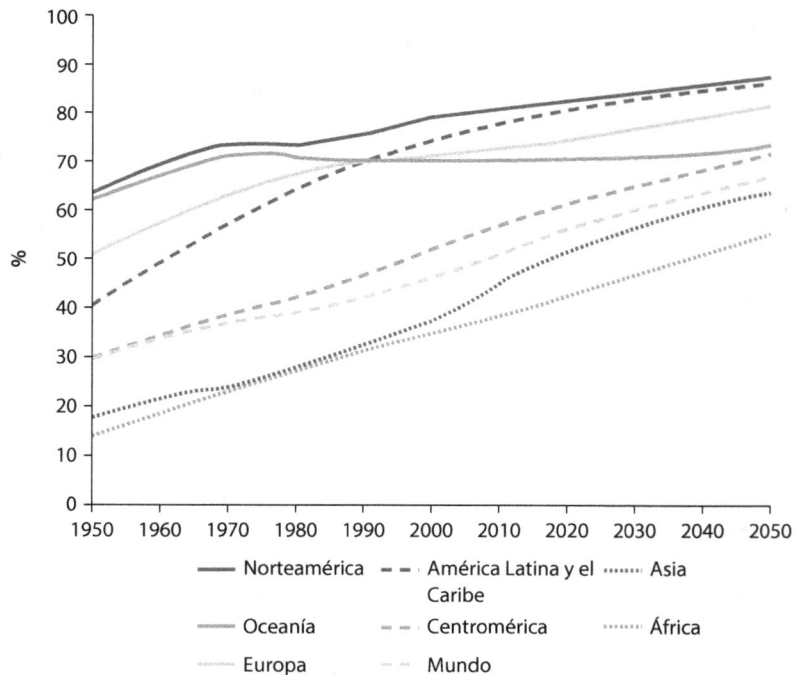

Fuente: Naciones Unidas 2014.
Nota: América Latina y el Caribe excluye a los países de Centroamérica.

migración de las zonas rurales a las urbanas. Esto es equivalente a la suma de las poblaciones combinadas actuales de Guatemala y Honduras, los dos países más poblados de la región.

Los países de Centroamérica han experimentado diferentes tendencias de crecimiento en el último medio siglo. Como se muestra en la Figura 1.2, no todos los países experimentaron esta transformación demográfica al mismo tiempo. Por un lado, el desplazamiento poblacional del campo a las zonas urbanas tuvo lugar antes en Panamá y Nicaragua, cuyas poblaciones se hicieron predominantemente urbanas a finales de 1970 y principios de la década de 1980 (es decir, con más del 50 por ciento de la población habitando en zonas urbanas). En ese momento solo 1 de cada 3 personas vivía en las ciudades en el resto de los países de Centroamérica. Mientras que Costa Rica y El Salvador siguieron una tendencia similar desde 1960, ambos haciéndose predominantemente urbanos entre 1990 y 1992, los dos países siguieron tendencias divergentes a partir de la primera década de los años 2000. Por último, Honduras y Guatemala alcanzaron el umbral del 50 por ciento en una etapa posterior (en 2008 y 2012, respectivamente), por lo que pueden sacar provecho de las lecciones aprendidas por sus vecinos de la región. Para el año 2050 se prevé que todos los países superen tasas de urbanización del 70 por ciento, a excepción de Guatemala (67.3 por ciento). Se proyecta que la población urbana de Costa Rica y de Panamá alcance el 90 por ciento en el mismo año.

La población urbana de la región está creciendo más rápido que en otros países en etapas similares de la urbanización. Los países de Centroamérica presentan altas tasas de crecimiento de la población urbana en comparación con la media mundial y con países en etapas similares de urbanización, aunque hay variaciones

Figura 1.2 La urbanización ha llegado a los países de la región en diferentes momentos

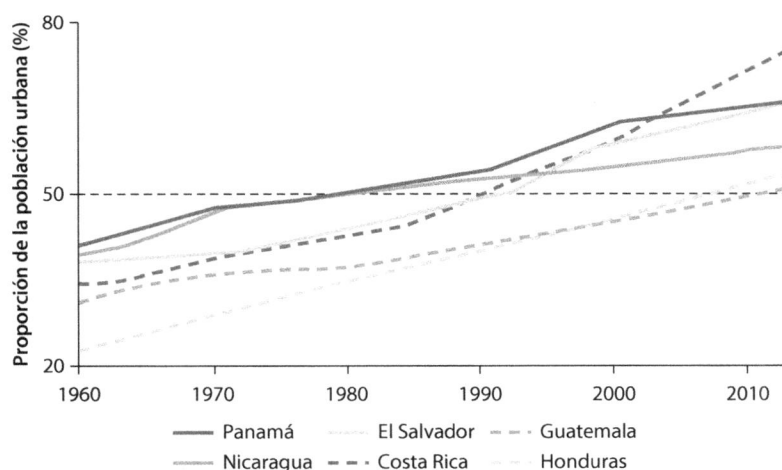

Fuente: Banco Mundial 2016b.

Figura 1.3 El crecimiento de la población urbana es superior a la media en comparación con países en niveles similares de urbanización

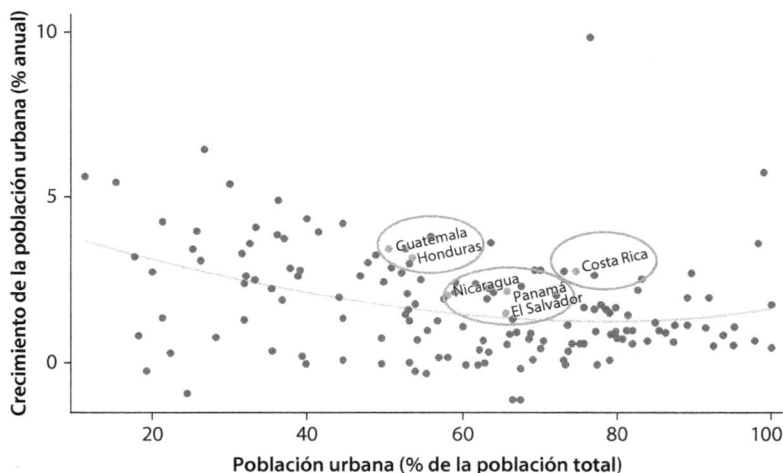

Fuente: Naciones Unidas 2014.

a través de los países. Por un lado, la Figura 1.3 muestra que Costa Rica tiene la mayor proporción de población urbana (75 por ciento) en la región, y al mismo tiempo una de las tasas anuales de crecimiento más rápidas del mundo para los países con niveles de urbanización similares (con un promedio del 2.5 por ciento en 2014). Por otro lado, Guatemala y Honduras están en un nivel de urbanización inferior con más de la mitad de su población viviendo en las ciudades, pero experimentan dos de las mayores tasas de crecimiento de la población urbana de la región (a una tasa anual del 3.4 por ciento y 3.2 por ciento, respectivamente en el 2015). Por último, Panamá, El Salvador y Nicaragua tienen niveles intermedios de urbanización, alrededor 60 por ciento, con tasas de urbanización superior a la media mundial y comparables a las tasas de crecimiento mostradas por Sudáfrica, Túnez y Marruecos.

Las investigaciones apuntan a que la migración del campo a la ciudad es un importante motor de la urbanización en Centroamérica. Las poblaciones rurales están migrando a las ciudades en busca de mejores oportunidades laborales y educativas y una mejor calidad de vida. Factores de presión tales como la disminución de los precios agrícolas, la degradación ambiental y los desastres naturales han instado a los hogares rurales a trasladarse a las ciudades, particularmente en El Salvador, Guatemala, Honduras y Nicaragua. La Organización Internacional para las Migraciones y el Programa Mundial de Alimentos han identificado la inseguridad alimentaria, la vulnerabilidad a los choques y la inestabilidad económica como fuerzas dominantes que afectan a la migración en los países del Triángulo del Norte, dando como resultado la reubicación ya sea en otros países o en las áreas urbanas (OIM y PMA 2015). Este estudio identificó una correlación positiva significativa entre la seguridad alimentaria y la migración en los tres países. Se calculó que uno o más de los miembros de entre 5 y 12 por ciento de los hogares migraron dentro del mes previo a la encuesta como una medida de respuesta a un período de sequía continua (5, 10 y 12 por ciento en El Salvador, Honduras y Guatemala, respectivamente).

¿Qué tan urbana es Centroamérica?

Las diferencias en las definiciones oficiales de "urbano" en cada país hace que la comparación entre países sea difícil. En Centroamérica, como en el resto del mundo, los países tienen diferentes definiciones de lo que se considera urbano. Por ejemplo, Guatemala y Honduras clasifican como urbanos los asentamientos humanos con una población superior a 2,000 habitantes con acceso a infraestructura básica como agua corriente y electricidad. En Nicaragua y Panamá, este umbral se reduce a 1,500 y 1,000 habitantes, respectivamente. Por el contrario, Costa Rica y El Salvador definen las áreas urbanas como aquellas en las que los residentes viven dentro de los límites municipales (cantones o cabeceras municipales), independientemente del tamaño de la población. La Tabla 1.1 resume la definición de áreas urbanas en los seis países de Centroamérica.

Trabajos anteriores han abordado algunas de estas dificultades y proporcionado una medida estándar de urbanización. Cuando se utiliza una medida alternativa de la urbanización en Centroamérica, el nivel de urbanización en la mayoría de los países es inferior al nivel oficial. El Índice de Aglomeración (IA) es una medida comparable de urbanización desarrollada por el Banco Mundial para proporcionar una definición coherente de la concentración urbana a nivel mundial y poder llevar a cabo análisis comparativos y agregados entre países. El IA calcula que las tasas de urbanización en la región son entre

Tabla 1.1 La definición de "urbano" varía según los países

País	Definición oficial de lo urbano
Costa Rica	Población que vive en municipios (cantones), incluyendo partes del distrito primario y las áreas circundantes. Estas áreas están delimitadas *a priori* teniendo en cuenta criterios físicos y funcionales, tales como la cobertura de calles, la electricidad y los servicios urbanos.
El Salvador	Residentes que viven en áreas municipales (cabeceras municipales), independientemente del tamaño de la población o las características estructurales.
Guatemala	Ciudades, villas y pueblos con más de 2,000 habitantes y con al menos el 51% de los hogares con acceso a electricidad y acueducto dentro de la vivienda.
Honduras	Población que vive en asentamientos con un tamaño de población de más de 2,000 habitantes; y con acceso a: (i) acueducto; (ii) caminos, ferrocarriles o conectividad aérea/marítima; (iii) provisión de educación primaria completa (6 grados); (iv) correo o telégrafo, y al menos uno de los siguientes servicios: electricidad, red de saneamiento y/o servicios de salud.
Nicaragua	Localidades dentro del conjunto de las áreas municipales con una población de más de 1,000 habitantes y con acceso a caminos y calles planeados, electricidad, establecimientos comerciales e industriales, entre otros.
Panamá	Localidades con una población superior a 1,500 habitantes y acceso a: electricidad, acueducto, alcantarillado, caminos pavimentados, establecimientos comerciales, instalaciones de comunicación, escuelas secundarias, entre otros.

Estudio de la urbanización en Centroamérica • http://dx.doi.org/10.1596/978-1-4648-1220-0

el 3 y el 10 por ciento más bajas que las reportadas por las cifras oficiales de urbanización. Esto también es válido para el resto de América Latina y el Caribe (ALC), donde Centroamérica sigue siendo la región menos urbanizada dentro de la región. La excepción es El Salvador, donde el IA está por encima de la cifra oficial, dada la alta densidad de población del país. La Tabla 1.2 muestra las diferencias en los valores calculados por el IA y los Indicadores de Desarrollo Mundial (IDM) en dos puntos en el tiempo. En ambos períodos, el IA en El Salvador fue más alto que la cifra oficial de proporción urbana en al menos 10 puntos porcentuales. Del mismo modo, la diferencia promedio ponderada de urbanización a nivel regional entre el IA y las cifras oficiales fue de 3.2 por ciento en 2000 y 8.1 por ciento en 2010.

El presente estudio da un paso adelante en la provisión de medidas comparables de urbanización que sean consistentes con las cifras oficiales del censo en Centroamérica. Este trabajo presenta un nuevo análisis de la evolución de las áreas urbanas en Centroamérica. Con el fin de proporcionar una mejor comprensión de la dinámica de las zonas urbanas de la región, el estudio utiliza definiciones de *urbano* comparables basándose en imágenes satelitales para proporcionar una perspectiva armonizada de la urbanización en la región y permitir comparaciones entre países. La definición de una aglomeración urbana se refiere al espacio geográfico en el que las personas trabajan y hacen su vida en la ciudad, y que no se restringe a los límites administrativos municipales o metropolitanos de una ciudad.

Con el fin de lograr un equilibrio en la comparabilidad entre países y la coherencia con las estadísticas oficiales urbanas, estas definiciones de *urbano* combinan el uso de imágenes de satélite con los datos censales. Por un lado, estas definiciones de *urbano* se derivan de imágenes satelitales procesadas, las luces nocturnas observadas por el DMSP (*Defense Meteorological Satellite Program*) de la NOAA (*National Oceanic and Atmospheric Administration*), así como las capas reticuladas de población derivadas de censos como *Worldpop*. Este análisis tiene en cuenta la extensión física en la que interactúan los residentes de un centro urbano para delinear los límites urbanos dentro del área construida contigua de una ciudad. Sin embargo, el alcance de estos límites urbanos también tiene en

Tabla 1.2 Nivel de urbanización (proporción de la población urbana como % del total)

	Índice de aglomeración		Población Urbana (IDM)	
	2000	2010	2000	2010
Costa Rica	55.40	53.0	59.05	71.73
El Salvador	73.70	73.8	58.91	64.29
Guatemala	36.60	39.5	45.13	49.32
Honduras	41.60	42.9	45.46	51.70
Nicaragua	48.40	43.0	54.74	57.26
Panamá	52.60	55.2	62.20	65.11
Promedio ponderado	**48.60**	**48.8**	**51.80**	**56.88**

Fuentes: Banco Mundial 2009, 2016.

cuenta los datos del censo como la principal fuente de información demográfica a fin de proporcionar un número de habitantes urbanos que sea coherente con las estadísticas oficiales a nivel nacional.

Observar las aglomeraciones urbanas proporciona una mejor comprensión de los sistemas urbanos nacionales actuales. Junto con las tendencias de urbanización basadas en los datos oficiales de los censos nacionales, este informe utiliza la noción de aglomeraciones urbanas para entender mejor la composición del sistema urbano en toda la región. El nuevo análisis descrito anteriormente se usa para examinar la distribución de la población urbana y de la tierra a lo largo de los territorios nacionales. Sin embargo, dado que este análisis solo está disponible para un período de tiempo, el estudio de las tendencias históricas regionales se basa principalmente en los datos disponibles al público a partir de fuentes oficiales e internacionales.

Usando esta definición, este análisis muestra que el sistema de ciudades de la región se compone de 167 aglomeraciones urbanas con una población superior a 15,000 habitantes. El Mapa 1.1 muestra la extensión geográfica de las 167 aglomeraciones urbanas identificadas para efectos de este informe. De éstas, siete áreas metropolitanas tienen una población que superó un millón de personas en 2012, a saber, las seis ciudades capitales y San Pedro Sula en Honduras. Un total

Mapa 1.1 Observación de las aglomeraciones urbanas de Centroamérica más allá de los límites administrativos

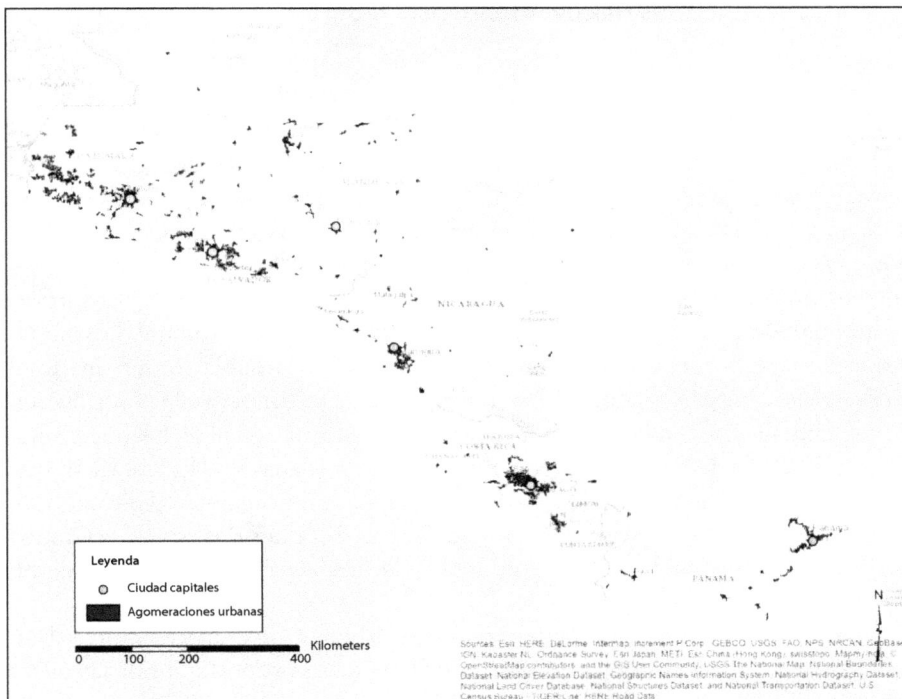

Fuente: Elaboración propia a partir de datos del PRDP y la versión alfa de GHSL.

Tabla 1.3 Número de aglomeraciones por tamaño

	> 1 M	100K-1M	15K-100K
Costa Rica	1	2	14
El Salvador	1	5	13
Guatemala	1	10	45
Honduras	2	5	22
Nicaragua	1	5	27
Panamá	1	2	10
Total	7	29	131

de 29 ciudades tienen una población de entre 100,000 y 1 millón de habitantes, mientras que al menos 131 aglomeraciones urbanas fueron reportadas con una población de entre 15,000 y 100,000 personas. En la mayoría de los casos, buena parte de estas aglomeraciones urbanas se concentran en el territorio circundante de la ciudad capital. La Tabla 1.3 muestra la distribución de las ciudades desglosada por país y tamaño de la población. Guatemala se destaca por tener el mayor número de ciudades tanto entre 100,000 y 1 millón de personas, como entre 15,000 y 100,000.

La población urbana está creciendo a velocidades desafiantes, y las ciudades secundarias relativamente más rápido

Mientras que las ciudades capitales representan la mayor parte de la población, la urbanización en los últimos años ha estado impulsada principalmente por el crecimiento de las ciudades secundarias. Contrario a lo que se observa en algunos países de Suramérica, la urbanización en la región no solo es impulsada por las aglomeraciones urbanas más grandes. De acuerdo con cifras oficiales, la mayor parte del crecimiento de la población urbana en Guatemala y Costa Rica, por ejemplo, tiene lugar fuera de la capital. Como se muestra en la Figura 1.4, la contribución de las ciudades secundarias a la urbanización de estos dos países ha aumentado constantemente desde 1973 y 1984, respectivamente. Las ciudades intermedias representan más del 65 por ciento de la población urbana total en sus países. En países como Panamá y Honduras, sin embargo, la contribución de las ciudades secundarias al crecimiento urbano nacional se ha mantenido estancada desde 1960, como lo muestran las líneas planas en la Figura 1.4, que representan el porcentaje de población urbana (como porcentaje del total) que vive fuera de la aglomeración más grande del país. En estos dos países, la Ciudad de Panamá y Tegucigalpa son responsables de la mayor parte del crecimiento urbano.

Cuando se les trata como aglomeraciones urbanas, las ciudades concentran una mayor proporción de la población urbana que la reportada por las cifras oficiales. El análisis independiente realizado para este estudio con datos satelitales y cifras oficiales de población, revela que más de dos tercios de la

Figura 1.4 La urbanización en la región no solo es impulsada por las principales aglomeraciones urbanas

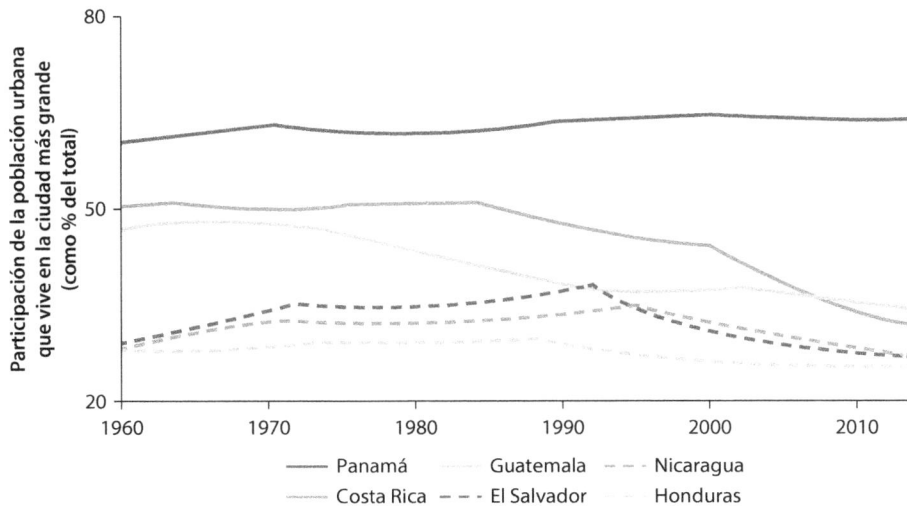

Fuente: Banco Mundial 2016b.
Nota: En el caso de Costa Rica, el porcentaje de la población que vive en la ciudad más grande solo incluye a los residentes del municipio de San José (no de la región metropolitana ampliada).

población urbana en Honduras se distribuye entre las dos áreas metropolitanas más grandes del país (San Pedro Sula y Tegucigalpa). La Figura 1.5 muestra las diferencias en la población urbana estimada que se concentra en la ciudad más grande, comparando las cifras oficiales recopiladas en los IDM del Banco Mundial con el análisis específico de este estudio. Se observa que la zona metropolitana de Managua concentra el 55 por ciento de la población urbana total de Nicaragua, mientras que las cifras oficiales reportan el 27 por ciento. Del mismo modo, mientras que las estimaciones independientes muestran que San José y sus ciudades satélites representan casi el 85 por ciento de la población urbana nacional en Costa Rica, el censo oficial reporta que solo 1 de cada 3 residentes urbanos del país reside en San José. Esta gran discrepancia se debe al hecho de que la definición oficial solo toma en cuenta al municipio central de San José y no a las ciudades vecinas[3].

Al igual que en otras partes del mundo, mientras que la población urbana se agrupa en grandes aglomeraciones, las ciudades secundarias están creciendo a velocidades relativamente altas. El Mapa 1.2 representa los tamaños de población y tasas de crecimiento anual de 74 ciudades en cuatro países de Centroamérica para los cuales se dispone de datos oficiales del censo a una escala comparable. El tamaño de cada círculo es proporcional al número de habitantes registrados en cada aglomeración en el último año del censo. El esquema de color representa la velocidad de la tasa de crecimiento anual de la población urbana –donde el rojo oscuro indica una tasa de crecimiento rápido (7 por ciento anual o superior)

Figura 1.5 Población en las ciudades más grandes, aglomeraciones urbanas vs. límites urbanos oficiales

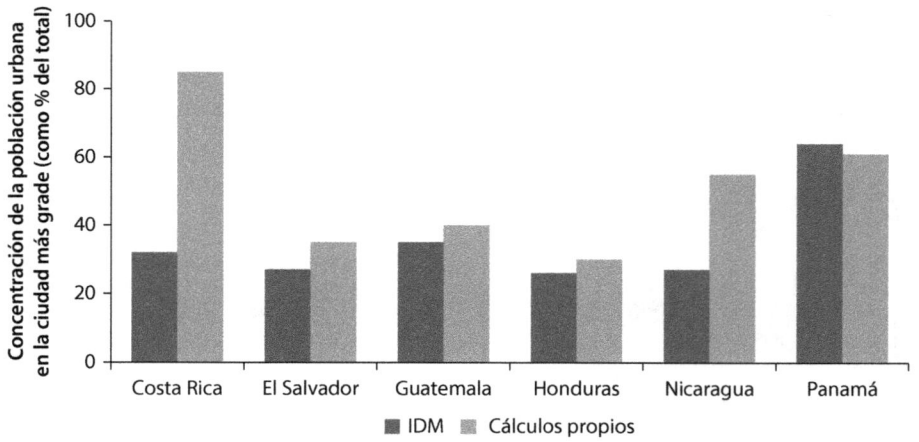

Fuente: Elaboración propia utilizando IDM (2015) y los datos del PRDP del Banco Mundial.

Mapa 1.2 Las ciudades intermedias están creciendo a altas velocidades, mientras que la tasa de crecimiento de las grandes aglomeraciones está por debajo de los promedios nacionales

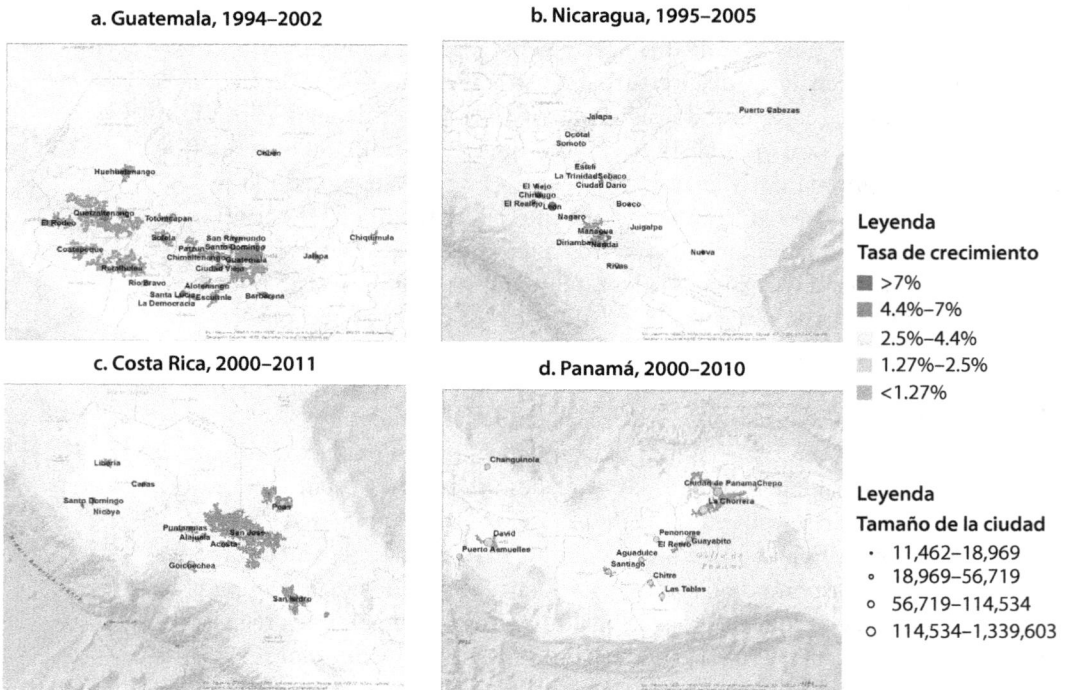

a. Guatemala, 1994–2002

b. Nicaragua, 1995–2005

c. Costa Rica, 2000–2011

d. Panamá, 2000–2010

Leyenda
Tasa de crecimiento
■ >7%
■ 4.4%–7%
○ 2.5%–4.4%
▨ 1.27%–2.5%
▨ <1.27%

Leyenda
Tamaño de la ciudad
· 11,462–18,969
∘ 18,969–56,719
○ 56,719–114,534
○ 114,534–1,339,603

Fuente: Elaboración propia utilizando estimaciones PRDP del Banco Mundial y las cifras oficiales del censo.

y el color verde oscuro corresponde a una tasa de crecimiento relativamente lenta (1.3 por ciento o menor). La región de la Capital de Guatemala experimentó un rápido crecimiento entre 1994 y 2002, con ciudades como Chimaltenango, Retalhuleu y Quetzaltenango creciendo a un ritmo más rápido que el promedio nacional. En Nicaragua, el triángulo Jinotega-Matagalpa experimentó un alto crecimiento de la población urbana entre 1995 y 2005, mientras que ciudades más grandes en el corredor oeste tuvieron un crecimiento más lento. En Costa Rica, San José está creciendo más lentamente que San Isidro y Punta Arenas, pero más rápido que otras ciudades secundarias del país, tales como Guápiles y Acosta. Por último, Panamá experimentó un periodo de crecimiento urbano relativamente bajo durante la década de 2000 en todo el país, con Penonomé y los suburbios del oeste de la Ciudad de Panamá entre las áreas urbanas de más rápido crecimiento.

Las ciudades secundarias han crecido significativamente en la última década y representan hasta el 65% de los sistemas urbanos nacionales. De acuerdo con cifras oficiales del censo, las ciudades intermedias aportaron casi dos terceras partes del crecimiento de la población urbana en Nicaragua y Guatemala durante la última década. Como se muestra en la Figura 1.6, las aglomeraciones con un tamaño de población de entre 15,000 y 100,000 habitantes representan entre el 20 y 30 por ciento del crecimiento de la población en las zonas urbanas, lo que escala su papel en los sistemas urbanos nacionales. Mientras que las grandes áreas metropolitanas representaron al menos el 40 por ciento del crecimiento demográfico de las zonas urbanas, las ciudades y localidades secundarias están creciendo rápidamente. En Guatemala y El Salvador, por ejemplo, un factor que contribuye al crecimiento y expansión

Figura 1.6 Distribución de la población urbana por tamaño de la aglomeración, 2012

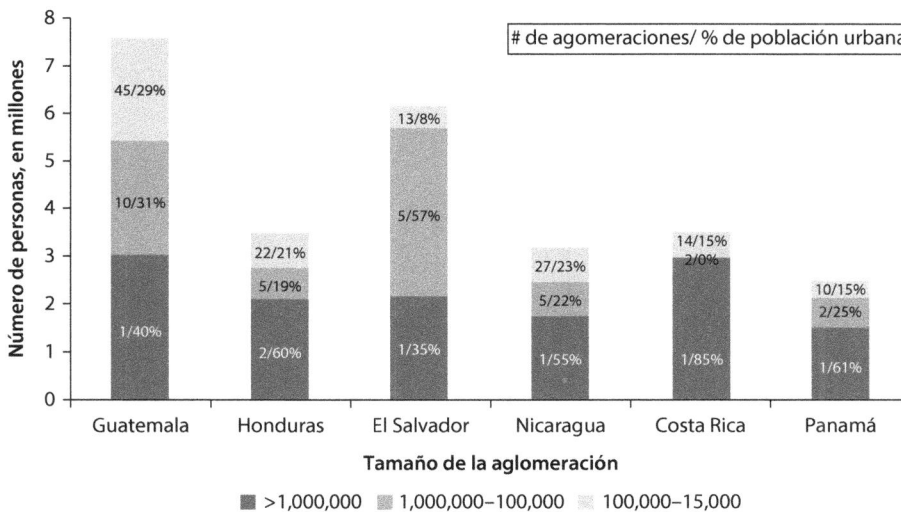

Fuente: Elaboración propia a partir de datos oficiales del censo y las imágenes de satélite.

Estudio de la urbanización en Centroamérica • http://dx.doi.org/10.1596/978-1-4648-1220-0

de las ciudades secundarias son las remesas de los migrantes. Un estudio de 2010 que explora la expansión urbana de las ciudades intermedias de Quetzaltenango (Guatemala) y San Miguel (El Salvador) –donde el 40 y el 30 por ciento de la población recibe remesas, respectivamente– encontró que los bienes raíces y proyectos residenciales dirigidos a la clase media se han desarrollado rápidamente en áreas que reciben altos volúmenes de remesas. Muchos de estos desarrollos se caracterizan por ser comunidades cerradas con viviendas caras, de las cuales no todas son habitadas. (Klaufus, 2010).

La urbanización del territorio es más rápida que la población

A pesar del crecimiento demográfico, las áreas urbanizadas[4] se están expandiendo a un ritmo más rápido que la población. En 1990, los países de la región urbanizaron en promedio 91 m² de suelo per cápita[5]. Hoy en día, esta cifra se ha multiplicado por un tercio, con una media de 120 m² de superficie urbanizada per cápita. Como se muestra en la figura 1.7, usando el área urbanizada per cápita como una medida comparable de la expansión en toda la región, El Salvador y Honduras han visto los mayores incrementos en este indicador, en su mayoría impulsados por el resurgimiento de la industria de la construcción en la década de 1990. Mientras tanto, esta relación ha seguido un aumento mucho más moderado en Guatemala y Nicaragua, mientras que en Costa Rica la urbanización se aceleró durante la última década[6]. Por último, Panamá ha experimentado un proceso contrario, con una mayor densificación impulsada por el desarrollo masivo de edificios de alta densidad financiados con inversiones extranjeras que ayudaron a impulsar el mercado inmobiliario de Panamá durante los últimos 14 años. Sin embargo, un proceso paralelo se está produciendo en la

Figura 1.7 Las zonas urbanizadas se están expandiendo a un ritmo más rápido que la población

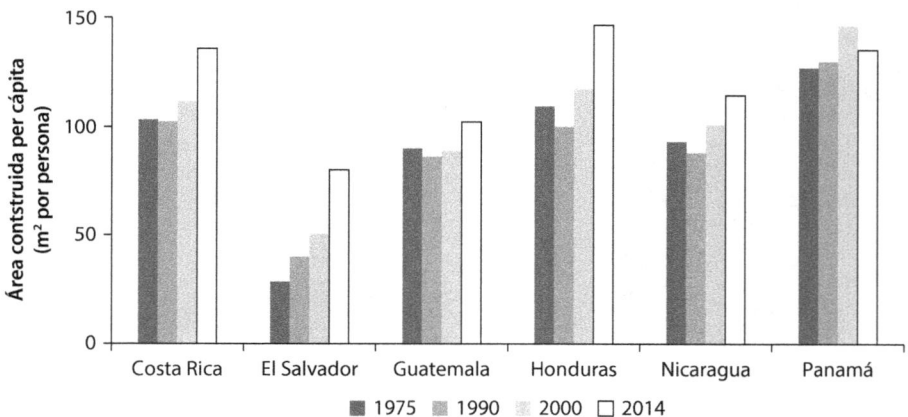

Fuente: Elaboración propia utilizando los polígonos de aglomeración urbana del PRDP del Banco Mundial y *UN World Urbanization Prospects.*

periferia urbana de Panamá donde nuevos desarrollos de vivienda semi-cerrados están albergando a la creciente población urbana de clase media.

El área urbanizada total se ha triplicado en la región en los últimos 40 años. Creciendo a una tasa promedio de 7.5 por ciento por año, la superficie urbanizada en Centroamérica ha crecido dos veces más rápido que en otras ciudades de la región. En México, las ciudades de Tijuana y Guadalajara ampliaron su territorio urbano a una tasa promedio del 4.9 por ciento y 2.8 por ciento anual, mientras que las ciudades de Montevideo y Valledupar crecieron 2.9 y 2.8 por ciento, respectivamente (Angel et al. 2010). La Tabla 1.4 resume la evolución de la superficie urbanizada durante cuatro períodos utilizando la información derivada de los cálculos de imágenes satelitales. La tierra desarrollada en la región se ha ampliado sustancialmente a través de todo el territorio en una tendencia exponencial. Para el año 2000, la mayoría de los países de la región habían duplicado su territorio urbano comparado con 1975. Hoy en día, la tierra total desarrollada es tres veces más extensa que hace cuatro décadas. Dentro de la región, El Salvador ha visto la mayor transformación al cuadruplicar su superficie urbanizada desde 1975.

En 72 aglomeraciones urbanas de toda la región, la expansión urbana ha crecido más allá de los límites administrativos oficiales. El Mapa 1.3 muestra cómo las ciudades, cuando se definen como aglomeraciones urbanas, se extienden más allá de uno o más límites municipales. Aunque todos los países de la región tienen delimitaciones metropolitanas oficiales para sus capitales – mostradas en color azul– algunas de ellas pueden requerir una actualización para reflejar los cambios de la dinámica urbana. En este sentido, el caso de San Salvador es sorprendentemente notorio, con la aglomeración urbana superando el área metropolitana oficial al doble del tamaño de los límites oficiales. Lo mismo es cierto para las ciudades no capitales. El análisis

Tabla 1.4 La superficie urbanizada total se ha triplicado en los últimos 40 años

País		1975	1990	2000	2014
Costa Rica	Km^2	211,77	315.2	439.14	669.25
	Crecimiento relativo	1	1.49	2.07	3.16
El Salvador	Km^2	118	212.36	299.71	511.46
	Crecimiento relativo	1	1.8	2.54	4.33
Guatemala	Km^2	555.68	765.24	997.01	1,631.01
	Crecimiento relativo	1	1.38	1.79	2.94
Honduras	Km^2	340.03	491.5	730.66	1,212.85
	Crecimiento relativo	1	1.45	2.15	3.57
Nicaragua	Km^2	259.92	363.82	514.87	708.16
	Crecimiento relativo	1	1.4	1.98	2.72
Panamá	Km^2	223.06	323.31	446.31	530.79
	Crecimiento relativo	1	1.45	2	2.38

Fuente: GHSL Landsat Versión Alfa, Comisión Europea JRC 2015.

Mapa 1.3 Límites municipales y metropolitanos oficiales comparados con las aglomeraciones urbanas

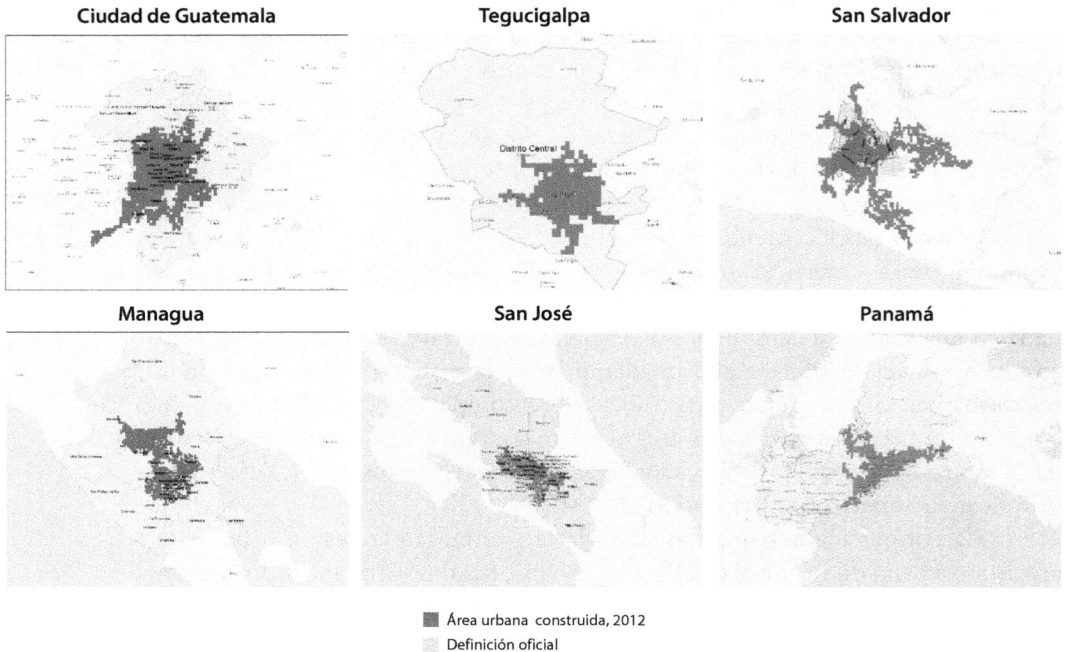

Ciudad de Guatemala	Tegucigalpa	San Salvador

Managua	San José	Panamá

■ Área urbana construida, 2012
▨ Definición oficial

Fuente: Elaboración propia con datos de GHSL (del proyecto PRDP del Banco Mundial) y datos del censo.

realizado para este estudio encontró que 72 de las 167 aglomeraciones urbanas en la región abarcan tres o más municipios, haciendo hincapié en la necesidad de fortalecer la coordinación intermunicipal para una mejor planificación urbana y prestación de servicios.

La expansión de baja densidad se concentra en la periferia urbana o fuera de las grandes ciudades de la región. La mayor parte de la expansión urbana que ha experimentado la región en los últimos años ha tenido lugar principalmente en tres áreas: (i) en la periferia de las ciudades capitales, (ii) en las ciudades secundarias, o (iii) en las proximidades de los corredores viales que conectan los centros urbanos. El Mapa 1.4 muestra el período en que ha tenido lugar el desarrollo reciente de la tierra en el corredor Quetzaltenango-Ciudad de Guatemala. Como se muestra en el Mapa 1.3, la mayor parte de los desarrollos en los últimos años han tenido lugar fuera del área metropolitana de la Ciudad de Guatemala. El crecimiento del área urbanizada entre 2000 y 2014 se produjo principalmente en las afueras de Quetzaltenango y a lo largo de la red de caminos que conecta estos dos centros urbanos. De hecho, la gran mayoría de estos nuevos desarrollos pareciera haber ocurrido de forma espontánea en la forma de urbanización *in situ*[7] o asentamientos de baja densidad que tienen lugar en zonas rurales o lejos de los límites de las aglomeraciones urbanas.

Mapa 1.4 Guatemala ha experimentado urbanización in situ en los últimos 15 años

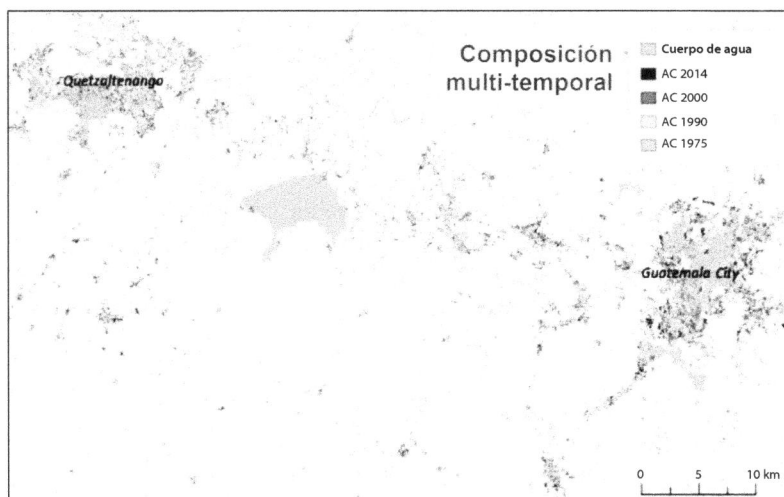

Fuente: Cálculos propios usando GHSL Landsat Versión Alfa, Comisión Europea JRC 2015.
Nota: AC=Área constrída.

Debido a la rápida urbanización, las ciudades concentran cada vez más los desafíos más apremiantes de la región, pero también las oportunidades para el desarrollo

Una revisión de los reportes de diagnóstico estratégico del Banco Mundial muestra que los países de la región se enfrentan a desafíos y oportunidades comunes. Entre 2012 y 2016, el Banco Mundial preparó una serie de Diagnósticos Sistemáticos de País (DSP) para los países de la región centroamericana[8]. Estos informes, que se producen en estrecha consulta con las autoridades nacionales y las partes interesadas proporcionan una visión general de los objetivos estratégicos de desarrollo de un país. Estos diagnósticos identifican los principales objetivos y actividades que tienen un alto impacto y que están alineados con los objetivos globales de acabar con la pobreza absoluta e impulsar la prosperidad compartida de una manera sostenible. Los informes muestran que los países experimentan, en diversos grados, limitaciones para el crecimiento económico y la competitividad. Por último, los DSP subrayan la exposición y la vulnerabilidad de los seis países de Centroamérica a los desastres naturales e identifican el fortalecimiento de la resiliencia como una importante prioridad de política.

Los principales desafíos para el desarrollo de la región están vinculados a la falta de inclusión social, la vulnerabilidad a los desastres naturales y la falta de oportunidades económicas y de competitividad. Mientras que Costa Rica y Panamá son las dos economías más avanzadas en la región, sus sistemas educativos y de formación no responden adecuadamente a su ritmo de desarrollo, lo que crea un desajuste entre las calificaciones laborales y los puestos de trabajo. Otras causas del bajo crecimiento y competitividad se relacionan con la baja productividad, bajos niveles de inversión y la falta de diversificación de las exportaciones. En cuanto a la inclusión social, la región sigue siendo testigo de la desigualdad de ingresos, la exclusión económica, el bajo acceso a servicios básicos de calidad y altos niveles de delincuencia y violencia. La Tabla 1.5 ofrece un resumen de los principales retos de desarrollo de cada país identificadas en los DSP del Banco Mundial y el Marco de Alianza con el País (MAP).

Las ciudades pueden contribuir a aumentar la prosperidad mediante la transición hacia un crecimiento económico sostenido

Las ciudades ofrecen el espacio necesario para que las empresas se beneficien de su localización cercana a otras (economías de localización) a través de un mercado laboral común y la difusión de conocimiento. La proliferación de empresas de tecnología concentradas en *Silicon Valley* es un ejemplo perfecto de este tipo de economías de escala. Mientras que los costos de mano de obra son altos, las empresas siguen estableciéndose en esa zona debido a las ventajas de tener acceso a una mano de obra altamente especializada. En Centroamérica, Guatemala es un buen ejemplo regional. En Guatemala, las operaciones de los centros de llamadas han crecido sustancialmente. El país tiene 75 de los 103 centros de llamadas ubicados en toda Centroamérica (Prensa Libre 2015). Partiendo de 9,000 trabajadores en 2008, la industria emplea ahora 35,000 trabajadores y aporta cerca de US$160 millones a la economía local a través de la generación de empleo. Del mismo modo, la creciente población permite que el costo fijo de nuevas infraestructuras –tales como los servicios públicos, el transporte y las instalaciones urbanas– se divida entre un mayor número de personas y empresas.

Debido a la proximidad de las diversas actividades económicas, las ciudades facilitan el intercambio de ideas, conocimiento y tecnología. Las economías de escala en las ciudades promueven un mayor nivel de especialización y de productividad. La proximidad de las empresas, los trabajadores y los mercados en las grandes áreas metropolitanas permite economías de aglomeración y pueden convertirse en plataformas globales para el intercambio de conocimientos, bienes y servicios. Las ciudades intermedias pueden beneficiarse de políticas que promuevan la creación de agrupaciones sectoriales (*clusters*) y que permitan el acceso a los grandes mercados, mientras que las ciudades y pueblos más pequeños pueden tomar ventaja de la provisión de infraestructura y servicios urbanos básicos que permitan su inserción en las cadenas productivas nacionales.

La evidencia internacional sugiere que la urbanización y el crecimiento económico están estrechamente relacionados. A través de densidades más altas, las ciudades permiten interacciones sociales y económicas más frecuentes que los

Tabla 1.5 Desafíos claves del desarrollo en Centroamérica

	Falta de oportunidades económicas y baja competitividad	Falta de inclusión social	Vulnerabilidad a los desastres naturales
Costa Rica	• Presiones fiscales que amenazan el pacto social y así como la Marca Verde. • Desajuste entre las cualificaciones y los puestos de trabajo.	• Reducción de la pobreza estancada y creciente desigualdad. • Bajo acceso al tratamiento de aguas residuales y al manejo de residuos sólidos.	• Alta exposición a los riesgos, especialmente hidrometeorológicos y geofísicos.
El Salvador	• Falta de oportunidades y baja competitividad económica. • Movilidad limitada de la clase media.	• Falta de inclusión social y financiera.	• Alta vulnerabilidad a los desastres naturales.
Guatemala	• Bajo crecimiento económico. • Bajos niveles de inversión y de productividad agrícola. • Instituciones débiles (baja tributación, débil clima de inversión, frágil estado de derecho).	• Contrato social fragmentado. • Desigualdad generalizada y exclusión económica. • Desnutrición. • Falta de una educación de calidad.	• Vulnerabilidad a los desastres naturales que afectan de manera desproporcionada a los pobres.
Honduras	• Fricciones regulatorias que afectan a los mercados de trabajo y productos. • Continua inestabilidad fiscal. • Infraestructura inadecuada y acceso limitado al capital. • Escasez de habilidades laborales.	• Bajo acceso y calidad de los servicios básicos. • Distribución desigual de acceso a los servicios, lo que perjudica a los pobres. • Altos niveles de delincuencia y violencia. • Acceso limitado a la educación.	• Baja resistencia a los riesgos naturales.
Nicaragua	• Vulnerabilidad externa debido a la escasa diversificación económica. • Vulnerabilidad a los aumentos de precios de los alimentos.	• Altas tasas de criminalidad. • Desigualdad en el acceso a los servicios entre los diferentes grupos de ingresos. • Acceso limitado a la educación primaria.	• Alta vulnerabilidad a los riesgos, que especialmente golpean a la infraestructura básica, caminos y viviendas.
Panamá	• Efectividad limitada de las instituciones públicas y del marco regulatorio. • Deficiencias en la cobertura y calidad de la educación secundaria y terciaria.	• Aumento de la delincuencia y la violencia. • Débil protección de los derechos a las tierras. • Concentración creciente de los extremadamente pobres en los territorios indígenas.	• El cambio climático y el aumento de la variabilidad de las precipitaciones.

Fuente: Síntesis de Diagnóstico Sistemático de País (DSP); a excepción de Nicaragua, que se basa en la Estrategia de Alianza con el País para el período fiscal 2013-2017.

escenarios no urbanos (Banco Mundial 2013, 2015a). Estas interacciones crean un lugar vibrante en donde los empresarios e inversores pueden traducir sus ideas en productos y servicios innovadores. Como se muestra en la Figura 1.8, los países de todo el mundo experimentan mayores ingresos per cápita a medida que se urbanizan. Esta tendencia también es válida para el contexto de Centroamérica. Panamá y Costa Rica, los dos países más urbanizados de la región, tienen el ingreso per cápita más alto. Por el contrario, Honduras y Guatemala, que

Figura 1.8 Los países con mayores niveles de urbanización experimentan un ingreso per cápita más alto

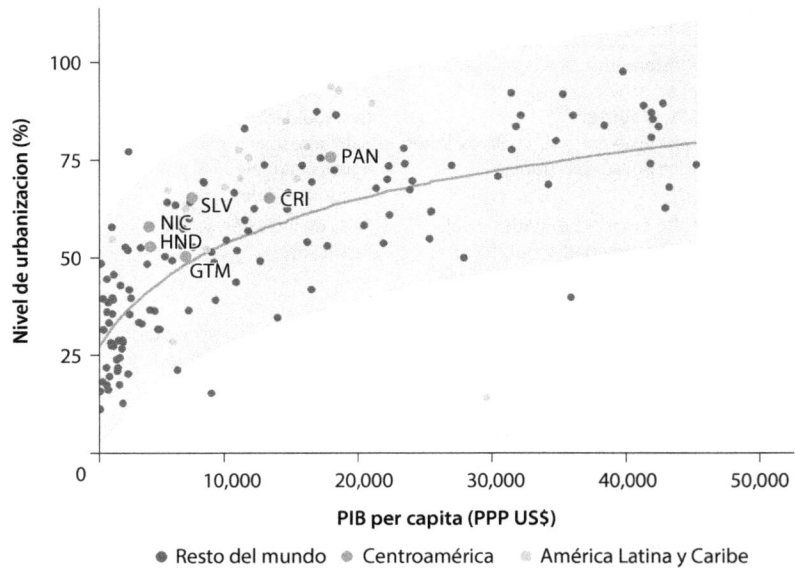

Fuente: Elaboración propia utilizando IDM (2015).
Nota: CRI = Costa Rica; PIB = producto interno bruto; GTM = Guatemala; HND = Honduras; NIC = Nicaragua; PAN = Panamá; PPP = paridad de poder adquisitivo; SLV = El Salvador.

presentan los niveles más bajos de urbanización (de casi el 55 por ciento), ocupan puestos inferiores de ingresos per cápita entre el grupo de seis países considerados para este estudio.

Al igual que en otras regiones del mundo, la urbanización en Centroamérica ha ido de la mano con mayores ingresos per cápita y la disminución de la pobreza. En 1994, cuando menos de la mitad de la población total de la región se consideraba urbana, el PIB per cápita en los países de Centroamérica promedió US$ 5,318. Veinte años más tarde, a medida que la urbanización aumentó en la región, los ingresos per cápita se han duplicado a un promedio de US$ 11,531[9], aunque con diferencias significativas (por ejemplo, el PIB per cápita de Panamá en 2013 era de US$ 19,082, mientras que en Honduras y Nicaragua ascendía a menos de US$ 5,000). A pesar de las disparidades intrarregionales, los países avanzaron en la reducción de la pobreza durante este período, pasando de aproximadamente el 48 por ciento de los residentes urbanos viviendo en la pobreza en 1994 al 33 por ciento en 2013. Sin embargo, la región todavía se enfrenta a retos importantes en la mejora de las condiciones de vida de más de 8.3 millones de pobres urbanos, debiendo al mismo tiempo sacar de la pobreza a casi 11 millones de habitantes rurales que viven por debajo de las líneas de pobreza nacionales.

Además de ser los países más urbanizados de la región, Costa Rica y Panamá tienen dotaciones económicas y políticas que han facilitado diferentes trayectorias de desarrollo. Por ejemplo, el desempeño excepcional del crecimiento de Panamá en la última década se debe a una serie de factores que incluyen la transferencia del Canal a Panamá en 2000. Esto permitió que el país no solo se beneficiara del aumento del comercio mundial, sino que también aprovechara su posición geográfica para transformarse en un centro logístico, comercial y financiero bien conectado. Por otra parte, Panamá ha logrado atraer una creciente inversión extranjera directa (IED) e inversiones privadas, mientras realiza importantes proyectos de inversión pública. En general, esto ha permitido a Panamá aumentar su capacidad de invertir y gestionar el desarrollo urbano. En el caso de Costa Rica, la estabilidad política, una importante inversión en la educación, una fuerza de trabajo altamente educada y bilingüe, y la apertura comercial son algunos de los factores que han definido su éxito económico. Y aún más importante, la productividad ha aumentado rápidamente gracias a que las inversiones han virado de los sectores de baja tecnología, como los textiles, a sectores de alto valor añadido y alta tecnología tales como la electrónica y la manufactura avanzada. Esto ha permitido a Costa Rica fabricar productos y servicios de alta tecnología para la exportación.

Las ciudades desempeñan un papel importante en la economía, contribuyendo el 80.5 por ciento del PIB regional con un 56.9 por ciento de la población. Con el fin de proporcionar estimaciones sobre la contribución de las ciudades al PIB nacional, este informe se basa en la metodología diseñada por el equipo de Perfil del Riesgo de Desastres de País del Banco Mundial que divide a los países con una red de cuadrículas de 1 km^2 y calcula el PIB en cada celda (ver Recuadro 1.1). En toda la región, el porcentaje de producto agrupado en áreas urbanas es mayor que el porcentaje de la población que se concentra en las ciudades. Tomando como ejemplo a Nicaragua, donde más de la mitad de la población (57.7 por ciento) vive en las ciudades, pero donde las zonas urbanas aportan más del 72.6 por ciento de la economía nacional. Del mismo modo, Honduras y Guatemala experimentan una relación similar con un nivel de urbanización de casi el 50 por ciento, mientras que el PIB urbano representa más de un 76 por ciento del PIB en cada país. Como se muestra en la Tabla 1.6, incluso en los países más urbanizados como Panamá y Costa Rica la concentración de la actividad económica en las ciudades y áreas urbanas es mayor que la proporción de población que vive en las ciudades. Al permitir una mayor productividad, las ciudades pueden convertirse en catalizadores para promover el crecimiento económico sostenido, crear puestos de trabajo y lograr la prosperidad para los habitantes de Centroamérica.

De manera similar a la dinámica de la población, la actividad económica en Centroamérica también está altamente concentrada en las grandes aglomeraciones. En ausencia de datos económicos abundantes desglosados a nivel subnacional, este informe se basa en el trabajo de Henderson, Storeygard, y Weil (2012) y utiliza la cantidad de luces nocturnas y su brillo como una aproximación para medir la actividad económica[10] (ver Recuadro 1.1). Con la excepción

Recuadro 1.1   Midiendo la actividad económica desde el espacio exterior

Cuando los datos oficiales no están disponibles, este informe se basa en datos auxiliares para calcular las estimaciones subnacionales de la actividad económica. Este análisis utiliza los mejores datos disponibles para describir las tendencias observadas con la mayor precisión posible. Sin embargo, como sucede en muchas economías en desarrollo, existen limitaciones de los datos en algunos de los países de la región, lo que significa que algunas estimaciones, proyecciones y cifras podrían estar sub o sobreestimadas. Por lo tanto, los cálculos en este informe deben interpretarse más como indicadores de tendencias generales que como cifras precisas. Además, aunque este estudio basa la mayor parte de su análisis en datos primarios de fuentes oficiales reportados principalmente por las agencias nacionales de estadística de cada país, se utilizaron los datos complementarios en los casos en que la información desagregada no estaba disponible.

Por ejemplo, el crecimiento del PIB raramente se mide para las ciudades o regiones de un país. Pero las innovaciones recientes basadas en el uso de imágenes satelitales han desarrollado métodos para estimar el crecimiento de la actividad económica a nivel subnacional. Al observar el alcance de las luces nocturnas y su brillo (intensidad), Henderson, Storeygard, y Weil (2012) proponen el uso de datos satelitales de las luces nocturnas como una aproximación para medir el crecimiento del PIB (Mapa R1.1.1) Desarrollan un marco estadístico que utiliza el crecimiento de la emisión de luces para complementar las medidas de crecimiento de ingresos existentes, bajo el supuesto de que el error de medición de la emisión de luz como indicador del ingreso no está correlacionado con un error de medición en las cuentas de ingresos nacionales. Para los países con escasez de datos sobre cuentas nacionales, esta nueva estimación de crecimiento promedio anual difiere hasta 3 puntos porcentuales de los datos oficiales. Aún más importante, lo datos de las luces permiten medir el crecimiento del ingreso en las ciudades y regiones de un país, así como la actividad económica en los sectores formal e informal.

Análisis exploratorios utilizan nuevos métodos computacionales para desagregar el PIB nacional a escala subnacional. Este informe se basa en la metodología diseñada por el equipo de Perfil del Riesgo de Desastres de País del Banco Mundial. La metodología fue diseñada para estimar un mapa espacial de alta resolución (1 km^2) del PIB subnacional mejorando la metodología anterior desarrollada por el Mapa Global de la Actividad Económica (*Global Economic Activity Map,* GLEAM). En particular, la nueva metodología mantiene la distinción entre los sectores agrícolas y no agrícolas considerada en la metodología anterior, pero la principal mejora se basa en la técnica de estimación del componente no agrícola. El enfoque adoptado para la desagregación de la producción agrícola solo utiliza una cuadrícula de *Global Landcover* que muestra el porcentaje de tierras utilizadas para la producción agrícola por celda. Por otro lado, el proceso de desagregación del PIB no agrícola utiliza los datos de población de *LandScan* 2012 *database3,* 2010

Recuadro continúa en la siguiente página

Recuadro 1.1 Midiendo la actividad económica desde el espacio exterior *(continuación)*

Nightime Lights (NTL) y un *proxy5* de acceso al mercado. Además de esto, se recogieron datos subnacionales del PIB provenientes de varias fuentes, incluyendo informes del PNUD, los bancos centrales, los ministerios de economía y las oficinas nacionales de estadísticas de los países considerados. Cuando está disponible, también fue compilada la estructura sectorial del PIB a nivel subnacional.

Mapa R1.1.1 Extensión y brillo de las luces nocturnas en las aglomeraciones centroamericanas

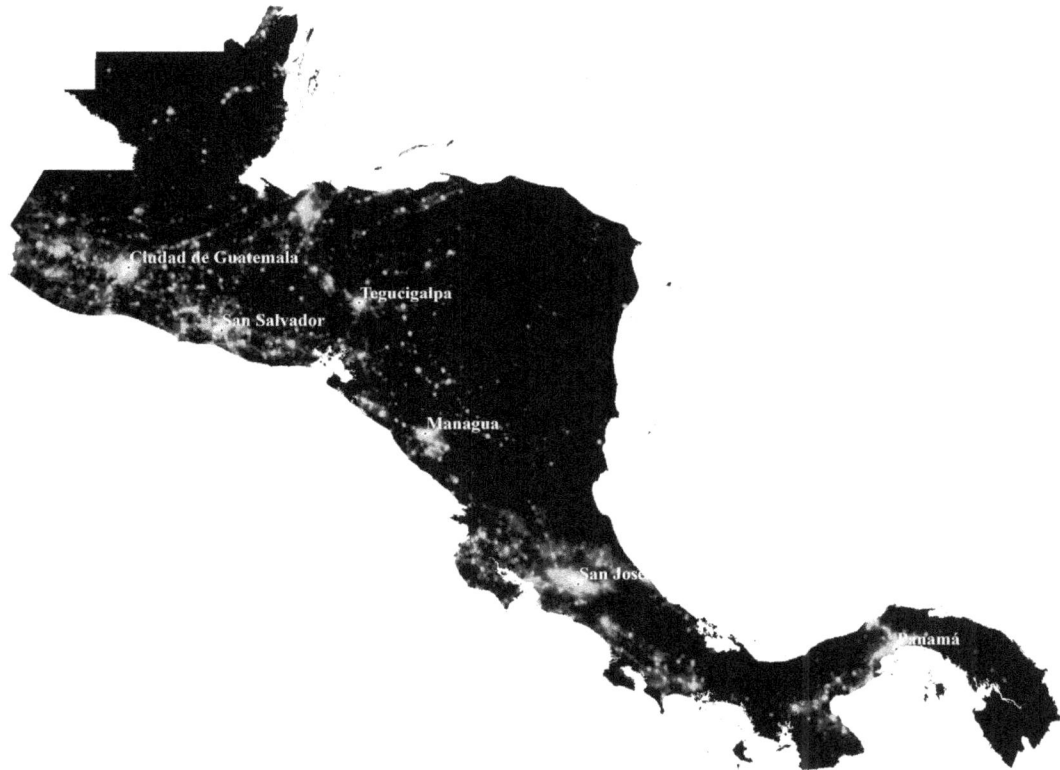

Fuente: WB LCR Probabilistic Risk Assessment Program - CAPRA (P144982) y financiado por el Banco Mundial a través de una subvención del Fondo Mundial para la Reducción de los Desastres y la Recuperación (*Global Facility for Disaster Reduction and Recovery,* GFDRR) (TF014499) del Gobierno de Australia (AusAID). La metodología estará disponible en un Papel de Trabajo del Banco Mundial en preparación: *"Gross Domestic Product Disaggregation Methodology and applications in Disaster Risk Management"* por Blanchard, P., B. Blankespoor, J. Rivera-Fuentes, R. Gunasekera, O. Ishizawa y L. F. Jiménez-Salazar. Contacto: oishizawa@worldbank.org.

Fuente: WB LCR Probabilistic Risk Assessment Program - CAPRA (P144982) y financiado por el Banco Mundial a través de una subvención del Fondo Mundial para la Reducción de los Desastres y la Recuperación (*Global Facility for Disaster Reduction and Recovery,* GFDRR) (TF014499) del Gobierno de Australia (AusAID). La metodología estará disponible en un Papel de Trabajo del Banco Mundial en preparación: *"Gross Domestic Product Disaggregation Methodology and applications in Disaster Risk Management"* por Blanchard, P., B. Blankespoor, J. Rivera-Fuentes, R. Gunasekera, O. Ishizawa y L. F. Jiménez-Salazar. Contacto: oishizawa@worldbank.org

Tabla 1.6 Las ciudades concentran una mayor proporción de la actividad económica que de la población

	PIB urbano (como % del total)	Población urbana (como % del total)
Costa Rica	84.82%	72.87%
El Salvador	78.11%	64.79%
Guatemala	78.10%	49.77%
Honduras	76.02%	52.32%
Nicaragua	72.62%	57.54%
Panamá	86.17%	65.40%
Peso promedio	**80.50%**	**56.88%**

Fuente: Cálculos propios utilizando el proyecto *Gridded GDP* del Banco Mundial y Hsu et al. 2015.

de Honduras, más de dos tercios del brillo total se concentra en las capitales de los países. En el caso de San José, esta cifra alcanza el 82 por ciento de la cantidad total de luz nocturna. En Honduras, la existencia de un gran polo económico fuera de la capital –en San Pedro Sula– se refleja en la distribución de la luz entre los dos centros urbanos más grandes del país. Juntos, Tegucigalpa y San Pedro Sula representan el 68 por ciento de la actividad económica del país –con el 38 y el 29 por ciento, respectivamente. Un análisis exploratorio adicional que observa la desagregación espacial de las cifras del PIB a nivel subnacional conduce a resultados similares bajo el proyecto *Gridded GDP* del Banco Mundial. Con base en la información derivada de las imágenes de satélite en conjunto con los informes estadísticos oficiales, este estudio estimó la proporción del PIB total que se concentra en cada aglomeración, como se muestra en la última columna de la Tabla 1.7.

La proximidad de los mercados, las empresas y la mano de obra en las ciudades puede impulsar la transformación y el crecimiento económico. A medida que los países se vuelven más urbanizados, transitan de economías basadas en la producción agrícola hacia economías más diversificadas, donde la industria y los servicios de alto valor desempeñan un papel más importante. La Figura 1.9 representa la composición sectorial de 170 economías ordenadas por su nivel de urbanización en 2014, en donde el diámetro de cada círculo es proporcional al tamaño de la economía global de un país medido por el PIB per cápita. Las gráficas ilustran que a medida que los países se vuelven más urbanizados, la contribución de la agricultura al PIB nacional cae, mientras que la industria y los servicios capturan una mayor participación en la economía. Dentro de la región, el sector servicios es el que más contribuye a las economías nacionales, y se ha convertido en el sector más importante a una mayor velocidad que en otros países del mundo. Nicaragua es la excepción, donde la participación de la agricultura en el PIB se encuentra entre las más altas del mundo, en comparación con los países con niveles de ingreso y urbanización similares.

Sin embargo, la mayoría de las economías de la región se caracterizan por la producción y el comercio de productos básicos con poco valor añadido. A pesar de un papel más predominante de los sectores de la industria y los servicios en

Tabla 1.7 Participación de las principales aglomeraciones de Centroamérica en el brillo total y el PIB

País	Aglomeración	Proporción del brillo total (DMSP 2010)		Participación en el PIB (Proyecto Gridded GDP del BM)
		1996	2010	2011
Costa Rica	San José	81%	82%	81%
El Salvador	San Salvador	68%	62%	71%
Guatemala	Guatemala	52%	57%	63%
Honduras	San Pedro Sula	37%	29%	34%
Honduras	Tegucigalpa	33%	38%	36%
Nicaragua	Managua	74%	74%	68%
Panamá	Panamá	71%	69%	65%

Fuente: Cálculos propios en base a IDM 2014, proyecto *Gridded GDP* del BM y DMSP 2010.

Figura 1.9 A medida que los países se urbanizan, la composición sectorial de la economía cambia hacia una economía basada en los servicios

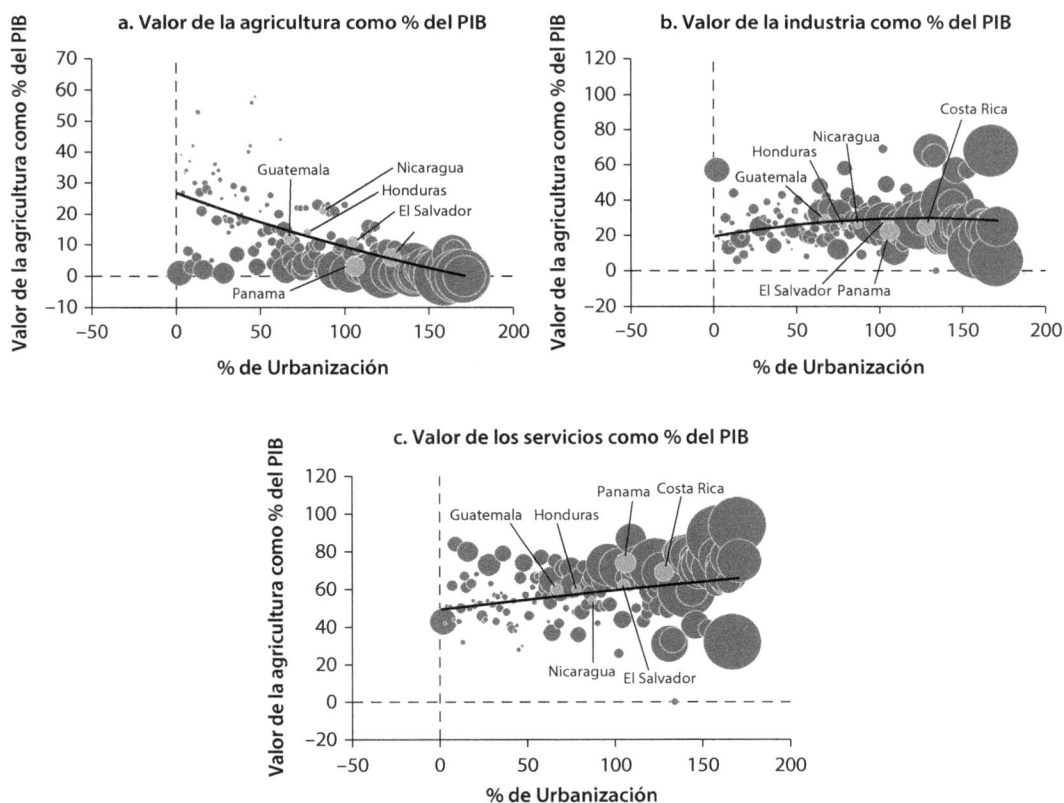

a. Valor de la agricultura como % del PIB

b. Valor de la industria como % del PIB

c. Valor de los servicios como % del PIB

Fuente: Indicadores del Desarrollo Mundial 2015.

los últimos años, la mayor parte del crecimiento de las economías de Centroamérica se debe a la manufactura y los servicios de baja tecnología que no son intensivos en conocimiento. Como se muestra en la Figura 1.10, sólo Panamá y Costa Rica han aumentado significativamente sus exportaciones de servicios intensivos en conocimientos especializados. Costa Rica concentra la mayor parte de las exportaciones de servicios intensivos en conocimiento tanto en términos absolutos como relativos, representando el 35 por ciento de todas sus exportaciones de servicios y un valor de US$ 1,400 millones. Para contrastar con un país de altos ingresos, las exportaciones de servicios basados en conocimiento en Estados Unidos representaron el 64.6 por ciento del total de sus exportaciones de servicios en el año 2011. La Figura 1.11muestra que Costa Rica es el único país con una gran proporción de exportaciones de manufactura de alta tecnología, mientras que las exportaciones de manufactura de baja tecnología son la mayoría en los otros cinco países, representando entre el 43 y el 74 por ciento de todas las exportaciones manufactureras.

A través de un crecimiento económico sostenido, las ciudades pueden ayudar a reducir la pobreza

A pesar del crecimiento económico de las últimas décadas, la región tiene un desempeño inferior al de Latinoamérica en la reducción de la pobreza, y el PIB per cápita aumentó por debajo del promedio de las economías de ingresos medios.

Figura 1.10 Las exportaciones de servicios no están impulsadas por aquellos intensivos en conocimiento

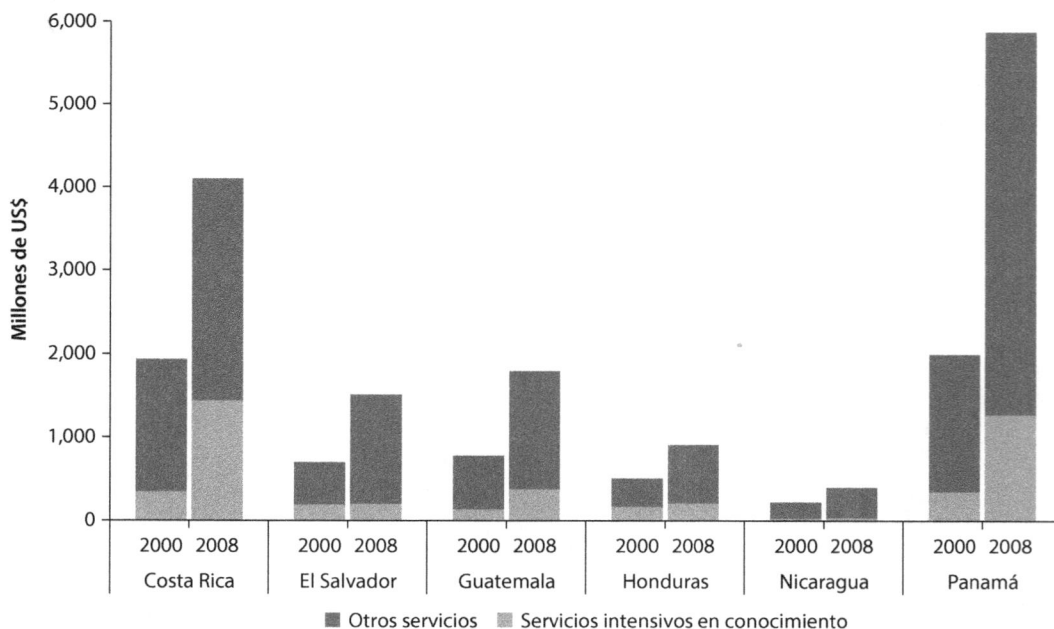

Fuente: Bashir, Gindling, and Oviedo 2012.

Figura 1.11 Las exportaciones de manufacturas están impulsadas por productos de baja tecnología, excepto en Costa Rica

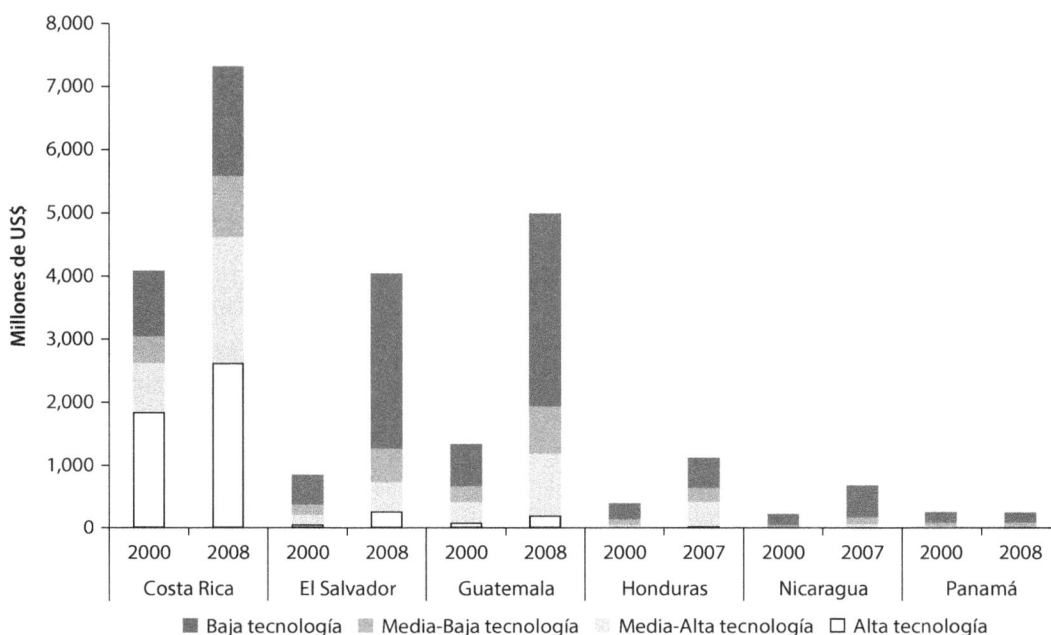

Fuente: Bashir, Gindling, and Oviedo 2012.

El ritmo de descenso de la desigualdad de ingreso en Centroamérica se ha estancado en la última década, lo que dificulta la capacidad de la región para sacar a la gente de la vulnerabilidad y transitar hacia la clase media. A pesar de que las tasas de desempleo son bajas para los estándares latinoamericanos, los datos pueden ignorar factores importantes como la emigración y el papel prominente de la economía informal. El desempleo de los países de Centroamérica está dentro de un rango del 4-6 por ciento, excepto Costa Rica, donde el desempleo alcanzó el 8 por ciento en 2014. Sin embargo, el subempleo es alto en todos los países, llegando a un 30-40 por ciento en el Triángulo del Norte[11]. La falta de oportunidades se ha en traducido en presiones sociales que dificultan el desarrollo sostenible. A mediados de la década de 2000, los países del Triángulo del Norte –Honduras, El Salvador y Guatemala– sufrieron una creciente migración mientras que el crimen y la violencia mostraron la amplitud del drama social. De los 3 millones de inmigrantes centroamericanos que viven en Estados Unidos, el 90 por ciento proviene de estos países. En 2012, cuatro países de Centroamérica se clasificaron entre los primeros cinco países con las tasas de homicidios más altas del mundo.

Las ciudades de Centroamérica pueden convertirse en plataformas para sacar a las personas de la pobreza. Estudios empíricos alrededor del mundo muestran que la urbanización está vinculada a la reducción de la pobreza a través del desarrollo de economías de aglomeración. Dentro de Latinoamérica, algunos de los países más urbanizados tienen los niveles más bajos de pobreza urbana y desigualdad. Por ejemplo, Argentina, Chile, Perú y Uruguay se encuentran entre los diez países con las tasas de urbanización más altas de la región (ver Tabla 1.8) mostrando tanto una disminución de la pobreza urbana como de la desigualdad –con Argentina, Perú y Uruguay registrando actualmente algunos de los coeficientes de Gini más bajos en la región (42.28, 44.73 y 41.87 en 2013, respectivamente), y Argentina y Chile con los dos índices de pobreza urbana más bajos (4.7 y el 12.4 por ciento en 2013, respectivamente). En el caso de Centroamérica, la evidencia es mixta. Por un lado, Costa Rica y Panamá, los dos países más urbanizados de la región, muestran las dos tasas de pobreza urbana más bajas (19.5 por ciento en 2014 y 13.8 por ciento en 2013, respectivamente), aunque Costa Rica ha registrado un ligero aumento en los años recientes. Sin embargo Panamá, siendo uno de los más urbanizados, tiene el tercer coeficiente de Gini más alto (51.67 en 2013), justo detrás de Honduras y Guatemala que son los dos países menos urbanizados de Centroamérica y con la mayor proporción de pobres urbanos. Por el contrario, Costa Rica y El Salvador se encuentran entre los tres países más urbanizados y registran el cuarto y sexto coeficientes de Gini más bajos, respectivamente.

Mientras que la proporción de la población urbana que vive en la pobreza ha ido en declive, la incidencia de la pobreza sigue siendo alta. Los últimos diez años se han caracterizado por un crecimiento sostenido en los indicadores económicos y de la reducción de la pobreza en toda Centroamérica. Sin embargo, a medida que más personas se trasladan a las ciudades en busca de mejores condiciones de vida, el número de pobres urbanos ha aumentado en términos absolutos (Figura 1.12). A pesar de los avances en los últimos años, la región todavía se enfrenta a retos importantes en la mejora de las condiciones de vida de más de 8.3 millones de pobres urbanos. Costa Rica, Panamá y Nicaragua han reducido el número absoluto de pobres que viven en las ciudades. Sin embargo,

Tabla 1.8 A pesar del crecimiento, Centroamérica tiene un desempeño inferior al de ALC en materia de reducción de la pobreza

	Porcentaje de la población que vive en la pobreza (US$ 4/día)	Porcentaje en pobreza extrema (US$ 2 por día)	Índice de Gini del Banco Mundial 2016	Tasa de desempleo (% de la población activa en 2013)
Costa Rica	12.2	4.6	49.2	7.6
El Salvador	31.8	12.7	43.5	6.3
Guatemala	62.4	40.5	52.4	2.8
Honduras	59.4	39.6	53.7	4.2
Nicaragua	52.2	29.3	45.7	7.2
Panamá	20.4	9.9	51.7	4.1
Centroamérica	**43.7**	**24.9**	**0.50**	**5.3**
LAC	**25**	**5.4**	**0.50**	**6.3**

Fuente: Indicadores del Desarrollo Mundial 2016.
Nota: LAC = Latinoamérica y el Caribe.

Figura 1.12 La incidencia de la pobreza está disminuyendo en las zonas urbanas, aunque el número total de pobres ha crecido con la urbanización

a. Pobreza urbana, 1992–2012
(% del total de la población)

b. Número de pobres en las áreas
urbanas, 2006–2011

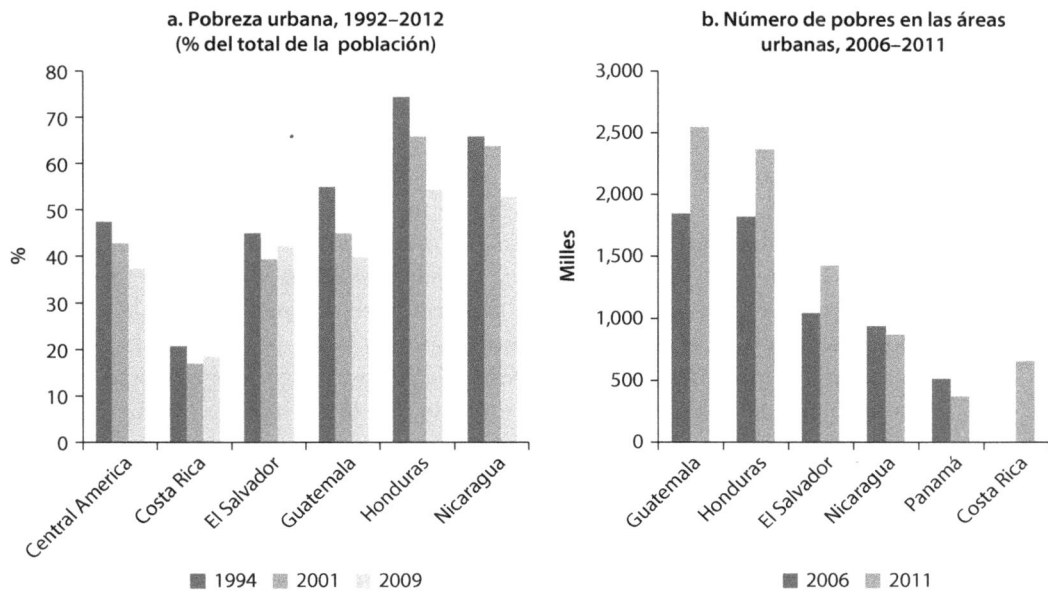

1994   2001   2009

2006   2011

Fuente: Cálculos propios utilizando IDM 2015 y CEPAL 2014.

mientras que la tasa de pobreza urbana en Costa Rica y Panamá está por debajo de 20 por ciento, más de la mitad de la población urbana total en Nicaragua vive bajo la línea de pobreza. Al mismo tiempo, Guatemala, Honduras y El Salvador han mostrado progresos en la reducción de la pobreza urbana en los últimos 15 años, pero la tasa de pobreza en las ciudades sigue siendo de más del 40 por ciento y el número total de pobres urbanos se ha incrementado a más de 1.4 millones de habitantes en cada país. Tan solo en enero de 2016, más de 30,000 personas cayeron en la pobreza en Honduras pues el desempleo sigue siendo muy elevado y las familias son incapaces de cubrir sus costos de vida (Proceso Digital 2016).

Las ciudades pueden ayudar a aumentar la habitabilidad en Centroamérica mediante la provisión de soluciones a los problemas más apremiantes de la región

A pesar de los avances en los últimos años, siguen existiendo importantes desafíos para la habitabilidad, con las ciudades a menudo asociadas con el crecimiento y la expansión de los asentamientos informales. En 2005, más del 30 por ciento de la población urbana de la región vivía en asentamientos informales con condiciones de vida precarias –cifra por encima del promedio latinoamericano de 26 por ciento. Entre 2001 y 2010, el 45 por ciento del crecimiento urbano en

San Salvador se dio en los asentamientos informales, mientras que las ciudades secundarias como San Juan de Opico y Colón, Santa Ana y San Miguel fueron testigos de cifras similares, con el 38, 45 y 36 por ciento, respectivamente. Guatemala y Nicaragua tuvieron la mayor tasa de población urbana que vive en barrios marginados, solo por debajo de Belice, Bolivia, Jamaica y Haití, cuando se comparan con el resto de Latinoamérica. La concentración espacial de la pobreza en los barrios marginados se suma a las crecientes tasas de criminalidad y la vulnerabilidad al riesgo, dos de los retos más urgentes en la agenda de desarrollo de la región.

Una urbanización rápida y dispersa ejerce presión sobre las finanzas municipales y la provisión de infraestructura urbana básica. En México, por ejemplo, el actual modelo de expansión urbana dispersa incrementó el costo de la provisión de infraestructura, el cual se transfiere después a las empresas a través de tarifas e impuestos más altos. Del mismo modo, la provisión de viviendas en las afueras de Santiago de Chile es diez veces más alta que la construcción de unidades de vivienda en el núcleo de la ciudad. Estudios recientes encuentran que el gasto municipal per cápita en obras públicas y de infraestructura era casi 1.5 mayor en los municipios menos densos del país en comparación con las ciudades con mayor densidad de población. Más aún, la planificación de escenarios para diferentes trayectorias de crecimiento urbano mostró que un desarrollo urbano más compacto podría ahorrar a las ciudades hasta el 70 por ciento de los costos de infraestructura y mantenimiento.

Abordar las prioridades en materia de vivienda urbana es fundamental para la construcción de ciudades inclusivas

Las deficiencias en los servicios urbanos básicos, la tierra, la vivienda y el transporte urbano pueden traducirse en que los residentes y las empresas experimenten de manera prematura el lado negativo de la concentración urbana. No proporcionar políticas adecuadas de vivienda y los programas necesarios para hacer frente a la rápida urbanización puede traducirse en un aumento de la informalidad y la proliferación de barrios marginados, altos costos de la tierra, conflicto social sobre la tenencia de la tierra, degradación de áreas públicas, amenazas para la salud pública y crimen emergente (Kessides 2005). Además, la escasez de recursos fiscales de los gobiernos nacionales y locales para proporcionar las inversiones requeridas reduce los beneficios de la urbanización y eleva los costos de las grandes inversiones privadas y públicas que son atraídas por las ciudades.

En Centroamérica, un gran segmento de la vivienda se produce y se consume de manera informal. La calidad y la ubicación de las viviendas tiene importantes consecuencias a largo plazo tanto para los hogares como para las comunidades. Una vivienda con acceso inmediato a los trabajos, las amenidades y los servicios puede reducir el tiempo y los gastos de traslado, y proporcionar acceso a mejores resultados en educación y salud. Además, la proximidad a los servicios básicos tales como mejores instalaciones de agua, saneamiento y recolección de residuos sólidos, tiene un impacto directo sobre las tasas de mortalidad y las pérdidas de productividad económica. Sin embargo, las poblaciones vulnerables a menudo tienden a concentrarse en áreas donde la vivienda es más asequible, pero que pueden carecer de estos servicios clave. En Centroamérica, los barrios marginados y los asentamientos informales son el mayor desafío para la provisión de viviendas de calidad en las ciudades, y la urbanización mal gestionada ha impulsado la desigualdad de ingresos y contribuido a la concentración de la pobreza en los barrios marginados y los asentamientos informales.

Hoy, 1 de cada 4 residentes urbanos de la región vive en barrios marginados y no tiene acceso al saneamiento adecuado. El acceso a mejores servicios de saneamiento es la carencia de infraestructura más crítica para los hogares urbanos pobres en Centroamérica. A pesar de los logros sustanciales en los últimos años en términos de aumento del suministro de electricidad y acceso al agua potable en la región, las mejoras a los sistemas de saneamiento están ausentes en una parte sustancial de la población urbana, incluso en los países más ricos como Costa Rica. En casi todos los países, un tercio o más de los hogares urbanos no tiene acceso a inodoros adecuados o no está conectado a la red de alcantarillado. Los sistemas de saneamiento mejorados, como los sistemas sépticos, son una alternativa más común pero en la mayoría de los países más del 25 por ciento ni siquiera tiene estas instalaciones y la cifra llega a más del 50 por ciento en el caso de Nicaragua.

Existen niveles significativos de déficit de viviendas, particularmente un déficit cualitativo (ver Tabla 1.9). En 2009 había un estimado de 11.3 millones de hogares en Centroamérica, y el déficit total de viviendas alcanzó el 44 por ciento, del cual el 7 por ciento correspondia a un déficit cuantitativo y el 37 por ciento a un déficit cualitativo. En 2005, aproximadamente el 31 por ciento de la población urbana vivía en barrios marginados, sin embargo, hubo diferencias significativas entre los países pues mientras que la proporción de la población que habita en barrios marginados en Costa Rica y Panamá alcanzó el 11 y el 23 por ciento, respectivamente, en Guatemala y Nicaragua estaba por encima del 40 por ciento,

Tabla 1.9 Déficit de vivienda urbana, 2009

(% de hogares)

	Déficit cuantitativo	Déficit cualitativo				
		Total	Materiales	Hacinamiento	Infraestructura	Falta de seguridad en la tenencia
Centroamérica	**7.2**	**37.5**	**19.3**	**15.3**	**27.2**	**11.3**
Costa Rica	2	10	5	1	1	6
El Salvador	8	41	21	16	30	17
Guatemala	11	46	32	27	32	10
Honduras	2	41	18	14	26	12
Nicaragua	12	58	33	28	52	10
Panamá	8	29	7	6	22	13

Fuente: Banco Interamericano de Desarrollo 2012.

alcanzando el 41 y el 46 por ciento, respectivamente (ONU-Habitat, 2016). Además, un estimado de 290,000 (CCVAH, 2009) nuevos hogares se establecen anualmente en la región, lo que ejerce una mayor presión sobre la demanda de vivienda.

La delincuencia y la violencia en las ciudades de Centroamérica están obstaculizando los beneficios de la urbanización

La delincuencia y la violencia son uno de los mayores desafíos de Centroamérica para su prosperidad y desarrollo. La violencia criminal y la guerra de pandillas le cuesta a la región un estimado de 8-9 por ciento del PIB cada año (Negroponte, Caballero y Amat, 2012). Junto con el sur de África, la región sufre las tasas de homicidios más altas del mundo. La tasa de homicidios intencionales por cada 100,000 habitantes varía entre los países de Centroamérica, desde una tasa de 91 en El Salvador en 2012 a una tasa visiblemente menor de 8.4 en Costa Rica en el mismo año (ONUDD 2014). El "Triángulo del Norte" integrado por El Salvador, Honduras y Guatemala tiene las tasas más altas de la región, con los tres clasificados entre los cinco países con las tasas de homicidios más altas del mundo.

El homicidio es el delito que define a Centroamérica. Mientras que otros crímenes violentos como el robo y el asalto prevalecen en la región, su magnitud es menor y normalmente se encuentran por debajo del promedio de Latinoamérica. Sin embargo, Guatemala y El Salvador se enfrentan a tasas extremadamente altas de victimización violenta, que afectan a casi 1 de cada 6 adultos (Banco Mundial 2010). La Figura 1.13 muestra los patrones en las tasas de homicidios durante el período 2000-2012/13. Aunque los niveles de homicidios son significativamente más bajos en Costa Rica, Nicaragua y Panamá, se han registrado aumentos recientes, sobre todo en Panamá. Su proximidad con los países del Triángulo del Norte y su posición estratégica como un corredor del comercio ilegal de drogas, los pone en riesgo de mayor delincuencia y la violencia.

Las tasas de criminalidad y victimización tienden a ser mayores en las áreas urbanas que en las rurales. Las seis ciudades capitales tienen mayores tasas de homicidio por cada 100,000 habitantes que la media nacional, con la mayor diferencia observada en la Ciudad de Guatemala (116.6 frente a 41.6 en 2010) y la Ciudad de Panamá (53.1 frente a 17.2 en 2012). Informes del Banco Mundial y la Oficina de las Naciones Unidas contra las Drogas y el Delito (ONUDD) reconocen un vínculo entre la urbanización y mayores niveles de criminalidad y violencia en la región, dadas las características inherentes a las zonas urbanas, así como el tipo de desarrollo urbano que experimenta Centroamérica. La evidencia internacional muestra que la urbanización acelerada y mal gestionada puede vincularse con niveles más altos de delincuencia y violencia. Una planificación urbana pobre crea un entorno más susceptible a la victimización de los residentes. El hacinamiento residencial, el deterioro o falta de espacios públicos de recreación y la insuficiencia de servicios públicos básicos, agravados por un acceso limitado a las oportunidades educativas y laborales, son factores de riesgo

Figura 1.13 Tasas de homicidios por cada 100,000 habitantes en Centroamérica, 2000-2012/13 por país

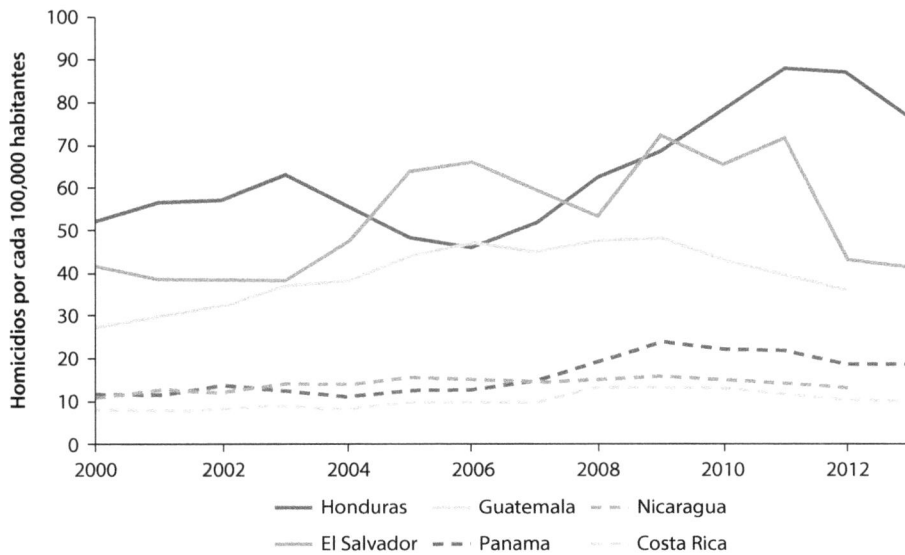

Fuentes: Banco Mundial 2010, 2011; Berge y Carranza 2015; UNODC 2012, 2014.

ampliamente conocidos para la violencia y el crimen, incluyendo la participación en actividades ilícitas y la asociación con grupos criminales o delincuentes que también se traducen en la victimización de los residentes de la región. Otros factores asociados con la vida urbana también influyen en mayores niveles de crímenes violentos, tales como la desigualdad de ingresos y la posibilidad de permanecer en el anonimato dentro de los lugares más densos y poblados. Por ejemplo, el *Global Study on Homicide 2013* de la ONUDD establece que los asentamientos con una población de más de 50,000 habitantes registran un número desproporcionado de homicidios en los países de Centroamérica.

Las causas del aumento de la violencia criminal y una percepción más amplia de inseguridad en Centroamérica son muchas y multidimensionales. Las investigaciones las ha reducido a tres factores principales: (i) el comercio de drogas ilícitas, (ii) la expansión de las pandillas locales, y (iii) la amplia disponibilidad y el fácil acceso a las armas de fuego (Banco Mundial 2011, Shifter 2012). De los tres, el tráfico de drogas es el factor dominante que explica el aumento y la prevalencia de la violencia en la región. En la actualidad, Centroamérica está fuertemente afectada no solo por operar como un corredor del tráfico de drogas entre los productores de cocaína en Suramérica y el mercado de consumo en los Estados Unidos y el extranjero, sino también por su evolución reciente como un centro de producción de otras drogas sintéticas. Las tasas de homicidio son 65 por ciento mayores en las zonas con actividad generalizada de tráfico de drogas que en otras áreas de un país (Banco Mundial 2010).

La fuerte presencia de pandillas o *maras* en toda la región –más de 900 operando actualmente– se puede explicar en parte por las limitadas oportunidades de educación y empleo disponibles para los jóvenes. En el caso de Honduras, el aumento del nivel de urbanización y la migración a partir de la década de 1980 hicieron que las ciudades sean más susceptibles al crimen violento. El crimen se concentra geográficamente en el país, donde el 65 por ciento de los homicidios ocurrió en solo el 5 por ciento de los municipios urbanos en 2013. Las zonas urbanas no han sido capaces de hacer frente adecuadamente a la población entrante, lo que lleva a una infraestructura insuficiente para dar cabida a todos los migrantes y a una marcada desigualdad en la provisión de servicios. Además, la competencia por los puestos de trabajo y la desigualdad puede contribuir a un aumento del riesgo de violencia. Los nuevos residentes también se enfrentan a oportunidades de trabajo limitadas dado que la oferta no se ajusta a la demanda, provocando altos niveles de desempleo, particularmente entre los jóvenes (Berge y Carranza 2015).

Las ciudades resilientes pueden mejorar y sostener el crecimiento económico

La creciente concentración de la población y la actividad económica en las zonas de alto riesgo ha dado como resultado el aumento de la vulnerabilidad ante eventos catastróficos naturales. En Centroamérica, los desastres generados por eventos naturales han tenido efectos devastadores y disruptivos sobre los fundamentos de la economía de un país, revirtiendo las ganancias de desarrollo alcanzadas con grandes esfuerzos. La concentración cada vez mayor de la población y las empresas en las zonas urbanas se ha traducido en el aumento de la exposición y la vulnerabilidad a los eventos naturales catastróficos, con pérdidas medias anuales que representan entre el 0.7 y el 2.6 por ciento del PIB nacional en Nicaragua, El Salvador y Honduras (ver Figura 1.14). Estos factores, combinados con el cambio climático global y el aumento de la variabilidad climática, probablemente

Figura 1.14 Pérdidas promedio debidas a fenómenos meteorológicos extremos[12]

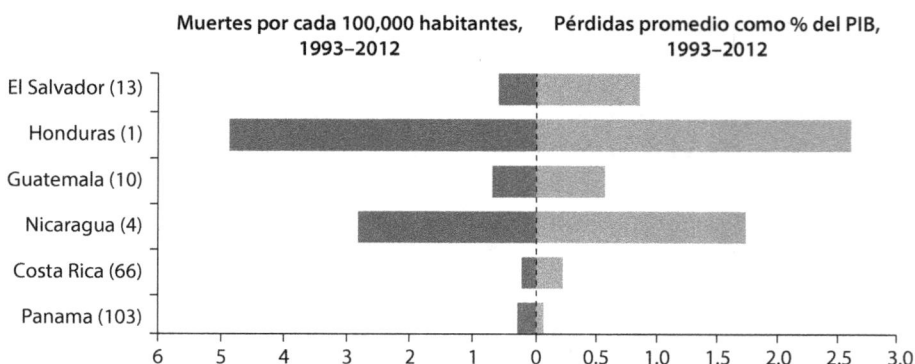

Fuente: Global Climate Risk Index 2014.
Nota: Los números entre paréntesis indican el ranking mundial.

agravarán la exposición de Centroamérica a los huracanes, las inundaciones, la erosión, los deslizamientos y las sequías.

La construcción de ciudades resilientes puede ayudar a los países a resistir los impactos y adaptarse a situaciones cambiantes. En el contexto de los cambios demográficos de la región, el rápido crecimiento urbano y ciertas tendencias climáticas impredecibles, la incorporación de políticas y medidas de reducción del riesgo de desastres en las prácticas de desarrollo locales, nacionales y regionales es fundamental para construir la resiliencia futura de las ciudades de Centroamérica. El creciente aumento de la vulnerabilidad y la alta exposición a los riesgos en las áreas urbanas requiere tomar decisiones financieras mejor informadas y establecer prioridades de política con base en la investigación fundamentada en evidencia. Dado al actual contexto regional, institucional y normativo para la gestión de riesgos, será necesaria la mejora de las herramientas y las políticas para la identificación oportuna de riesgos, así como de los instrumentos de planificación y financiamiento para una mejor gestión de los impactos de los desastres.

La congestión y la contaminación urbana obstaculizan las economías de aglomeración

En ausencia de regulación, los costos de la congestión y la contaminación pueden disminuir el crecimiento económico y reducir la habitabilidad de las ciudades. La expansión urbana no gestionada puede conducir a un mayor uso de energía para el transporte, una menor productividad laboral y mayores costos en el suministro de energía y agua. Otros países también experimentan la carga asociada a las externalidades negativas de la urbanización. Los costos anuales de la congestión en ciudades comparables de África[13], que también vive un proceso de rápida urbanización, son de entre US$ 255 y US$ 400 millones anuales, incluyendo los costos socioeconómicos y ambientales. En general, los conductores de minibuses pierden anualmente ingresos por alrededor de US$ 164.7 millones y un estimado de US$ 15.9 millones en costos de combustible, mientras que los empresarios pierden US$ 74.8 millones en salarios pagados a los trabajadores que no trabajan porque están atrapados en los congestionamientos de tránsito (Kiunsi 2013, Ng'Hily 2013). Del mismo modo, la creciente congestión del tráfico en las zonas urbanas conlleva implicaciones ambientales y de salud significativas, lo que reduce la calidad de vida. Un estudio reciente realizado por el *Harvard Center for Risk Analysis* (HCRA) estima que las emisiones derivadas de la congestión del tráfico en las 83 áreas urbanas más grandes de Estados Unidos dieron lugar a más de 2,200 muertes prematuras en 2010 con un valor de 18 millones de dólares en costos sociales y de salud pública (Levy, Buonocore y von Stackelberg 2010).

La congestión del tráfico en Centroamérica se ha convertido en una carga económica. Se ha determinado que la congestión del tráfico en las principales rutas de comercio de Centroamérica aumenta los costos y los precios del transporte de mercancías por carretera, lo que afecta al comercio y el crecimiento económico general (Osborne, Pachón y Araya 2014). Los costos de transporte

Tabla 1.10 Costo de las deseconomías del tráfico en la Gran Área Metropolitana de San José, 2005-2009
(en millones de US$)

Costos	2005	2006	2007	2008	2009	Total
Tiempo perdido por la congestión del tráfico	505	515	531	578	590	2.719
Combustible adicional por la congestión del tráfico	46	46	48	52	53	245
Accidentes de transito	86	101	106	1245	122	540
Contaminación del aire debido a las emisiones de vehículos de motor	54	59	59	634	656	301
Total	690	721	744	8189	831	3.805
% con respecto al PIB	2,64%	2.63%	2.66%	2.79%	2,84%	13,56%

Fuente: Pichardo-Muñiz y Chavarría 2012.

son especialmente altos en Costa Rica. Un estudio que analiza las economías de aglomeración y las deseconomías urbanas en la Gran Área Metropolitana (GAM) de San José identifica a la infraestructura y las redes de transporte de la ciudad como una importante deseconomía urbana, con el potencial de revertir las mejoras producidas por las economías de escala (Pichardo-Muñiz y Chavarría 2012). Las condiciones existentes en los caminos del sistema de transporte de la ciudad son conducentes a una grave congestión y han costado US$ 3.8 mil millones entre 2005 y 2009, lo que representa un 2.8 por ciento del PIB anual del país. La Tabla 1.10 enumera los costos monetarios de las principales deseconomías del sistema de transporte en la GAM.

La urbanización bien gestionada puede mejorar la prestación de servicios y mejorar la habitabilidad

La alta densidad de población en las ciudades permite un ahorro de costos en la prestación de servicios. La proximidad entre las estructuras físicas y la gente trae consigo eficiencias en la prestación de "servicios de conexión" como el drenaje, el alcantarillado, la gestión de residuos sólidos y la conectividad del transporte. Las economías de escala de alta densidad reducen el costo marginal de la prestación de servicios. En Santiago de Chile, el costo de desarrollar una nueva unidad residencial en las afueras de la ciudad es diez veces más alto que hacerlo en el núcleo de la ciudad, cuando se contabilizan los costos de las tuberías de agua, el alcantarillado, equipos y otra infraestructura básica. En Latinoamérica y el Caribe, el costo promedio per cápita para proporcionar conexión de alcantarillado oscila entre US$ 120 y US$ 160 por hogar (UNEP 2000, WSP 2013). Sin embargo, en las zonas de alta densidad de población como las ciudades, el costo de los sistemas convencionales y 'simplificados' de alcantarillado para los hogares disminuye en densidades de población de alrededor de 80 personas por hectárea.

En la búsqueda de una mejor calidad de vida para sus habitantes, los municipios de la región se enfrentan al doble reto de hacer frente a una acumulación significativa de necesidades de infraestructura y, al mismo tiempo, hacer frente a un rápido crecimiento de la población. Esto pone una presión creciente sobre las administraciones, particularmente a nivel local. Al formular recomendaciones de política para hacer frente a estos retos, el Capítulo 2 presenta los marcos legales e institucionales para la gestión de las ciudades en Centroamérica en términos de división de funciones entre los niveles de gobierno, las finanzas municipales y la provisión de bienes y servicios locales. El capítulo aborda después la necesidad de una mayor coordinación vertical y horizontal de las actividades del gobierno, es decir, la coordinación entre el gobierno central y los gobiernos locales, así como la necesidad de una mayor coordinación entre los gobiernos locales en las grandes aglomeraciones (áreas metropolitanas).

Si no se mejoran las condiciones de vida en las ciudades se podría evitar que la región saque provecho de los beneficios económicos de un dividendo demográfico emergente. Junto con la rápida urbanización en toda la región, la proporción de niños y personas mayores en relación con la población en edad de trabajar pronto alcanzará un mínimo histórico. Gracias a sus características demográficas, la región tiene una oportunidad única de desarrollo durante los próximos 20 años (2015 a 2035, el período entre las dos líneas verticales que se muestran en la Figura 1.15). Tal como lo han mostrado otras regiones, las bajas relaciones de dependencia[14] crean una mayor oportunidad económica (Bloom y Williamson 1998; Li, Zhang y Zhang 2007). Pero para aprovechar esta ventana, las ciudades centroamericanas deben proporcionar oportunidades de capital humano y mercado de trabajo a su creciente población. La construcción

Figura 1.15 Las relaciones de dependencia llegarán a un mínimo histórico en los próximos 20 años

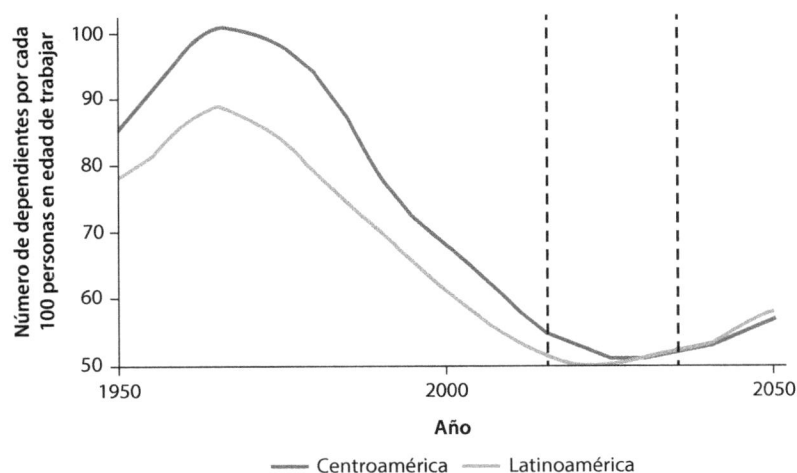

Fuente: de Hoyos, Rogers, y Székely 2016.
Nota: La relación de dependencia se define como la proporción de la población de 0-14 y 65 o más años de edad con respecto a la población de 15 a 64 años de edad.

de ciudades habitables es necesaria para atraer y retener trabajadores altamente calificados en sectores de alta productividad. Pero hoy en día la proporción de jóvenes que no trabaja ni asiste a la escuela en Centroamérica se encuentra entre las más altas de Latinoamérica. En Honduras y El Salvador, uno de cada cuatro jóvenes entre 15 y 24 años de edad está fuera de la escuela y no trabaja, con la gran mayoría, cerca del 75 por ciento, viviendo en las ciudades (de Hoyos, Rogers, y Székely 2016).

La comprensión de las dinámicas urbanas entre los principales centros metropolitanos y las que se llevan a cabo fuera de las regiones capitales podrían presentar importantes oportunidades para avanzar hacia un modelo de urbanización más sostenible. La urbanización requiere hacer grandes inversiones en infraestructura que sienten las bases para que la ciudad sea capaz de transportar bienes y servicios de manera más eficiente, facilitar el intercambio de conocimientos e ideas y proporcionar una buena calidad de vida para sus habitantes. Las ciudades más grandes tienen que dar prioridad a las inversiones en infraestructuras de conexión con el fin de maximizar los beneficios económicos y sociales de la aglomeración. Al mismo tiempo, las ciudades más pequeñas deben invertir en infraestructura básica para garantizar un patrón de crecimiento sostenible. Además, con el fin de maximizar los beneficios sociales y económicos de estas inversiones, la provisión de infraestructura debe estar sintonizada con la distribución espacial de las personas y la tierra. Una pieza que acompaña a este informe, "Morfología de las ciudades secundarias en Centroamérica", ofrece una mirada comparativa sobre la evolución de la forma y función de las zonas urbanas de la región, con un enfoque especial en las ciudades secundarias o intermedias.

Notas

1. Cálculos propios y Evaluación Probabilística de Riesgos en Centroamérica (CAPRA) del Banco Mundial.

2. Los países de Centroamérica en orden de mayor a menor urbanización en 2014 son: Costa Rica (75.9%), Panamá y El Salvador (empatados con 66.3%), Nicaragua (58.5%), Honduras (54.1%) y Guatemala (51.1%) (IDM 2015).

3. Es importante señalar que si bien las cifras DMI se basan en una agregación de una población dentro de ciertos límites administrativos, las estimaciones mostradas en este informe se derivan de una definición basada en la superficie urbanizada y la población. Debido a que el modelo utilizado en este trabajo asigna una mayor proporción de la población a las tierras desarrolladas y las zonas urbanizadas, es posible que estas cifras sobreestimen la proporción de población urbana que se concentra en las zonas urbanas, mientras que las cifras oficiales pueden estar subestimando la población en las ciudades.

4. Superficie urbanizada se define como las áreas que se caracterizan por tener tierras desarrolladas debido a la intervención humana, tales como edificios, concreto, asfalto y jardines suburbanos (es decir, cualquier terreno o edificio y estructuras no-edificadas que están presentes como parte de un entorno desarrollado más amplio, tales como una sección iluminada de un camino) (USGS 2012).

5. La cobertura urbana de la tierra, o extensión urbana, se mide normalmente por el área total urbanizada (o superficie impermeable) de las ciudades, a veces incluyendo los espacios abiertos capturados por sus áreas edificadas y los espacios abiertos en la periferia urbana afectadas por el desarrollo urbano (Angel et al. 2010).

6. Cálculos propios utilizando GHSL 1975, 1990, 2000, 2014.

7. La urbanización *in situ* es la urbanización impulsada por el crecimiento natural de la población, por la reclasificación de un establecimiento de rural a urbano, o ambos. Dicha urbanización se diferencia de la impulsada por la migración rural-urbana neta.

8. Para este informe se llevó a cabo una revisión de los más recientes DSP del Banco Mundial para Costa Rica, El Salvador, Guatemala, Honduras, Nicaragua y Panamá con el objetivo de identificar los problemas de desarrollo y las prioridades de política más apremiantes en la región.

9. Las cifras de ingreso per cápita se calcularon tomando la media del PIB per cápita (a precios constantes de 2011), ponderada por la población total del país en cada año.

10. Una limitación potencial de este enfoque es que no considera las variaciones regionales en las tasas de electrificación de la región y los países. Por lo tanto, es difícil separar la parte de la variación en el brillo total que se explica por diferencias en las tasas de electrificación de la que se puede atribuir al aumento de la actividad económica.

11. Los trabajadores subempleados incluyen a aquellos que están altamente calificados pero que tienen empleos con baja remuneración o que requieren pocas habilidades, y a los trabajadores con empleos de medio tiempo que preferirían trabajar tiempo completo. *Fuente: "U.S. Strategy for Engagement in Central America"*. Comunicación de la Casa Blanca en apoyo de la Alianza para la Prosperidad.

12. Fenómenos meteorológicos incluye: eventos meteorológicos (tormentas tropicales, tormentas invernales, clima severo, granizo, tornados, tormentas locales); fenómenos hidrológicos (tormentas, inundaciones fluviales, inundaciones repentinas, deslizamientos de tierra); eventos climatológicos (congelación, incendios forestales, sequías).

13. En Tanzania, la congestión y la falta de inversiones en infraestructuras amenaza con erosionar los beneficios potenciales asociados con el rápido crecimiento urbano en Dar es Salaam, la ciudad más grande y vibrante del país con una población superior a los 4.3 millones de habitantes.

14. La tasa de dependencia es una relación de la edad de la población que mide la tasa de dependencia entre la población que no está en la fuerza de trabajo (dependiente) y los que son capaces de trabajar. La relación se calcula como la suma de la población de 0-14 y 65 o más años de edad, dividida por la población capaz de trabajar (15-65 años de edad).

Referencias

Angel, S., J. Parent, D. L. Civco, y A. M. Blei. 2010. *Atlas of Urban Expansion*. Cambridge, MA: Lincoln Institute of Land Policy.

Banco Interamericano de Desarrollo. 2012. *Room for development: Housing markets in Latin America and the Caribbean*. Washington, DC: Inter-American Development Bank.

Banco Mundial. 2009. *World Development Report 2009: Reshaping Economic Geography*. Washington, DC: World Bank.

———. 2010. *Crime and Violence in Central America*, Vol. II. Washington, DC: World Bank.

———. 2011. *Crime and Violence in Central America: A Development Challenge.* Washington, DC: World Bank.

———. 2013. *Planning, Connecting, and Financing Cities—Now: Priorities for City Leaders.* World Bank Publications.

———. 2015a. *Competitive Cities for Jobs and Growth: What, Who, and How.* Washington, DC: World Bank.

———. 2015b. "Costa Rica. Diagnóstico Sistemático de País." Washington, DC: Banco Mundial.

———. 2015c. "El Salvador- Building on strengths for a new generation: Systematic Country Diagnostic" Washington, DC: World Bank.

———. 2015d. Honduras- Unlocking economic potential for greater opportunities: Systematic Country Diagnostic" Washington, DC: World Bank.

———. 2015e. "Panama- Locking in success: Systematic Country Diagnostic" Washington, DC: World Bank.

———. 2016a. "Building Bridges in Guatemala: Systematic Country Diagnostic" Washington, DC: World Bank.

———. 2016b. Indicadores de Desarrollo Mundial. Washington, D.C.: The World Bank (producer and distributor). http://data.worldbank.org/data-catalog/world -development-indicators.

Banco Mundial LCR Probabilistic Risk Assessment Program - CAPRA. "Gross Domestic Product Disaggregation Methodology and Applications in Disaster Risk Management" Papel de Trabajo del Banco Mundial en preparación por P. Blanchard, B. Blankespoor, J. Rivera-Fuentes, R. Gunasekera, O. Ishizawa and L. F. Jiménez-Salazar.

Bashir, S., T. H. Gindling, y A. M. Oviedo. 2012. *Better Jobs in Central America: The Role of Human Capital.* Washington, DC: World Bank.

Berg, L. A. y M. Carranza. 2015. *Crime, Violence, and Community-Based Prevention in Honduras: Research Report.* Justice, security, and development series. Washington, DC: World Bank Group.

Bloom, D. E. y J. G. Williamson. 1998. "Demographic transitions and economic miracles in emerging Asia." *The World Bank Economic Review* 12(3): 419-455.

CCVAH (Consejo Centroamericano de Vivienda y Asentamientos Humanos). 2009. *Estrategia Centroamericana de Vivienda y Asentamientos Humanos 2009-2012.* Nicaragua.

De Hoyos, R. D., H. Rogers, y M. Szekely. 2016. *Out of School and Out of Work: Risk and Opportunities for Latin America's Ninis.* Washington, DC: World Bank.

FMI (Fondo Monetario Internacional). 2015. *Regional Economic Outlook.* Western Hemisphere: Northern Springs Southern Chills. Washington, DC: IMF.

GHSL (Global Human Settlement Layer). 2016. European Commission. Global Human Settlement. http://ghslsys.jrc.ec.europa.eu/index.php.

Hsu, F., K. Baugh, T. Gosh, M. Zhizhin, y D. Elvidge. 2015. DMSP-OLS Radiance Calibrated Nighttime Lights Time Series with Intercalibration." *Remote Sensing* 7 (2): 1855–76.

Henderson, J. V., A. Storeygard, y D. N. Weil. 2012. "Measuring Economic Growth from Outer Space." *American Economic Review*, 102(2), 994-1028.

Kessides, C. 2005. "The Urban Transition in Sub-Saharan Africa: Implications for Economic Growth and Poverty Reduction." Africa Region Working Paper Series. World Bank, Washington, DC.

Kiunsi, R. B. 2013. "A Review of Traffic Congestion in Dar es Salaam City from the Physical Planning Perspective." *Journal of Sustainable Development*, 6(2), 94-103.

Klaufus, C. 2010. "Watching the city grow: remittances and sprawl in intermediate Central American cities." *Environment and Urbanization*, 22(1), 125-137.

Levy, J. I., J. J. Buonocore, y K. Von Stackelberg. 2010. "Evaluation of the public health impacts of traffic congestion: a health risk assessment." *Environmental Health*, 9(65), 1-12.

Li, H., J. Zhang, y J. Zhang. 2007. "Effects of longevity and dependency rates on saving and growth: Evidence from a panel of cross countries." *Journal of Development Economics*, 84(1), 138-154.

Naciones Unidas. 2014. *World Urbanization Prospects 2014*. United Nations Publications.

Negroponte, D. V., A. Caballero y C. Amat. 2012. *Conversations with Experts on the Future of Central America: Summary Report*. Washington, DC: Brookings Institution.

Ng'Hily, Dickson. 2013. "How Dar Traffic Jams Cost 411bn/-annually." IPP Media.

Oficina de las Naciones Unidas contra la Droga y el Delito. 2012. *Transnational Organized Crime in Central America and the Caribbean: A Threat Assessment*. UNODC.

———. 2014. *Global Study on Homicide 2013: trends, contexts, data*. UNODC.

ONU-Habitat Urban Data. 2016. (consultado el 19 de mayo de 2016), en http://urban-data.unhabitat.org/

Osborne, T., M. C. Pachon, y G. E. Araya. 2014. "What drives the high price of road freight transport in Central America?" Policy Research Working Paper 6844, World Bank, Washington, DC

Pichardo-Muñiz, A. y M. O. Chavarría. 2012. *Agglomeration Economies Versus Urban Diseconomies: The Case of the Greater Metropolitan Area (GMA) of Costa Rica*. INTECH Open Access Publisher.

Prensa Libre. 2015. "103 call centers operan en Centroamérica, 75 de estos en Guatemala." (consultado el 19 de mayo de 2016), en http://www.prensalibre.com/economia/103-call-centers-operan-en-centroamerica-75-de-estos-en-guatemala.

Proceso Digital. 2016. "Solo en enero surgieron unos 30 mil nuevos pobres en Honduras, según el Fosdeh." (consultado el 19 de mayo de 2016), en http://www.proceso.hn/nacionales/item/118705-solo-en-enero-surgieron-unos-30-mil-nuevos-pobres-en-honduras-segun-el-fosdeh.html.

PMA (Programa Mundial de Alimentos de las Naciones Unidas) y OIM (Organización Internacional para las Migraciones). 2015. *Hunger Without Borders: The Hidden Links Between Food Insecurity, Violence and Migration in the Northern Triangle of Central America*. PMA y OIM.

Shifter, M. 2012. "The shifting landscape of Latin American regionalism." *Current History*, 111(742), 56.

UNEP (United Nations Environment Programme). 2010. *The Central Role of wastewater management in sustainable development*. UNEP.

USGS (U.S. Geological Survey Land Cover Institute). 2012. Washington, DC. US Department of Interior. http://landcover.usgs.gov/urban/umap/htmls/defs.php.

WSP (Water and Sanitation Program). 2013. Water and Sanitation Program Website. https://www.wsp.org/content/latin-america-and-caribbean. Washington, DC: The World Bank.

CAPÍTULO 2

Gestión de las ciudades y aglomeraciones: Hacia el fortalecimiento de las instituciones para una efectiva planificación y provisión de servicios

Mats Andersson

Síntesis

Para aprovechar los beneficios de la urbanización y hacer frente a sus costos, es esencial mejorar cómo se gestionan las ciudades. A través de una mejor gestión de ciudades, es posible ampliar el alcance y la calidad de la prestación de servicios, financiar las inversiones necesarias para atender una población urbana cada vez mayor, y coordinar la provisión de infraestructura y servicios con los planes de desarrollo territorial. En Centroamérica, los gobiernos central y municipales son las instituciones clave en la gestión de las ciudades. El actual proceso de descentralización en Centroamérica ha otorgado mayores responsabilidades a los municipios, pero dada su limitada capacidad institucional y financiera ha sido difícil cumplir con estas responsabilidades. El gobierno central tiene un papel importante en el fortalecimiento de las instituciones locales a través del desarrollo de capacidades e incentivos financieros pertinentes para mejorar su desempeño en la gestión del desarrollo de las zonas urbanas.

En este capítulo se presenta un diagnóstico del marco institucional y financiero de los municipios y se identifican las opciones de política para mejorar la gestión de las ciudades en los países de Centroamérica. La sección 2 presenta una visión general del marco institucional para la gestión de las ciudades. La sección 3 trata acerca de los distintos esfuerzos de coordinación intermunicipales existentes en la región. La sección 4 presenta una síntesis de las capacidades financieras existentes de sus municipios. Por último, la sección 5 identifica prioridades para impulsar el potencial de las ciudades de Centroamérica a través de una mejor gestión.

Mensajes clave

Los países de Centroamérica pueden enfocarse en las siguientes acciones clave para mejorar la gestión de las ciudades y garantizar mejores inversiones en las zonas urbanas.

- Empoderar a los gobiernos locales, tanto institucional como financieramente, es fundamental para mejorar su desempeño en la prestación de servicios clave y financiamiento de las inversiones necesarias para atender a una creciente población urbana.
- Los mecanismos de cooperación intermunicipales pueden fortalecerse para ofrecer una adecuada prestación de servicios y una mejor planificación territorial dentro de las aglomeraciones que abarcan varias jurisdicciones locales.
- Los gobiernos centrales y locales pueden mejorar la coordinación en áreas donde se cruzan las responsabilidades funcionales, sobre todo en el desarrollo espacial y en la prestación de servicios.

Mejorar la gestión de las ciudades en una Centroamérica cada vez más urbana

Una mejor gestión a nivel de ciudad puede ayudar a resolver algunos de los retos más apremiantes de Centroamérica y hacer que las ciudades sean más prósperas y habitables. La desigualdad, la falta de inclusión social, el crimen y la violencia, la vulnerabilidad a los desastres y la falta de oportunidades continúan anulando las ganancias económicas y sociales de la región. Mientras que Centroamérica se ha beneficiado en gran medida de la urbanización, también ha sido objeto de numerosas deseconomías urbanas, principalmente la congestión, la mala prestación de servicios, y la vivienda precaria. Para hacer frente a los impactos negativos de la urbanización y aprovechar sus beneficios deseados (como los descritos en el Capítulo 1), la gestión a nivel de ciudad es la clave. La gestión eficaz de ciudades depende de la existencia de municipios fortalecidos y va más allá de la provisión de servicios e infraestructura básicos. También da forma a la eficiencia, la sostenibilidad y la resiliencia de las ciudades a través de la planificación territorial, la inversión de capital, y la articulación de políticas públicas en el ámbito local. A través de estas acciones, los municipios están en mejor posición para hacer que las ciudades funcionen a favor de los residentes actuales o aquellos que recién llegan.

La región está viviendo un proceso de descentralización, el cual puede potenciarse aún más. El nivel de descentralización varía de un país a otro; mientras que Nicaragua es el país menos descentralizado, Panamá cuenta con el nivel más alto "DE" descentralización. A través de leyes nuevas y recientes se han ampliado y mejorado la definición de las funciones, responsabilidades y recursos a nivel subnacional. Sin embargo, su promulgación ha sido bastante lenta y se ha limitado principalmente a la provisión de servicios básicos. El proceso de descentralización en su totalidad se ha visto obstaculizado principalmente a causa de la baja capacidad institucional y financiera de los municipios. Un mayor proceso de descentralización permitirá que los gobiernos municipales tengan un papel más activo en la gestión de las ciudades al asumir mayores responsabilidades en el desarrollo espacial, la prestación ampliada de servicios, las inversiones de capital y la movilización de ingresos. Esto requiere de la participación activa del gobierno central, que será clave en el apoyo a los municipios al facilitar los mecanismos para reforzar sus capacidades de planificación y gestión para mejorar su rendimiento.

En el contexto Centroamericano, el fortalecer las instituciones para la gestión de ciudades implica fortalecer las capacidades de los gobiernos municipales para la planificación territorial, la gestión financiera y la inversión, una mejor coordinación con el gobierno central, y el desarrollo de la cooperación intermunicipal para una gestión eficiente de las aglomeraciones urbanas. Los municipios son clave para mejorar la gestión de las ciudades. Al fortalecer sus capacidades de planificación, financieras y ejecutoras no solo mejorarán su desempeño como proveedores de servicios básicos, sino que se verán preparados para asumir otras funciones urbanas que se beneficiarían de una perspectiva local. Los gobiernos municipales pueden coordinar con las políticas, iniciativas y operaciones del gobierno central para garantizar un desarrollo coherente de las zonas urbanas. También pueden coordinar con otros gobiernos municipales, para "LOGRAR" una prestación de servicios y planificación territorial más eficientes.

El papel central de los municipios en la gestión de ciudades

Todos los países de la región son estados unitarios teniendo al municpio como principal gobierno subnacional. El poder reside principalmente en el gobierno central, mientras que algunas competencias son transferidas a los gobiernos locales políticamente autónomos, es decir, a los municipios. Existen otras subdivisiones territoriales como las Provincias y los Departamentos, pero éstas no son administradas por gobiernos autónomos, y fungen como extensiones desconcentradas del gobierno central sin poderes ejecutivos reales. Con la excepción de algunas regiones autónomas en Nicaragua y Panamá,[1] los municipios son las administraciones locales autónomas en los seis países de Centroamérica. El alcance de la transferencia de competencias a los municipios varía de un país a otro, y es más o menos un reflejo del año en que se adoptaron leyes de descentralización. Desde la segunda mitad de la década de 1980, Guatemala y Nicaragua, dos de los países más descentralizados, aprobaron una legislación que concede mayor autonomía a los gobiernos subnacionales. Por el contrario, Panamá, siendo el país más centralizado de la región, aprobó una ley de descentralización hasta 2015. La Tabla 2.1 resume las subdivisiones territoriales en cada uno de los países y hace referencia al marco legal existente para la descentralización.

Centroamérica viene aplicando las políticas de descentralización en distintos tiempos. A pesar de ser un grupo de países relativamente homogéneo en cuanto a su tamaño, población e historia, la región presenta una variedad de enfoques y grados de descentralización y gestión de ciudades. Como se ha

Tabla 2.1 Subdivisiones territoriales en los países de Centroamérica y el marco subyacente

	Principales subdivisiones territoriales	Marco legal subyacente
Costa Rica	• El territorio nacional se divide en *provincias, cantones y distritos* (Art.168 CRCR) • 7 provincias, que no tienen despacho ejecutivo • 81 cantones, con gobiernos municipales	• Constitución de la República de Costa Rica (CRCR), Título XII - El Régimen Municipal • Código Municipal (Ley 7794/1998) • Ley General de la Transferencia de Competencias del Gobierno Ejecutivo a los Municipios (Ley 8801/2010)
El Salvador	• La República se divide en *departamentos* (Art. 200 CRES), y éstos se dividen en *municipios* (art. 202 CRES) • Los municipios son autónomos económica, técnica y administrativamente (Art. 203 CRES) • 14 departamentos subdivididos en 39 distritos • 262 municipios	• Constitución de la República de El Salvador (CRES), Título VI, Capítulo VI - Gobierno Local • Código Municipal (Decreto 274/1986) • Ley de Desarrollo y Planificación Territorial del Área Metropolitana de San Salvador y Municipios Cercanos (Ley 732-1993) • El proceso de descentralización sigue la Política Nacional de Descentralización de 2007.
Guatemala	• Los municipios actúan por delegación del Estado (Art. 134 CRG) • El territorio está dividido en *departamentos* y éstos en *municipios* (Art. 224 CRG) • 22 departamentos • 335 municipios	• Constitución de la República de Guatemala (CGR), Título V, Capítulo VII - Régimen Municipal • Código Municipal (Ley 12-2002) • Ley Preliminar de Regionalización (Ley 70-1986)
Honduras	• El territorio nacional se divide en *departamentos* y éstos en *municipios* autónomos administrado por *corporaciones* electas por el pueblo (Art. 292 CRH) • 78 municipios	• Constitución de la República de Honduras (CRH), Título V, Capítulo XI - Del Régimen Departamental y Municipal • Ley de Municipalidades (Decreto 134-1990)
Nicaragua	• El territorio nacional se divide en *departamentos, regiones autónomas de la Costa Atlántica y municipios* (Art.175 CRN) • El *municipio* es la unidad básica de la división político-administrativa del país (Art. 176 CRN) • 15 departamentos + 2 regiones autónomas (sin gobierno ejecutivo) • 153 municipios	• Constitución de la República de Nicaragua (CRN), Título XI División Política-Administrativa • Ley de Municipalidades (Ley 40/1988)
Panamá	• Los *municipios* se definen como "la entidad fundamental de la división político-administrativa del Estado, con un autogobierno democrático y autónomo". (Art. 233 CRP). • Las *provincias* son esencialmente extensiones del gobierno central • Las *provincias* se dividen en *distritos (municipios)*, y estos se dividen en *corregimientos*. • 10 provincias + 3 comarcas indígenas a nivel de provincia • Otras 2 comarcas indígenas más pequeñas a nivel de corregimiento • 77 municipios	• Constitución de la República de Panamá (CRP), Título VIII - Regímenes Municipales y Provinciales • Ley 106/1973, del Régimen Municipal • Ley 2/1985 sobre las funciones de los gobernadores provinciales • El Congreso aprobó una nueva Ley de Descentralización en 2009, pero el presidente no la firmó (Ley 37/2009). • Una Ley de Descentralización fue aprobada en 2015 (Ley 37/2009 modificada).

descrito anteriormente, Panamá es sin lugar a dudas el país más centralizado mientras que Nicaragua lleva un proceso mucho más adelantado de descentralización. Las nuevas leyes (por ejemplo, en Panamá) se basan en ejemplos anteriores y definen mejor las funciones, responsabilidades y recursos subnacionales. Sin embargo, la implementación de las políticas de descentralización ha sido siempre lenta en la región y se ha limitado principalmente a la provisión de servicios básicos.

Los marcos legales de descentralización asignan funciones y responsabilidades a los municipios, pero solo son implementados de forma parcial. Todos los países garantizan la formulación de políticas subnacionales en sus constituciones, pero el nivel de detalle de estas garantías varía en toda la región. Algunas leyes específicas, comúnmente los Códigos Municipales, subrayan las responsabilidades subnacionales y designan a los municipios como las instituciones facultadas para resolver los problemas locales. Sin embargo, el nivel de competencias reales de los municipios varía en toda la región. En la práctica, el papel de los municipios es limitado mientras que la prestación de algunos servicios locales sigue siendo responsabilidad de los gobiernos centrales. La Tabla 2.2 resume las funciones y responsabilidades para la prestación de los servicios municipales en las áreas metropolitanas de las capitales de Centroamérica. Como se muestra, los gobiernos municipales en Nicaragua y Guatemala tienen el mayor número de responsabilidades, mientras que en Panamá y Costa Rica el gobierno central es el principal prestador de servicios locales. El Salvador y Honduras se encuentran en un punto intermedio. Aparte de San Salvador, ninguna otra entidad metropolitana es responsable de coordinar la provisión de servicios a nivel metropolitano.

Los roles y responsabilidades para la prestación de servicios municipales varían considerablemente entre países y sectores. Algunos ejemplos a destacar incluyen:

- *Agua y saneamiento* – Este sector muestra la mayor inconsistencia entre lo plasmado en las leyes y lo que ocurre en la práctica. Aunque en la ley en todos los países de la región – con la excepción de El Salvador – se asigna el suministro y saneamiento del agua a los municipios, solo la ciudad de Guatemala ofrece este servicio a través de su empresa EMPAGUA.[2] A pesar de las disposiciones legales vigentes, las agencias nacionales son los proveedores actuales de los servicios de agua y saneamiento.[3]

- *Manejo de residuos sólidos* – En casi todos los países los municipios son responsables de proveer servicios de manejo de residuos sólidos, ya sea de forma directa o a través de concesiones privadas. Panamá es la excepción, ya que el gobierno central proporciona el servicio a través de la Autoridad de Aseo Urbano y Domiciliario (AAUD). En el caso de San Salvador, dichos servicios son proporcionados mediante un mecanismo de coordinación metropolitana. A través de una asociación público-privada, el COAMSS

Tabla 2.2 Prestación de servicios en el área metropolitana de las ciudades capitales en Centroamérica

Nivel	Costa Rica	El Salvador	Guatemala	Honduras	Nicaragua	Panamá
Gobierno central	• Catastro • Premisos de construcción • Suministro de agua • Saneamiento • Carreteras locales • Alcantarillado • Transporte • Seguridad pública**	• Catastro • Suministro de agua • Saneamiento • Carreteras locales • Alcantarillado • Transporte (regulación) • Seguridad pública	• Catastro • Seguridad pública**	• Catastro • Transporte (regulación) • Seguridad pública**	• Suministro de agua • Saneamiento • Seguridad pública	• Catastro • Suministro de agua • Saneamiento • Manejo de Residuos Sólidos (MRS) • Carreteras locales • Alcantarillado • Transporte • Seguridad pública**
Entidad metropolitana	-	• Permisos de Construcción • Gestión de residuos sólidos (eliminación)	-	-	-	-
Gobierno local	• MRS • Carreteras locales* • Alcantarillado * • Seguridad pública**	• MRS (recolección) • Carreteras locales* • Alcantarillado * • Transporte	• Permisos de construcción • Suministro de agua • Saneamiento • MRS • Carreteras locales • Alcantarillado • Transporte • Seguridad pública**	• Permisos de-construcción • Suministro de agua • MRS • Carreteras locales • Alcantarillado • Transporte • Seguridad pública**	• Catastro • Permisos de construcción • MRS • Carreteras locales • Alcantarillado • Transporte	• Permisos de construcción • Seguridad pública**

* Función secundaria. ** La seguridad pública es una responsabilidad compartida.

(Consejo de Alcaldes del Área Metropolitana de San Salvador) e inversionistas del sector privado crearon la empresa MIDES (Manejo Integral de Desechos Sólidos) para ofrecer servicios integrados de manejo de residuos sólidos a un total de 87 municipios.

• *Carreteras* – La construcción y "el" matenimiento de carreteras es responsabilidad de distintos actores en la región. Por ejemplo, en Guatemala, Honduras y Nicaragua los municipios están a cargo de este servicio, mientras que los organismos nacionales supervisan las redes de conectividad inter-urbanas. Por otra parte, en Costa Rica y El Salvador es una responsabilidad compartida entre el gobierno central y local. Al igual que con muchos otros servicios locales, el gobierno central en Panamá también es responsable de la gestión de las carreteras urbanas.

• *Seguridad pública* – La policía nacional es el principal responsable de proveer seguridad pública en todos los países centroamericanos. Sin embargo, en Costa Rica, Guatemala, Honduras y Panamá se han complementado a las fuerzas nacionales con departamentos de policía administrados a nivel municipal. En la mayoría de estos casos no existe una división clara de responsabilidades y una coordinación adecuada entre los dos niveles de policía.

Los gobiernos municipales tienen un papel central en la planificación territorial en Centroamérica. A pesar de que muchos de ellos no cuentan con la capacidad técnica para elaborar planes de desarrollo territorial, juegan un rol clave en su aplicación ya que, a excepción de Costa Rica, son responsables de emitir permisos de construcción. La coordinación entre los gobiernos central y locales en el área de planificación territorial es fundamental para lograr un proceso de urbanización sostenible en Centroamérica. Dada la capacidad limitada a nivel local, las agencias centrales comúnmente elaboran los planes de desarrollo territorial, lo que resulta en una limitada apropiación de estos instrumentos a nivel local. Esto disminuye el potencial impacto de dichos planes, no solo debido a la aplicación parcial de la disposición de control territorial que contienen, sino también a una falta de coordinación entre el desarrollo espacial y la planificación de inversiones de capital. En Centroamérica existen ejemplos de mecanismos de cooperación intermunicipales que pueden contribuir a solucionar este reto. Dichos mecanismos proporcionan la escala geográfica adecuada para desarrollar la capacidad local en planificación territorial. En las siguientes secciones se analizan la situación actual y las oportunidades para este tipo de arreglos.

Gestión de las aglomeraciones a través de mecanismos de coordinación intermunicipal

Los gobiernos locales deben aprovechar las oportunidades para la planificación coordinada y la prestación de servicios en todas las aglomeraciones. En el Capítulo 1 se mostró cómo el crecimiento de la capital y las ciudades secundarias se ha extendido más allá de los límites municipales formalmente definidos. Como resultado, las ciudades son cada vez más interdependientes económicamente con otras áreas urbanas y rurales de los alrededores que, en su conjunto, constituyen aglomeraciones o áreas metropolitanas. Aunque estas áreas pueden beneficiarse de las economías de escala en la prestación de servicios, también son vulnerables a efectos negativos. Por ejemplo, la obstrucción de los desagües pluviales en un área puede causar inundaciones en otra, o la contaminación del agua en un área puede traer riesgos para la salud en otra. Este patrón de crecimiento y una mayor interconexión entre las ciudades exige un desarrollo a escala metropolitana, el cual puede lograrse mediante arreglos de coordinación y cooperación intermunicipales más fuertes.

Cuando las regiones económicamente dinámicas sobrepasan sus fronteras políticas locales, por lo general cada municipio continúa la prestación de servicios solo dentro de su propia jurisdicción, a pesar de que la mayoría de los servicios urbanos rebasan los límites municipales. La coordinación intermunicipal es esencial para la prestación adecuada de servicios, la gestión del crecimiento y para garantizar la sostenibilidad del medio ambiente más allá de los límites municipales. Por otra parte, se sabe que una estructura de gobierno de aglomeraciones que incluye a varios municipios tiene un impacto directo en la productividad general. Estudios de la Organización para la Cooperación y el Desarrollo Económico (OCDE) demuestran que cuando un área metropolitana de cualquier tamaño tiene el doble de municipios, presenta tasas de productividad alrededor de un 6 por ciento más bajas, pero tal efecto puede reducirse a la mitad cuando se cuenta con un mecanismo de gestión eficaz a nivel metropolitano (OECD 2015). En Centroamérica, donde las aglomeraciones rebasan varios límites administrativos municipales, se forman varias escalas de regiones metropolitanas.

Sin embargo, las aglomeraciones en Centroamérica cuentan con pocas instituciones de coordinación supramunicipales. Solo en unos pocos casos de descentralización en la prestación de servicios se han establecido mecanismos formales de coordinación entre los gobiernos locales vecinos. En general, en la mayoría de las regiones de las capitales existe poco diálogo a nivel metropolitano y pocos esfuerzos de colaboración entre los municipios. El Consejo de Alcaldes del Área Metropolitana de San Salvador (COAMSS) es una excepción. Este mecanismo formal de coordinación encargado de las responsabilidades planificación urbana (descritas en detalle en el Recuadro 2.1) es el ejemplo más fuerte de coordinación metropolitana en Centroamérica. Tegucigalpa es un caso particular, dado que el área metropolitana (que consta de dos ciudades) coincide con el área municipal del Distrito Central, lo cual facilita la coordinación metropolitana integrada. La Tabla 2.3 describe brevemente los acuerdos metropolitanos de las regiones de las capitales y el grado en que existe una coordinación metropolitana, particularmente mediante planes territoriales. Aunque ciertas áreas metropolitanas han desarrollado algunos planes territoriales, estos no han sido ejecutados exitosamente debido a la falta de coordinación estratégica entre la inversión y la planificación territorial.

Recuadro 2.1 El COAMSS en El Salvador

El Consejo de Alcaldes del Área Metropolitana de San Salvador (COAMSS) es una institución autónoma establecida en julio de 1987. Su objetivo es impulsar y facilitar el desarrollo social, económico y territorial inclusivo del Área Metropolitana de San Salvador para mejorar la calidad de vida de sus habitantes. El área la conforman 14 municipios con una población en 2012 de 2.2 millones, es decir, un 36 por ciento de la población de El Salvador en aquel año. El área comprende 610 km^2 (aproximadamente el 3 por ciento del territorio nacional); la zona urbana (superficie construida) abarca alrededor de 175 km^2 (29 por ciento). Aunque una gran parte de la zona metropolitana es tierra rural, el 97 por ciento de la población se considera urbana. El PIB del área representa alrededor de un tercio del PIB nacional.

Este arreglo institucional nació a raíz del terremoto de 1986, y de la constatación de que el área se había convertido en una metrópoli cuyos problemas no podían ser abordados por los diversos gobiernos locales de forma independiente, y de ahí la necesidad de un enfoque coordinado y unificado para la reconstrucción de la zona.

La misión del COAMSS es "Ser un órgano colegiado que formula, regula, coordina y dirige las políticas y programas que permitan el desarrollo integral del territorio y de los habitantes de la zona metropolitana de San Salvador."

La solución inicial fue que el COAMSS crease en 1988 la Oficina de Planificación del Área Metropolitana de San Salvador (OPAMSS), una entidad de asesoría técnica encargada de investigar, analizar y proponer soluciones para el desarrollo urbano de la zona. La OPAMSS también funge como la secretaría ejecutiva del Consejo. En 1994, "el" COAMSS reformó los estatutos de la OPAMSS transformándola en una entidad con personería jurídica propia, una institución municipal administrativa y financieramente autónoma. El COAMSS designa al Director Ejecutivo de la OPAMSS, y su administración es supervisada por el Coordinador General y el Comité Ejecutivo del COAMSS. La OPAMSS es financiada mediante contribuciones municipales, cargos a los usuarios por los servicios que presta en el área metropolitana, y por fondos de organismos nacionales e internacionales de cooperación para la implementación de proyectos.

Con la aprobación de la Ley 732/1993[a] se le otorgó la facultad a la OPAMSS de regular el uso del suelo urbano y de aprobar permisos de construcción en la zona. Con el tiempo, el COAMSS también ha sido responsable de la coordinación de varios proyectos en el área, principalmente aquellos con la seguridad pública y el manejo de residuos sólidos. En 2015 se estableció, dentro del marco del COAMSS, un Consejo de Desarrollo Metropolitano (CODEMET) para proponer proyectos de inversión pública para el desarrollo metropolitano y ser la entidad encargada de la colaboración con el gobierno central.

Fuente: www.opamss.org.sv.
a. La Ley de Desarrollo y Ordenamiento Territorial del Área Metropolitana de San Salvador y de los Municipios Aledaños, con las regulaciones relacionadas publicadas en 1995.

Tabla 2.3 Arreglos de coordinación metropolitanos para la planificación territorial

Ciudad capital	Arreglo metropolitano	Ejemplos de planes territoriales
Ciudad de Guatemala	El Área Metropolitana de Guatemala (AMG) comprende 3 grandes municipios, cada uno con más de un millón de habitantes, y otros 14 municipios pequeños. A pesar de ser una zona altamente transitada con desplazamientos diarios hacia y desde la ciudad de Guatemala, existe poca coordinación entre sus 17 municipios. La excepción es la Mancomunidad del Sur Villanueva formada por seis municipios del área metropolitana. En un futuro podría iniciarse un diálogo a nivel metropolitano para tratar temas relacionados con: (i) el tránsito pesado en el centro de la ciudad; (b) la contaminación del río; y (iii) la posible extensión del actual sistema de autobuses de tránsito rápido que transite más allá de la Ciudad de Guatemala.	En 2009, el Ayuntamiento de la Ciudad de Guatemala puso en marcha un Plan de Ordenamiento Territorial (POT). Sin embargo, dicho plan tenía una perspectiva metropolitana limitada.
Managua	Las áreas metropolitanas se definen a dos escalas: (i) la Zona Metropolitana de Managua (ZMM) integrada por siete municipios, incluyendo Managua, Ciudad Sandino, Tipitapa y Mateare,[a] y (ii) la Región Metropolitana de Managua (RMM), que abarca treinta autoridades locales en los departamentos de Managua, Granada, Masaya y Carazo (un área que representa alrededor del 40 por ciento de la población de Nicaragua). El diálogo intermunicipal se lleva a cabo principalmente mediante una reunión semanal en Managua que incluye a todos los alcaldes del país.	Aunque los municipios de la Región Metropolitana de Managua han logrado algunos avances en el desarrollo territorial, no existen directrices estratégicas e instrumentos de gestión territorial concretos para llevar a cabo proyectos a nivel supramunicipal (BID 2014). Actualmente, no existe una articulación entre los planes de desarrollo territoriales vigentes, tales como el Plan Municipal de Desarrollo Territorial y el Plan Maestro de Managua (Plan Regulador).
Ciudad de Panamá	El área metropolitana de la Ciudad de Panamá (Área Metropolitana del Pacífico) comprende cuatro municipios (Ciudad de Panamá, San Miguelito, Arraigan y La Chorrera), que representan cerca del 40 por ciento de la población en el país.	En 2012, el Ministerio de Vivienda y Ordenamiento Territorial (MIVIOT) desarrolló un Plan Metropolitano territorial, pero hasta la fecha ha tenido un impacto muy limitado en el desarrollo.[b]
Tegucigalpa	El Distrito Central de Tegucigalpa, constituido por las entidades de Tegucigalpa y Comayagüela, representa el área metropolitana de la capital. Es por mucho, el más grande entre los municipios de Honduras – casi ocho veces el tamaño promedio de los municipios del país. Dado que el área metropolitana se limita a la administración del Distrito Central (con dos ciudades), el problema de coordinación es menor en comparación con otras áreas metropolitanas que abarcan muchos municipios.	El Distrito Central elaboró un Plan de Desarrollo Municipal y Ordenamiento Territorial (PDMOT), aprobado en 2014. El plan fue desarrollado en consulta con actores públicos, privados y de la sociedad civil. Sin embargo, no se ha puesto en marcha ningún mecanismo para garantizar la implementación del plan de ni para guiar el desarrollo urbano del área metropolitana (BID 2016).

Cuadro continúa en la siguiente página

Tabla 2.3 **Arreglos de coordinación metropolitanos para la planificación territorial** *(continuación)*

Ciudad capital	Arreglo metropolitano	Ejemplos de planes territoriales
San Salvador	El Área Metropolitana de San Salvador está conformada por 14 municipios. Están organizados a través de COAMSS, una entidad de coordinación autónoma (explicada con detalle en el Recuadro 2.1).	El Plan Municipal de Ordenamiento Territorial de la Ciudad de San Salvador fue aprobado recientemente en 2015.
San José	Existen tres escalas de áreas metropolitanas: (i) cuatro *municipios principales* que son considerados áreas metropolitanas locales (San José, Alajuela, Heredia y Cartago); (ii) el Área Metropolitana de San José (14 municipios); y (iii) la Gran Área Metropolitana (GAM) o Valle Central (31 municipios).	Un "Plan Territorial GAM 2013-2030" fue preparado en 2013, pero no fue aprobado formalmente por el Instituto Nacional de Vivienda y Urbanismo (INVU).

a. Un Plan de Desarrollo Urbano de la Capital, que abarca partes de la ZMM, se encuentra en desarrollo con el apoyo de la Iniciativa Ciudades Emergentes y Sostenibles del Banco Interamericano de Desarrollo (BID).
b. Recientemente se han desarrollado escenarios territoriales para la Ciudad de Panamá y sus áreas vecinas con el apoyo de la Iniciativa Ciudades Emergentes y Sostenibles del Banco Interamericano de Desarrollo (BID).

Un mayor número de municipios en Centroamérica está estableciendo mecanismos de coordinación intermunicipal. Entre estos mecanismos cabe destacar las Mancomunidades (personas jurídicas conformadas por los gobiernos locales miembros) y las asociaciones de alcaldes o de gobiernos locales (ej. basadas en acuerdos legales, tales como Convenios). Estos mecanismos se han establecido en todos los países en distinto grado, incluso en contextos transfronterizos. Son un reflejo de los actuales esfuerzos de los municipios para fortalecer la descentralización ya que éstos carecen de capacidad suficiente para asumir algunas responsabilidades por sí solos. Dichos acuerdos voluntarios se resumen en la Tabla 2.4. Véase el Recuadro 2.2 para aprender acerca de la experiencia de Colombia en el desarrollo de una coordinación inter-jurisdiccional dentro de las aglomeraciones.

Estas estructuras de coordinación intermunicipal son un buen punto de partida, pero pueden fortalecerse y aplicarse más ampliamente en los países de Centroamérica. La asociación de un municipio a una Mancomunidad o Convenio, no es suficiente por sí sola para una coordinación eficaz. Se debe utilizar dicha estructura de forma activa para fomentar una coordinación eficaz entre los municipios miembros sobre temas críticos. En la mayoría de los casos, se requiere de plataformas institucionales más fuertes (por ejemplo, la dotación de personal para una secretaría o unidad administrativa) y de recursos financieros para que estas entidades de coordinación alcancen su máximo potencial (véase el Recuadro 2.2 sobre San Salvador como un buen ejemplo). En algunos casos, y para sectores específicos, puede considerarse la existencia de una autoridad metropolitana separada para obtener un arreglo más sólido. El pleno aprovechamiento de los esfuerzos de coordinación y cooperación entre los gobiernos locales ayudará a los municipios a alcanzar cuatro objetivos importantes: (i) aprovechar las economías de escala, (ii) abordar los efectos colaterales negativos, (iii) abordar los problemas de equidad, y (iv) hacerse más fuertes al

Tabla 2.4 Mecanismos de coordinación intermunicipal en los países de Centroamérica

País	Descripción
Costa Rica	Hasta la fecha, no se han establecido Mancomunidades como entidades legales intermunicipales separadas. En su lugar, se han establecido algunos Convenios para apoyar la coordinación a nivel metropolitano.
El Salvador	Durante más de veinte años, el país ha venido estableciendo arreglos intermunicipales, conocidos como micro-regiones, mancomunidades o asociaciones de municipios. Alrededor del 90 por ciento de los municipios del país son miembros de una o más asociaciones. Hoy en día existe un total de 50 entidades de tal naturaleza, con membresías que van desde 2 hasta 25 municipios en cada una.
Guatemala	En Guatemala existen alrededor de 25 mancomunidades de municipios y asociaciones locales de municipios.[a] Algunas de ellas tienen una función específica, como el manejo de residuos sólidos o el desarrollo de programas de entrenamiento conjunto, mientras que otras han preparado planes estratégicos apoyados por la Unión Europea. Otras fungen como alianzas políticas para presentar propuestas conjuntas al gobierno central. Alrededor del 40 por ciento de los municipios del país son miembros de una o más de estas entidades.
Honduras	Desde hace muchos años, tanto el gobierno nacional como la Asociación de Municipios de Honduras (AMHON), han promovido la formación y el fortalecimiento de las mancomunidades (o micro-regiones) como un medio para aumentar la capacidad administrativa de los municipios más pequeños del país. De acuerdo con la Ley Municipal, por votación de dos tercios del consejo municipal, los municipios pueden formar asociaciones por razones territoriales o sectoriales, o con el fin de prestar servicios.
Nicaragua	El diálogo intermunicipal en Nicaragua se realiza principalmente durante una reunión semanal en Managua a la que asisten todos los alcaldes del país. Estas reuniones son presididas por el presidente del Instituto Nicaragüense de Fomento Municipal (INIFOM). Dentro de cada departamento, la interacción intermunicipal tiende a darse a lo largo de líneas partidarias. Sin embargo, existen algunas iniciativas de coordinación sobre temas específicos.
Panamá	En la actualidad, solo existen algunas mancomunidades pequeñas, principalmente para coordinar la eliminación de residuos sólidos. En los próximos años pueden surgir más iniciativas de cooperación intermunicipal, ya que los municipios podrán implementar más inversiones gracias a los fondos provenientes de impuestos a la propiedad que serán distribuidos por el gobierno central a los municipios a partir de 2016.

a. Ambas formas son entidades legales conformadas de acuerdo a lo estipulado en el Código Municipal. Además, existe un par de casos de "empresa municipal de tipo asociativa". Por ejemplo, EMAPET, una empresa de agua y de aguas residuales que sirve a los municipios de Flores y San Benito en el norte de Guatemala desde 1997.

Recuadro 2.2 Coordinación inter-jurisdiccional en Colombia: La Ley de Ordenamiento Territorial

La experiencia internacional indica que los gobiernos nacionales son capaces de reducir los costos de coordinación, ofreciendo incentivos a los municipios para la coordinación inter-jurisdiccional en las áreas metropolitanas. Colombia es un ejemplo de un país que introdujo instrumentos de coordinación dentro de un contexto de descentralización. De manera similar a la mayoría de los países de Centroamérica, en Colombia la descentralización se consolidó dentro de la constitución nacional, pero el proceso carecía un marco de coordinación inter-jurisdiccional – una herramienta para fortalecer la capacidad municipal e impulsar proyectos que cruzan los límites fronterizos.

Recuadro continúa en la siguiente página

Recuadro 2.2 Coordinación inter-jurisdiccional en Colombia: La Ley de ordenamiento territorial *(continuación)*

Después de más de 20 años de debate en torno a la gestión territorial y el suministro de infraestructura para las ciudades que se extendían más allá de sus fronteras municipales, Colombia promulgó la Ley 1454 de 2011 (Ley Orgánica de Ordenamiento Territorial, LOOT). La ley establece el marco jurídico, administrativo y financiero para la coordinación de las unidades espaciales de todo el país. En un país tan descentralizado como Colombia, con más de 1,000 gobiernos municipales con responsabilidades idénticas, los incentivos adecuados para la coordinación intermunicipal se vuelven esenciales para evitar la renuncia a los beneficios de las economías de escala y reducir al mínimo los costos de urbanización.

La nueva ley refuerza la autoridad municipal sobre proyectos locales y crea comisiones para colaborar en cuestiones de planificación territorial. Igualmente, crea diversos esquemas voluntarios de asociación territorial (esquemas asociativos territoriales) para las áreas metropolitanas, permitiendo a los municipios trabajar de manera conjunta en proyectos comunes y crear espacios para acuerdos inter-jurisdiccionales voluntarios de colaboración.

Fuente: Samad, Lozano-Gracia, y Panman 2012.

---

actuar de manera conjunta. A continuación explican estos objetivos y se ofrecen algunos ejemplos de Mancomunidades e instituciones supramunicipales que trabajan para lograrlos.

- Aprovechar las oportunidades que ofrecen *las economías de escala,* con el objetivo de ahorrar costos. Algunos ejemplos son la eliminación de residuos sólidos en uno, o muy pocos sitios en el área, y la integración de las redes de agua y saneamiento (considerando que las diferentes zonas urbanas estén lo suficientemente cerca). La Federación Metropolitana de Municipalidades (FEMETROM) en Costa Rica, formada en 2004 por 12 municipios del Área Metropolitana de San José, gestiona el manejo de residuos sólidos de manera conjunta. La Región Metropolitana de Managua (RMM), una asociación informal de 14 municipios, también aborda conjuntamente la gestión de residuos sólidos. Un tercer ejemplo regional de la cooperación entre los gobiernos locales es la Mancomunidad del Sur Villanueva, formada en 2013 por 6 municipios suburbanos al sur de la Ciudad de Guatemala. Esta mancomunidad lleva a cabo iniciativas conjuntas y aborda una variedad de temas a través de estudios y otros trabajos preparatorios, incluyendo un potencial relleno sanitario conjunto, la gestión de los recursos hídricos, estudios de transporte y la provisión de tierras para una universidad local, entre otros.

- Hacer frente a *los efectos colaterales* (externalidades). Tal caso se produce cuando las actividades en una jurisdicción local tienen impactos negativos o positivos en las jurisdicciones locales vecinas, lo que plantea una cuestión de "justicia". Por ejemplo, la contaminación del aire y del agua, o las inundaciones, tienden a sobrepasar los límites jurisdiccionales. Del mismo modo, pueden existir atracciones turísticas en una jurisdicción, mientras que los servicios de alojamiento se encuentran principalmente en otra. La Asociación de Municipios de la Subcuenca del Lago de Managua (AMUSCLAM), una alianza de los municipios de Managua (tres distritos), Crucero, Concepción, Tecuantepec y Nindirí se centra en el agua y otros problemas ambientales al sur del Lago Managua.

- Hacer frente a *los problemas de equidad.* Pueden existir grandes diferencias en la base tributaria entre las jurisdicciones locales, creando diferencias significativas en la prestación de los servicios. Las personas pueden vivir (y pagar impuestos locales) en una ciudad, pero trabajar y pasar la mayor parte de su tiempo en otra, haciendo uso de servicios por los que no pagan. Dicha situación puede plantear cuestiones de "compensación".

- *Ser más fuertes, actuando de manera conjunta.* Esto puede incluir la unión de fondos para una instalación o equipamiento para el uso compartido, o para atraer inversiones o grandes eventos a la zona de manera conjunta (en lugar de a nivel local compitiendo entre sí), y llevar a cabo compras conjuntas para lograr un mejor precio y costos más bajos de transacción.

Las finanzas municipales en Centroamérica

El tamaño d elas finanzas municipales en Centroamérica refleja el nivel de descentralización en cada uno de los países. La Figura 2.1 presenta los ingresos de los gobiernos locales y central[4] como porcentaje del PIB en los seis países. El peso de los ingresos de los gobiernos locales, tanto en términos de porcentaje del PIB como del porcentaje de los ingresos totales del gobierno, varía significativamente entre los países. Los datos muestran a Panamá y Costa Rica como los países más centralizados, y a Guatemala y Nicaragua como los más descentralizados. En 2012, los ingresos municipales en Panamá representaron el porcentaje más bajo con relación al PIB (0.5 por ciento) y en comparación con los ingresos del gobierno central, representaron alrededor de 2 por ciento de los ingresos totales del gobierno. Por otro lado, los ingresos municipales en Nicaragua representan alrededor del 4 por ciento del PIB, mientras que los del gobierno central representan el 20 por ciento del PIB.

Aunque el peso económico de los municipios resulta alto, sus recursos siguen siendo limitados en términos absolutos. Los distintos niveles de ingresos públicos asignados a los municipios, es un reflejo de la misma diversidad tanto dentro de América Latina como en el resto del mundo. Sin embargo, todos los países de Centroamérica tienen un nivel relativamente bajo de gasto público, siendo Guatemala el país con el menor porcentaje de gasto público como porcentaje del PIB. Como resultado, a pesar de recibir una parte significativa de los ingresos públicos en algunos de los países, los ingresos per cápita de los municipios de

Figura 2.1 Ingresos totales por nivel de gobierno en Centroamérica como % del PIB, 2012

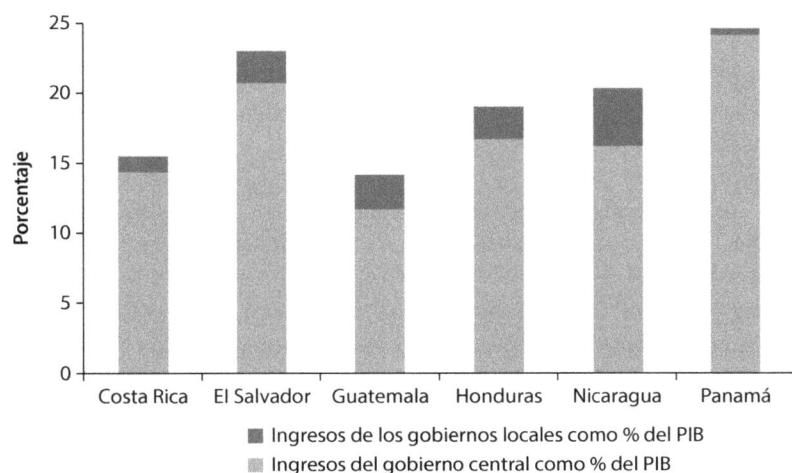

Fuente: Basado en datos de los bancos centrales y los ministerios de finanzas de los países

Figura 2.2 Ingresos totales per cápita por nivel de gobierno en US$ PPA, 2012

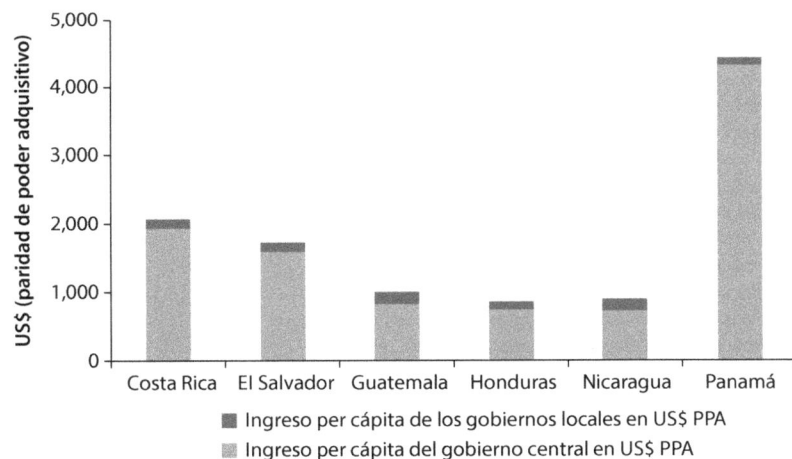

Fuente: Basado en datos de los bancos centrales y los ministerios de finanzas de los países, y del Banco Mundial.
Nota: PPA = Paridad de Poder Adquisitivo.

Centroamérica son uniformemente bajos. La Figura 2.2 presenta los ingresos totales per cápita por nivel de gobierno. En 2012, los ingresos medios de los gobiernos locales se encontraban entre US$ 90 en Panamá y US$ 185 en Guatemala.

La asignación de los ingresos fiscales entre los gobiernos centrales y los municipios varía significativamente entre de los países. Los municipios con los ingresos más pequeños se encuentran en los países en donde el gobierno central recauda y administra el impuesto a la propiedad, como es el caso de Costa Rica y Panamá. Sin embargo, la situación en Panamá está cambiando tras la promulgación de la Ley de Descentralización de 2015, que prevé la creación de un fondo para la descentralización financiado por los ingresos provenientes del impuesto a la propiedad y dirigido al financiamiento de las inversiones municipales. La Tabla 2.5 resume los impuestos asignados a los municipios en los seis países.

La mayoría de los países de Centroamérica hace sus transferencias basada en fórmulas como la principal fuente de financiamiento para sus municipios. En el diseño más común de transferencia los municipios reciben un porcentaje del presupuesto del gobierno central. Como se presenta en la Tabla 2.6, en El Salvador y Guatemala las transferencias se basan en el ingreso corriente total, mientras que en Honduras y Nicaragua se basa solamente en los ingresos fiscales.

Tabla 2.5 Impuestos locales de los municipios en Centroamérica

	Principales impuestos y tasas a nivel local	*Impuestos recaudados centralmente*
Costa Rica	• Patentes de negocios (Art. 79 Ley Municipal 7.794/1998). • Para el Municipio de San José, la Dirección General de Tributación (DGT) ha transferido la colección del impuesto a la propiedad. • Los municipios pueden cobrar tarifas para el alumbrado público, la gestión de residuos sólidos, el mantenimiento de parques, los servicios de policía y otros servicios que considere necesarios (Art.74 Ley Municipal 7.794/1998).	• El impuesto a la propiedad es recaudado por la DGT del gobierno central (Ley 7.509/ 1995).
El Salvador	• Los municipios pueden recaudar impuestos a las empresas locales y la propiedad (Art. 125 Ley 86/1991) • Los municipios pueden cobrar tarifas para servicios públicos como el alumbrado público, la gestión de residuos sólidos, el mantenimiento de parques, la pavimentación de las vías públicas, mercados, entre otros (Art. 130 Ley 86/1991).	
Guatemala	• Los municipios recaudan un impuesto anual a los ciudadanos sobre la base de sus ingresos para el mantenimiento de la infraestructura local (Boleto de Ornato, Ley 121/1996), así como impuestos a las actividades económicas (Regulación específica para cada municipio).	• El gobierno central recauda el impuesto a la propiedad (IUSI) a través de la Superintendencia de Administración Tributaria (SAT), pero transfiere directamente la mayor parte de la recaudación a los gobiernos municipales (Ley 15/1998).
Honduras	• Los impuestos son: impuesto a la propiedad, el impuesto sobre la renta, el impuesto sobre actividades económicas, el impuesto a la extracción o explotación de recursos minerales, y el impuesto sobre el ganado (Art. 75 Ley 134/1990). • Cargos por los servicios municipales, uso de la propiedad pública y gastos de administración (Art. 84 Ley 134/1990).	

Cuadro continúa en la siguiente página

Tabla 2.5 **Impuestos locales de los municipios en Centroamérica** *(continuación)*

	Principales impuestos y tasas a nivel local	*Impuestos recaudados centralmente*
Nicaragua	• Impuesto a la propiedad (Decreto 3/1995). • En Managua hay un impuesto sobre las actividades económicas y un impuesto por registro de patentes (Decreto 10/1991). • Existe el cobro de cuotas y derechos por los servicios municipales (incluyendo la electricidad, el teléfono, la gestión de residuos sólidos), el ganado, los mercados y el uso de la propiedad municipal (Decreto 10/1991).	
Panamá	• Impuestos sobre las actividades económicas, venta de bebidas alcohólicas y carnicería. • Tasas y derechos sobre el uso de bienes y servicios municipales; y derechos sobre espectáculos públicos y extracción de arenas, otras actividades de minería no-metálica, madera y explotación de los bosques (Ley 106/1973).	• El impuesto a la propiedad es recaudado por el gobierno central a través de la Autoridad Nacional de Ingresos Públicos (ANIP).

Tabla 2.6 **Transferencias a los municipios en Centroamérica**

	Transferencias corrientes/mixtas	*Transferencias condicionales de capital*
Costa Rica	• La Ley contempla las transferencias a los municipios con base en los acuerdos con el gobierno central sobre las competencias transferidas (Ley 8.801/2010) • No hay transferencias incondicionales a los municipios	• 7.5% del Impuesto a los Combustibles se transfiere a los municipios para la construcción y mantenimiento de carreteras locales (Ley 8.114/2001)
El Salvador	• El gobierno central transfiere el 8% de sus ingresos netos corrientes al Fondo para el Desarrollo Económico y Social de los Municipios (FODES) (Art. 1 Ley 74/1988). FODES es administrado por el Instituto Salvadoreño de Desarrollo Municipal (ISDEM) • A su vez, FODES transfiere los fondos a los municipios. El 80% de los fondos debe financiar la infraestructura, y el 20% los gastos corrientes.	
Guatemala	• El gobierno central debe transferir el 10% de su presupuesto operativo a los municipios. Al menos el 90% de la transferencia debe ser invertido en programas de educación, salud preventiva, infraestructura y servicios públicos; el restante, hasta un 10%, puede financiar los gastos operativos (Art. 257 CRG) • 1.5% de la recaudación del IVA debe ser transferido a los municipios. Hasta el 25% puede financiar los gastos de operación, y el 75% restante debe ser utilizado para la inversión (Ley 27/1992) • Varias otras leyes incluyen las transferencias corrientes a los municipios incluyendo aquellas sobre la gasolina, los productos agrícolas y el licor (ver Ley 6/1991)	• El gobierno central recauda un impuesto sobre los vehículos, y transfiere una parte a los municipios. Esta transferencia debe ser usada para el mantenimiento y construcción de carreteras (Ley 70/94)

Cuadro continúa en la siguiente página

Tabla 2.6 Transferencias a los municipios en Centroamérica *(continuación)*

	Transferencias corrientes/mixtas	*Transferencias condicionales de capital*
Honduras	• El gobierno central debe transferir a los municipios el 5% de los ingresos fiscales totales. De esta cantidad, hasta un 15% puede ser utilizado para los gastos corrientes, mientras que el 85% o más se debe utilizar para la inversión (Art. 91 Ley 134/90)	
Nicaragua	• El gobierno central debe transferir un porcentaje de los ingresos fiscales a los municipios, que pasó del 4% en 2004, con un aumento de 0.5 puntos porcentuales por año hasta llegar a un 10% en 2010 (Art. 5 Ley 466/2003) • Los municipios deben destinar la mayor parte de las transferencias para la inversión, de acuerdo a un porcentaje que cambia de acuerdo a una clasificación de los municipios realizada por el gobierno de acuerdo a sus ingresos totales. Para la categoría superior de los municipios (de cuatro) es del 90%, y para la categoría inferior, del 60%. (Art. 12 Ley 466/2003)	
Panamá		• El Programa Nacional de Desarrollo Local (PRONADEL) hace transferencias anuales fijas de capital a los municipios y juntas comunitarias con base en proyectos pre-aprobados específicos (Ley 84/2012)

Muchas de estas transferencias recurrentes exigen requisitos mínimos para su uso en gastos de capital (no corrientes). Los requisitos de gastos de capital pueden ser de hasta el 90 por ciento y no requieren aprobaciones centrales para los proyectos en los que se utilizan las transferencias. Costa Rica utiliza un diseño de transferencia basado en acuerdos entre el gobierno central y los municipios, aunque otros países tienen además mecanismos de transferencia para complementar las principales transferencias recurrentes. Panamá es el mejor ejemplo de un tercer diseño, el de transferencias recurrentes de capital, donde se transfiere una cantidad fija sobre la base de los proyectos aprobados. Este es también el caso en Costa Rica, que realiza una transferencia complementaria para carreteras con base en los impuestos al combustible.

La mayor fuente de financiamiento para las ciudades capitales son sus ingresos propios, que se derivan principalmente de impuestos y tarifas locales, tanto para los municipios que son relativamente fuertes o relativamente débiles en términos financieros (véase la Figura 2.3). El peso relativo de los impuestos y las tarifas en los ingresos locales varía significativamente entre las ciudades capitales. Los impuestos –principalmente impuestos a la propiedad– son la principal fuente de ingresos propios en San José, Tegucigalpa, Managua y Ciudad de Panamá, mientras que las tarifas por servicios locales generan más ingresos en San Salvador y Ciudad de Guatemala (ver Figura 2.4). Sin embargo, en Costa Rica los ingresos fiscales por impuestos a la propiedad son administrados por el gobierno central.

Figura 2.3 Ingreso total de los municipios de las ciudades capitales en Centroamérica por fuente, 2013

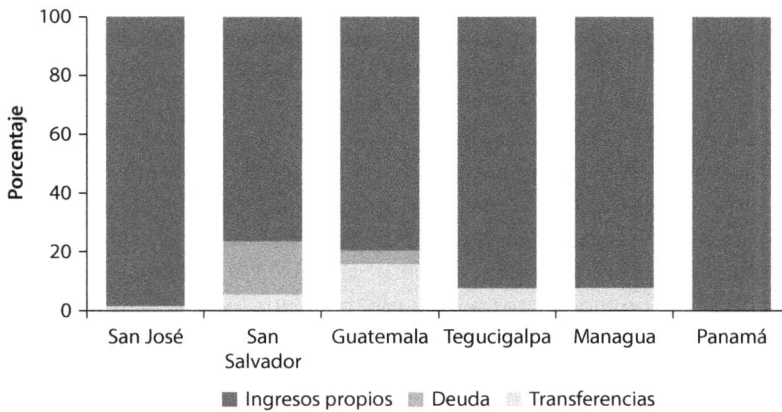

Fuente: Basado en los presupuestos de los municipios capitalinos.

Figura 2.4 Ingresos propios de los municipios de las ciudades capitales en Centroamérica por fuente, 2013

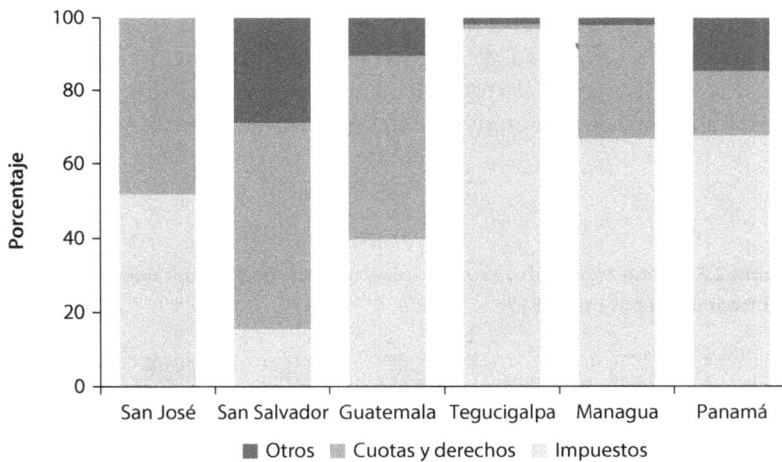

Fuente: Basado en los presupuestos de los municipios capitalinos.

Este era también el caso en Panamá hasta 2016, año para el que se ha programado que los ingresos por impuestos a la propiedad sean transferidos a los municipios para ser usados exclusivamente para inversiones de capital. Otros impuestos comunes que son recaudados a nivel municipal en todos los países de Centroamérica incluyen impuestos comerciales, patentes, y un porcentaje de las ventas. Las transferencias representan más del 10 por ciento de los ingresos totales solo en Managua y la Ciudad de Guatemala, mientras que la deuda es una fuente grande de ingresos en San Salvador y Managua.

El funcionamiento básico del gobierno local representa el mayor gasto para las ciudades capitales de Centroamérica, lo cual es bastante común en toda América Latina. La cantidad de recursos que se asigna al funcionamiento diario del gobierno es bastante alta en San José y la Ciudad de Guatemala, y mucho más baja en Managua. La Figura 2.5 muestra el desglose de los gastos en las ciudades capitales para el año 2013 (2014 para la Ciudad de Panamá). El segundo gasto más grande es el de gastos de capital, que conforma gran parte de los presupuestos en Managua y Panamá, mientras que en San José practivamente no existen. San Salvador es la ciudad que más gasta en el servicio de la deuda y las transferencias. San José es la única capital que no tenía gastos por servicio de la deuda en su presupuesto en 2013 (véase la Figura 2.5).

Los municipios pueden contraer deuda, pero por lo general solo después de la aprobación o calificación por parte de una entidad central. Todas las ciudades capitales han contraído deuda a corto plazo en los últimos años en diversos grados (ver Figura 2.3).[5] Excepto en Costa Rica, la deuda municipal tiene que ser aprobada o calificada por un mecanismo controlado por el gobierno central, lo cual le da al gobierno central cierto nivel de control fiscal y político sobre la deuda pública de los gobiernos locales. En la mayoría de los países también existen restricciones en la cantidad que un municipio puede pedir prestada. Los límites se establecen en términos de: (a) tiempo (vencimiento del préstamo) –por lo general el periodo de mandato de las autoridades locales; o (b) cantidad –la capacidad de pago como una proporción de los ingresos municipales. Los diseños más restrictivos limitan la cantidad total de la deuda de acuerdo a los ingresos operativos, o necesidades a corto plazo, mientras que

Figura 2.5 Gastos totales de los municipios de las ciudades capitales en Centroamérica por tipo, 2013

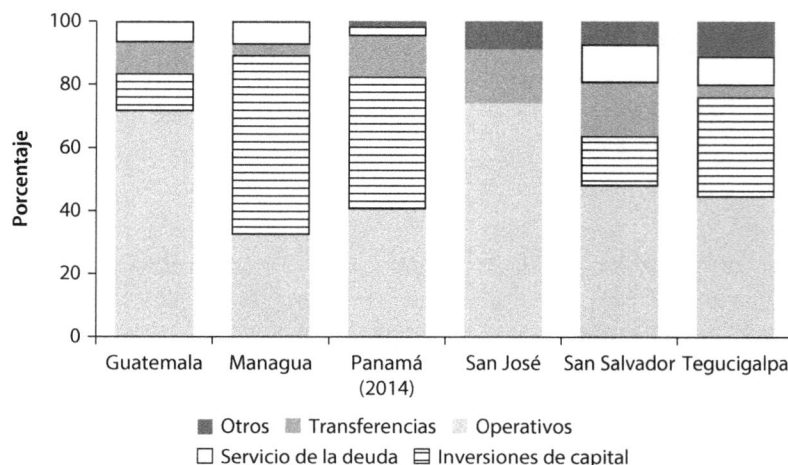

Fuente: Basado en los presupuestos de los municipios capitalinos.

los menos restrictivos limitan la cantidad de ingresos presupuestados que se puede utilizar para los pagos del servicio de la deuda. En Costa Rica y Panamá no existen límites específicos formales.

Prioridades para impulsar el potencial de las ciudades de Centroamérica: El fortalecimiento de los municipios para una gestión eficiente de las ciudades

El fortalecimiento institucional y financiero de los municipios

El gobierno central tiene un papel importante por desempeñar en la mejora de la capacidad de los gobiernos locales. El desarrollo de capacidad a nivel local es una responsabilidad mutua entre el gobierno central y los gobiernos locales (sobre todo en estados unitarios). Como se mencionó anteriormente, el actual proceso de urbanización supone una tensión adicional en la capacidad local, y una mayor descentralización suele estar limitada por la capacidad de los gobiernos locales para asumir nuevas responsabilidades. Con frecuencia, es más rentable organizar programas de desarrollo de capacidades a nivel nacional, más que de una manera gradual para cada municipio. Sin embargo, no son solo el número y las competencias de los agentes locales (por importantes que puedan ser) los que determinan las fortalezas/debilidades institucionales de un gobierno local; su desempeño es también una función de las políticas aplicadas, los procesos y flujos manuales y automatizados que son utilizados, y las asignaciones financieras relacionadas. En conjunto con las iniciativas de creación de desarrollo de capacidades, es también oportuno revisar las políticas y procedimientos, introducir estándares razonables para la prestación de los servicios, y, en la medida de lo posible, crear incentivos concretos para promover un buen desempeño.

Los países de Centroamérica necesitan fortalecer el desarrollo local de capacidades mediante la mejora de sus capacidades tecnológicas, humanas y financieras. Todos los países de Centroamérica tienen organismos centrales y/o asociaciones de gobiernos locales que proporcionan servicios de asistencia técnica y de desarrollo de capacidades a sus municipios. Esta es una función crítica durante y después de cualquier cambio en la gobernanza, como es el caso del impulso a la reforma de descentralización. Por lo tanto, se recomienda que las autoridades centrales presten más atención al fortalecimiento y apoyo a dichas entidades, para asegurar que puedan ejecutar con eficacia esta función crítica. A nivel municipal, es esencial que exista la capacidad adecuada –tanto en términos de recursos humanos como de capacidad financiera– para asumir nuevas responsabilidades. Se requiere de esta capacidad para asegurar que se realice la devolución de funciones sin inconvenientes (al menos a un inicio) para los residentes y otros beneficiarios.[6] Esto puede implicar la realineación de la cantidad de personal y su conjunto de habilidades, la introducción de nuevos procedimientos y aplicaciones informáticas, y el desarrollo de las capacidades relacionadas. También se necesitan programas de mejora continua en el ámbito municipal, por ejemplo, como los que se aplican desde hace algún tiempo en el municipio de Cartago en Costa Rica, en el COAMSS (San Salvador), y recientemente en la Ciudad de Panamá en su intento por obtener la certificación ISO.

Los municipios de Centroamérica deben ser fortalecidos financieramente para desempeñar un papel más activo en el desarrollo urbano. Las finanzas municipales afectan en gran medida la capacidad de los gobiernos locales para cumplir con sus obligaciones. La autonomía financiera de los municipios en Centroamérica ha disminuido, mientras que su dependencia en las transferencias de los gobiernos nacionales ha incrementado. Si bien el número y el alcance de las funciones de los municipios ha aumentado, la devolución de las responsabilidades del gasto ha carecido de un aumento de incresos. En ausencia de fuentes adecuadas de ingresos, el aumento de responsabilidades ha dado lugar a mandatos sin fondos. El gasto municipal no ha crecido de manera paralela a los ingresos propios, lo que lleva a una profundización del desequilibrio vertical. La descentralización de las funciones en la región puede ir acompañada de un mayor papel presupuestario de los municipios para que emprendan inversiones urbanas.

Los países centroamericanos pueden aprovechar los mecanismos de transferencia existentes para aumentar la capacidad de los municipios para financiar las inversiones requeridas, fortaleciendo a la vez la capacidad administrativa y técnica, así como la rendición de cuentas. Como se mencionó en la sección anterior, la mayoría de los países de Centroamérica utiliza transferencias basadas en fórmulas como la principal fuente de apoyo financiero para sus municipios. Este tipo de mecanismos de transferencias fiscales intergubernamentales transparentes y predecibles son un componente importante para tener un marco de financiamiento municipal sólido. La experiencia internacional ofrece ejemplos de cómo los gobiernos nacionales pueden construir sobre estas bases para desarrollar programas que integran el apoyo financiero a la inversión municipal,

---

Recuadro 2.3 Programas basados en el desempeño: Experiencias internacionales

Durante las dos últimas décadas, varios países de diferentes regiones han desarrollado programas para fortalecer el desempeño institucional de los gobiernos municipales a través de subvenciones basadas en el desempeño. Uno de los primeros ejemplos de este tipo de programas se puede encontrar en Indonesia. Desde 2001, Indonesia ha pasado de ser uno de los países más centralizados en el mundo en términos administrativos, fiscales y políticos a uno de los más descentralizados en el que los gobiernos locales ejercen más de la mitad de toda la inversión pública. También se han introducido subvenciones basadas en el desempeño en la India, Tanzania, Uganda, Etiopía, Vietnam y Túnez.

Estos programas comparten las siguientes características:

- El apoyo a la inversión municipal se canaliza a través de subvenciones de inversión de capital utilizando mecanismos de asignación transparentes, equitativos y predecibles.

Recuadro continúa en la siguiente página

Recuadro 2.3 Programas basados en el desempeño: Experiencias internacionales *(continuación)*

- Los municipios deciden cómo hacer uso de las subvenciones tras un proceso de planificación participativa multianual y/o anual alineado con el ciclo presupuestario de los
  municipios.
- Las inversiones subvencionables se definen a través de un menú de inversiones correspon-
  dientes a las funciones básicas de los municipios.
- El acceso de los municipios a las subvenciones está condicionado a una serie de condiciones
  mínimas que garanticen el nivel requerido de responsabilidad fiduciaria de los municipios
  en el uso de los fondos.
- El desempeño institucional de los municipios en áreas clave se define dentro de un marco
  de desempeño municipal y los municipios participantes son calificados a través de una evaluación anual de desempeño.
- Las mejoras de desempeño institucionales son incentivadas a través de subvenciones basadas en el desempeño.
- Se proporciona un apoyo integral para el desarrollo de capacidades de los municipios, en
  estrecha articulación con el marco de desempeño municipal.

La siguiente figura muestra una estructura típica de un programa basado en el
desempeño.

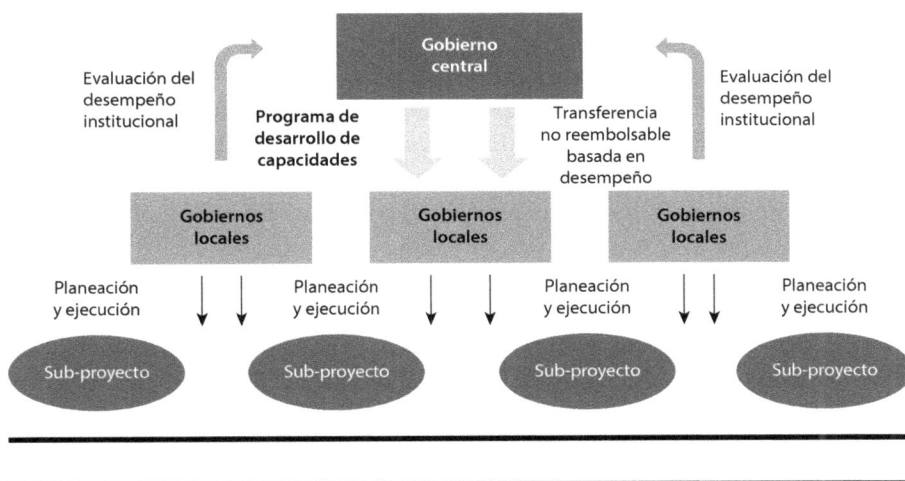

Recuadro 2.4 Ranking del desempeño municipal en Guatemala

Desde 2008, el Gobierno de Guatemala ha trabajado en el desarrollo de herramientas para
medir el desempeño municipal, con el objetivo de fortalecer e impulsar el concepto de la
gobernanza. En 2012, la Secretaría de Planificación y Programación de la Presidencia de la
República de Guatemala (SEGEPLAN) propuso institucionalizar el Sistema Nacional de
Planificación (que articula a los procesos de planificación y desarrollo territorial de los
gobiernos central y municipales) mediante la promoción de una política para fortalecer a los
municipios. Esto abrió el camino para la institucionalización y puesta en marcha del Ranking
de Gestión Municipal 2012.

Recuadro continúa en la siguiente página

Estudio de la urbanización en Centroamérica • http://dx.doi.org/10.1596/978-1-4648-1220-0

Recuadro 2.4 Ranking del desempeño municipal en Guatemala *(continuación)*

SEGEPLAN convocó a un grupo de trabajo compuesto por 21 instituciones públicas para formular la Política de Fortalecimiento de las Municipalidades. El grupo estuvo de acuerdo con que el Ranking de Gestión Municipal fuese uno de los instrumentos principales de la política. El ranking de las municipalidades permite contar con información actualizada sobre el desempeño de los municipios en una variedad de diferentes temas, y ayuda a determinar los avances y limitaciones de los gobiernos locales en áreas que se consideran propicias para promover una "buena gobernanza".

El Ranking 2013 recolectó información a través de 277 variables organizadas en torno a seis indicadores temáticos: 1) la gestión administrativa; 2) la gestión financiera; 3) los servicios municipales básicos; 4) la gestión estratégica; 5) la participación ciudadana; y 6) la divulgación de información al público. Los municipios recibieron una puntuación basada en su desempeño en cada uno de estos temas. La información recopilada informa a la Política de Fortalecimiento de las Municipalidades y se utiliza para definir o reorientar el apoyo del gobierno nacional para el desarrollo de capacidades y la asistencia técnica a los gobiernos locales.

Fuente: "Ranking de la gestión municipal 2013." (2015). Subsecretaría de Planificación y Ordenamiento Territorial de SEGEPLAN, Secretaría de Planificación y Programación de la Presidencia

---

el desarrollo de capacidades y los incentivos para un mejor desempeño institucional a nivel municipal. Un enfoque que ha sido adoptado por otros países para obtener mayores recursos municipales consiste en programas basados en el desempeño, un mecanismo a través del cual los gobiernos nacionales asignan fondos de inversión a los municipios locales para gastos de capital (ver el Recuadro 2.3 para un resumen de la experiencia internacional). Un elemento clave de estos programas es el marco de desempeño utilizado para monitorear anualmente el desempeño de los municipios y determinar las transferencias de las subvenciones de capital basadas en dicho desempeño. En Centroamérica ya existen ejemplos de tales marcos de desempeño (véase el Recuadro 2.4 para una descripción del ranking de desempeño municipal en Guatemala). Estos programas proporcionan incentivos para mejorar el desempeño institucional, dado que las transferencias de recursos dependen de los resultados de una ciudad en una serie de áreas incluyendo la prestación de servicios, la rendición de cuentas, la participación, la formulación de presupuestos y la planificación. También se proporciona apoyo a los municipios para el desarrollo de capacidades en estrecha relación con el marco de desempeño municipal. La introducción de fuentes transparentes, equitativas y previsibles de financiamiento para la inversión municipal permite a los municipios pasar de un enfoque poco sistemático, proyecto a proyecto, a un enfoque más programático para la planificación de la inversión municipal.

En general, las grandes ciudades deben tener más autonomía fiscal y sus finanzas deben ser consecuentes con sus funciones.[7] Ciertas características de las grandes ciudades y aglomeraciones tienen implicaciones para las finanzas públicas metropolitanas. Por ejemplo, la alta densidad de población podría, en algunos casos, reducir el costo per cápita de la prestación de servicios debido a las economías de escala, pero las grandes ciudades también concentran un mayor número de problemas (por ejemplo, la congestión y la contaminación) y necesidades de gasto (por ejemplo, transporte público y saneamiento). En consecuencia, las grandes ciudades y áreas metropolitanas generalmente tienen un mayor gasto por habitante que los municipios más pequeños. Usualmente, los gobiernos locales también tienen una fuerte capacidad de recursos humanos y una mayor capacidad de obtención de ingresos (a través de impuestos y tarifas). Por lo tanto, deben generalmente tener más autonomía fiscal que otras áreas, como en la aplicación de tarifas a los usuarios, los impuestos a la propiedad, los impuestos locales a los ingresos y/o las empresas, y los impuestos al combustible, entre otros. Estas políticas serían aplicables a los municipios de las ciudades capitales de todos los países de Centroamérica, en particular cuando se les asignan nuevas responsabilidades.

El desarrollo de la cooperación intermunicipal

En Centroamérica, las ciudades son cada vez más interdependientes con sus áreas circundantes, lo que exige una mejor coordinación y cooperación intermunicipal. Al mismo tiempo que las ciudades continúan expandiéndose más allá de sus límites jurisdiccionales, se incrementa también la necesidad de una gestión a escala metropolitana. Los gobiernos locales deben trabajar de forma colaborativa para asegurar la planificación y la equidad efectivas en la prestación de servicios. La prestación de algunos servicios públicos, tales como el drenaje, la eliminación de residuos y la recolección de aguas negras, a menudo se encuentra fragmentada, lo que resulta en mayores costos y retos de financiamiento para los gobiernos locales de la región. La falta de un acuerdo a nivel metropolitano, ya sea formal o informal, tiende a reflejar la pérdida de oportunidades de ahorro en los costos que se puede conseguir a través de una contribución monetaria justa por parte de todos los gobiernos municipales que comparten problemas comunes. La esencia de un enfoque metropolitano es que los gobiernos locales colaboren en ciertas, mas no todas, las iniciativas o servicios. Como mínimo, se necesita un espacio de diálogo intermunicipal periódico entre los ejecutivos de los gobiernos locales. Véase el Recuadro 2.5 que enlista una variedad de arreglos para la gobernanza metropolitana aplicados en ciudades de todo el mundo.

Los municipios pueden beneficiarse de una mayor coordinación entre ellos en una serie de diferentes temas, incluyendo:

- La planificación estratégica para toda el área y/o la planificación territorial (uso de la tierra) integrada
- La coordinación del desarrollo económico de toda la zona
- Un arreglo conjunto para la entrega de uno o más servicios (para ganar eficiencia) o para abordar en forma conjunta un sector o tema específico (por ejemplo, el sistema de transporte público, la protección contra inundaciones, la promoción del turismo, la gestión del riesgo de desastres, los servicios de emergencia, etc.)

Recuadro 2.5 Arreglos de gobernanza metropolitana alrededor del mundo

Una variedad de arreglos para la gobernanza metropolitana son aplicados en ciudades de todo el mundo, aunque en su mayoría pertenecen los países de la OCDE. Una clasificación de estos arreglos institucionales se presenta a continuación.

1. Coordinación Intermunicipal - cooperación horizontal entre los gobiernos locales

   • Cooperación ad hoc/iniciativas conjuntas caso por caso/contratación entre los gobiernos locales
   • Comité, asociación, acuerdo de asociación, acuerdo de consorcio (por ejemplo, en Brasil), etc.
   • Mancomunidad (persona jurídica)
   • Consejo Metropolitano, o "Consejo de Gobiernos", (por ejemplo, común en los Estados Unidos)

2. Autoridad Metropolitana - a veces llamada "distrito de propósito especial"

   • Autoridad metropolitana, para uno o varios sectores, tal como una autoridad metropolitana de planificación, una autoridad de prestación de servicios, o una autoridad de planificación y prestación de servicios (por ejemplo, la Agencia de Transporte Metropolitano de Buenos Aries)

3. Un segundo nivel de Gobierno Metropolitano Local

   • Segundo nivel de gobierno metropolitano local para ciertas funciones (por ejemplo, el Distrito Metropolitano de Quito)

4. Gobierno Local Consolidado

   • A través de la anexión territorial o la fusión de gobiernos locales (es decir, un gobierno local que cubre toda –o la mayoría de– un área metropolitana)

5. Gobierno Regional/Provincial

   • Algunas de las necesidades de coordinación metropolitana son atendidas por el gobierno regional/provincial (por ejemplo, por los gobiernos estatales en México y por el Intendente de la Región Metropolitana de Santiago)

• La armonización de los impuestos o tarifas locales, u organizar el uso compartido de los ingresos para toda el área (más allá de lo que se aborda a través del sistema de transferencia fiscal intergubernamental) para hacer frente a la desigualdad en la prestación de servicios entre las jurisdicciones locales
• Una coordinación ad hoc relacionada con un evento, incidencia o cuestión particular que sea relevante para la zona metropolitana en su conjunto

Garantizar un marco jurídico básico, así como mayor claridad en los roles y responsabilidades, son pasos clave para el establecimiento de un arreglo metropolitano que funcione correctamente. "Área metropolitana", como se define conceptualmente en la constitución u otra legislación de un país, da crédito al concepto y constituye una base para la formación de los arreglos institucionales (en función de las disposiciones legislativas reales). En la mayoría de los países, incluyendo todos los países de Centroamérica, existen disposiciones legales básicas para que los gobiernos locales realicen arreglos de cooperación intermunicipal para hacer frente a sus necesidades de la manera más eficiente. Es necesario que en cualquier plan de gobierno metropolitano se expliquen bien las funciones y responsabilidades de las partes involucradas, en particular si se introduce alguna nueva autoridad. Esto incluye tanto a las responsabilidades de gasto como a las fuentes de ingresos que tendría una nueva entidad. Debe ser comunicada de manera efectiva a los residentes de la zona, para que sepan a quién deben responsabilizar de qué. Si a una agencia metropolitana no se le da *ninguna* autoridad independiente (es decir, que tenga una función meramente consultiva), tiende a existir un riesgo de eficacia limitada.

Mejora de la coordinación entre el gobierno central y los gobiernos locales

La mejora de la coordinación entre el gobierno central y los gobiernos locales es fundamental, pero el alcance y el enfoque dependen del contexto local. Los municipios y agencias del gobierno central trabajan juntos en una multitud de temas, que van desde la planificación espacial y las finanzas municipales, a la prestación de servicios locales compartidos y la respuesta ante emergencias. En algunos sectores, los municipios pueden tener una función de ejecución dentro de un marco regulatorio nacional, con supervisión por parte de un organismo central (por ejemplo, los sectores de salud y educación). Tal como se muestra en la Tabla 0.2, el alcance de las responsabilidades funcionales devueltas por el gobierno central a los gobiernos locales varía de forma significativa entre los países de Centroamérica. Por ello, tanto la necesidad como los enfoques de la coordinación entre los dos niveles de gobierno pueden variar según el país. En Panamá y Costa Rica, donde el gobierno central provee la mayoría de los servicios públicos locales, la coordinación de la planificación espacial (uso de la tierra) es crítica, particularmente en lo relacionado con el transporte y la construcción de viviendas. En Nicaragua y Guatemala, donde los municipios ya gestionan la mayoría de los servicios locales, el énfasis debe estar en las finanzas de la relación vertical (es decir, regímenes impositivos efectivos, así como el sistema de transferencia fiscal intergubernamental, idealmente con base en incentivos a la buena gobernanza local para la recaudación de ingresos y la gestión del gasto).

Los municipios y las agencias del gobierno central deben coordinar sus actividades operacionales para varias funciones. Por ejemplo, trabajos mayores en una calle o carretera local deben ser sincronizados con las entidades responsables de servicios tales como el transporte público, la energía, el agua y las telecomunicaciones. Dependiendo del sector y el país, el contexto es por lo general uno de las siguientes (en algunos sectores, pueden existir más de una de las situaciones):

- *La prestación de servicios a nivel local es compartida entre los gobiernos locales y el gobierno central.* Por ejemplo, funciones tales como la vigilancia, la protección social y las instalaciones culturales. Esto requiere una coordinación permanente, además de claridad sobre las políticas, responsabilidades y reglas.
- *Las agencias del gobierno central llevan a cabo sus responsabilidades dentro de las jurisdicciones municipales.* Esto puede aplicar para a la ejecución de las inversiones de capital y su mantenimiento, así como la prestación de servicios existente. Un ejemplo es el suministro de agua en las ciudades capitales de todos los países de Centroamérica, con excepción de Guatemala (y desde 2015, Honduras). Estas actividades deben llevarse a cabo en coordinación con cualquier función que el gobierno local lleve a cabo en la zona para evitar posibles complicaciones e ineficiencias.
- *Los municipios tienen una función de ejecución dentro de un marco regulatorio nacional,* con supervisión proporcionada por un organismo central (por ejemplo, en los sectores de educación y salud pública). La coordinación en estos casos tiende a incluir el diálogo sobre el desarrollo y cumplimiento de las políticas.

Los países de Centroamérica necesitan foros y procesos permanentes para coordinar la planificación del uso de la tierra con el desarrollo económico y los planes de inversión. Dado que los procesos de planificación en Centroamérica regularmente están encabezados por una administración central o un órgano de gobierno local,[8] la coordinación entre los dos niveles de gobierno es esencial. Cada país de Centroamérica necesita un foro y un proceso permanentes pre-definidos para la coordinación periódica, particularmente de los planes de uso del suelo. Un enfoque similar debe garantizarse para los planes de desarrollo económico, la programación de inversiones de capital, y por sector para el caso del transporte y otros temas de infraestructura en los que intervienen los gobiernos tanto central como locales. Los vehículos existentes, tales como la reunión semanal entre el gobierno central y todos los alcaldes de Nicaragua, y el proceso K'atun en Guatemala, posiblemente puedan servir de base para este efecto.[9]

Notas

1. La Región Autónoma de la Costa Caribe Norte (RACCN) y la Región Autónoma de la Costa Caribe Sur (RACCS) son las dos regiones autónomas de Nicaragua. Panamá cuenta con cinco unidades administrativas semi-autónomas, organizadas como comarcas indígenas, que incluyen Emberá-Wounaan, Kuna Yala, Ngöbe-Buglé, Madugandí y Kuna de Wargandí.

2. EMPAGUA fue creada en 1972 como encargada de la provisión de agua; en 1984 el saneamiento y el alcantarillado fueron añadidos a su mandato. Es propiedad de la Municipalidad de Guatemala. EMPAGUA también brinda servicio a otros municipios de la zona metropolitana.

3. En Honduras, la provisión de estos servicios fue traspasada a las municipalidades en 2015.

4. Los ingresos de los gobiernos locales que se presentan aquí incluyen tanto ingresos propios como transferencias.

5. Sin embargo, en 2013 San José no reflejaba en sus estados financieros ningún gasto por servicio de la deuda. La Ciudad de Panamá solo tiene una cantidad limitada de deuda a largo plazo.

6. Sin embargo, es importante no hacer de esto una "excusa" para retrasar la descentralización de forma indefinida. Por el contrario, con el apoyo del gobierno central, deben llevarse a cabo acciones concretas para aumentar la capacidad local y que permitan a las autoridades locales retener al personal capacitado, mantener los nuevos procesos y aplicar el desarrollo de capacidades de manera continua.

7. Referencia para esta sección: Bahl, Roy W., Johannes F. Linn., and Deborah L. Wetzel, eds. 2013. "Financing Metropolitan Governments in Developing Countries," Lincoln Institute of Land Policy, Cambridge, MA.

8. En algunas áreas metropolitanas, ciertas funciones de planificación significativas son realizadas por una ONG; por ejemplo, en el Área Metropolitana de Nueva York a través de la *Regional Plan Association* (RPA), y en el pasado en la Región del Gran ABC en Sao Paulo.

9. El proceso K'atun 2032 en Guatemala es un marco de planificación multi-nivel que incluye proyectos de inversión priorizados en el que se aplica un enfoque de abajo hacia arriba, y el financiamiento es proporcionado "de arriba hacia abajo" por los Gobernadores regionales.

Referencias

Andersson, M. 2014. *Metropolitan Governance and Finance. Municipal Finances– A Handbook for Local Governments*. Washington, DC: Banco Mundial.

Bahl, R. W., J. F. Linn, y D. L. Wetzel, eds. 2013. *Financing Metropolitan Governments in Developing Countries*. Cambridge, MA: Lincoln Institute of Land Policy.

BID (Banco Interamericano de Desarrollo). 2014. "Plan de Acción: Managua Sostenible." BID.

———. 2016. "Tegucigalpa y Comayagüela: Capital Sostenible, Segura y Abierta al Público." BID.

ICMA (Asociación Internacional de Administración de Ciudades y Condados). 2004. "Situación y Análisis de la Cooperación Intermunicipal en El Salvador." Documento preparado para USAID.

INVU (Instituto Nacional de Vivienda y Urbanismo). 2010. "Plan de Ordenamiento Territorial de la Gran Área Metropolitana." INVU, Costa Rica.

OCDE (Organización para la Cooperación y el Desarrollo Económicos). 2015. *The Metropolitan Century, Understanding Urbanization and its Consequences*. Paris: OECD Publishing.

Samad, T., N. Lozano-Gracia, y A. Panman, eds. 2012. *Colombia Urbanization Review: Amplifying the Gains from the Urban Transition*. Washington, DC: Banco Mundial.

Subsecretaria de Planificación y Ordenamiento Territorial de Segeplan, Secretaría de Planificación y Programación de la Presidencia. 2015. "Ranking de la Gestión Municipal 2013." Guatemala

UNFPA (United Nations Population Fund). 2009. "Escenarios para la Región Metropolitana de Managua al Año 2020." Fondo de Población de las Naciones Unidas, Nicaragua.

CAPÍTULO 3

Hacia ciudades más inclusivas mediante el mejoramiento del acceso a una vivienda adecuada y bien ubicada

Jonas Ingemann Parby y David Ryan Mason

Síntesis

La disponibilidad de vivienda adecuada y bien ubicada es un desafío clave para la región y afecta directamente la competitividad económica, la calidad de vida, el desarrollo humano y la resiliencia urbana. En la actualidad más de una cuarta parte de los residentes de Centroamérica vive en barrios marginados, y una parte significativa de las viviendas se encuentra en zonas de riesgo y sujeta a condiciones de hacinamiento. La proliferación de asentamientos informales y la expansión urbana de baja densidad contribuyen al reducido acceso a servicios de salud y educación, agrava la congestión y disminuye los beneficios económicos de la aglomeración urbana. Una vivienda adecuada y bien ubicada proporciona beneficios sociales y económicos a largo plazo para las ciudades al permitir la inclusión social, la atracción de inversiones y el apoyo al crecimiento sostenible.

Este capítulo se centra en los componentes necesarios para producir y financiar vivienda, llamando la atención sobre las restricciones sectoriales que se pueden abordar para impulsar un modelo más eficiente, inclusivo y sostenible para la provisión de vivienda, que esté integrado con el desarrollo urbano. La sección 1 destaca el papel de la vivienda en el futuro de Centroamérica. La sección 2 presenta un diagnóstico general de la situación de la vivienda en la región. Por su parte, la sección 3 ofrece un enfoque integral de las cadenas de valor para hacer frente a los retos de la vivienda. La sección 4 se adentra en la participación del gobierno en el sector de la vivienda. Por último, la sección 5 identifica prioridades a nivel nacional y de ciudad para aprovechar la vivienda como un catalizador para la prosperidad urbana.

Mensajes clave

- Para mejorar la calidad de la vivienda y su accesibilidad para todos los grupos de ingreso, las políticas de vivienda deben fortalecer el sistema global de provisión de vivienda.
- Las políticas de vivienda deben estar mejor alineadas y coordinadas con los planes de desarrollo nacionales y locales, al igual que con la planificación y gestión del territorio, con el fin de promover ciudades sostenibles e inclusivas.

El papel de la vivienda para el futuro urbano de Centroamérica

Asegurar la disponibilidad de viviendas de calidad ayudará a Centroamérica a maximizar los beneficios de la urbanización. El lugar donde vive la gente en una ciudad está directamente relacionado con la disponibilidad y el acceso que tienen a puestos de trabajo, escuelas, centros de salud y otros servicios públicos que proporcionan las ciudades. Las ciudades de la región se han extendido para dar cabida a la migración y el crecimiento de la población, pero la calidad de las viviendas, especialmente en términos de acceso a la infraestructura, no se ha mantenido al ritmo de esta necesidad. Estas condiciones, junto con el índice de hacinamiento y el establecimiento de nuevos asentamientos en zonas de riesgo, indican que la vivienda de calidad es limitada e inaccesible para los hogares urbanos en situación de pobreza. Como se detalló en el Capítulo 1, la expansión urbana actual en Centroamérica se caracteriza por nuevas viviendas cada vez más lejos de los centros de empleo, lo cual ha elevado el gasto del gobierno para proporcionar conexiones de infraestructura a estos desarrollos. Sin mejoras en la calidad y la asequibilidad de la vivienda, los residentes no aprovecharán el desarrollo económico y humano, ni los beneficios sociales que las ciudades pueden ofrecer.

La inversión en vivienda también juega un papel importante en la promoción del crecimiento económico sostenido e inclusivo. En toda Latinoamérica, la inversión en vivienda representó un promedio de 8.8 por ciento del PIB entre 2001-2011. De acuerdo con datos disponibles para Centroamérica, la oferta de vivienda promedió el 4.6 por ciento del PIB en Honduras y 15.5 por ciento del PIB en Panamá durante este período. A nivel mundial la inversión en vivienda aumenta a la par que el PIB, donde los países en vía de urbanización con ingreso per cápita entre US\$ 3,000 y US\$ 36,000 tienen las tasas más altas de inversión (Dasgupta et al 2014).[1] En la actualidad el ingreso nacional bruto (INB) per cápita en la mayor parte de Centroamérica se encuentran dentro de este rango, lo que sugiere que la inversión en vivienda es un componente importante del crecimiento económico y que al aumentar sus ingresos los hogares tienden a gastar más en vivienda.

El sector de la vivienda también tiene importantes efectos positivos en otras partes de la economía. La inversión en vivienda aumenta la demanda de materiales de construcción, servicios de desarrollo inmobiliario y mano de obra, además de servicios bancarios y otros servicios financieros, lo que estimula el empleo. En El Salvador, el sector de la construcción ha representado el 46 por ciento de la inversión y el 6.7 del empleo generado en la última década (ONU-Hábitat 2014). En Costa Rica, la industria de la construcción creció casi dos veces más rápido (6.4 por ciento) que el resto de la economía (3.5 por ciento) en 2013 (MINVAH 2014). En Panamá, el sector de la construcción genera directa o indirectamente 232,159 empleos, o un 18 por ciento del empleo total (CAPAC 2007).

Aun cuando las ciudades son motores del crecimiento, la urbanización puede contribuir a la concentración de la pobreza en los barrios marginados y los asentamientos informales. El terreno urbano es caro debido a su proximidad a la infraestructura y las oportunidades de empleo, lo que a su vez aumenta el costo de la vivienda. Estos factores, sumados a ingresos bajos e irregulares, limitan los recursos que los hogares tienen disponibles para pagar una vivienda. Como consecuencia, los asentamientos informales surgen como respuesta a la falta de opciones de vivienda asequible, y se caracterizan por deficiencias tales como una estructura no duradera, la falta de tenencia, el hacinamiento y la falta de acceso al agua y el saneamiento. En toda Latinoamérica, el porcentaje de personas que viven en barrios marginados ha disminuido del 35 por ciento en 1990 al 23 por ciento (ONU 2014). Sin embargo, en Centroamérica los datos disponibles sugieren que alrededor del 29 por ciento de los residentes urbanos viven en barrios marginados, cifra cercana a la media global del 32 por ciento, y más alta que en otras regiones como Asia Oriental y Medio Oriente. La Figura 3.1 compara la proporción de residentes urbanos que viven en los barrios marginados con el INB per cápita y sugiere una relación negativa entre la incidencia de barrios marginados y los ingresos.

Las ciudades tienen un papel fundamental que desempeñar para asegurar el acceso a una vivienda asequible y de calidad. Si bien las políticas de vivienda se articulan a nivel nacional, las ciudades son socios clave para contribuir al logro de los objetivos de las políticas. Por ejemplo, las ciudades pueden apoyar los mercados de vivienda mediante el fomento de la densidad y diversidad de usos del suelo, y la proximidad de la vivienda a instalaciones de transporte y conexiones de infraestructura. Con ello no solo mejorarán las opciones de vivienda disponibles para los residentes, sino que también incrementarán el atractivo de la ciudad para nuevas inversiones (como se detalla más adelante en el Capítulo 5). Las ciudades pueden habilitar terrenos subutilizados para la inversión en vivienda, y usar instrumentos de captura de valor del suelo para financiar de manera sostenible la infraestructura básica y los servicios sociales para nuevos desarrollos (como se discutió en el Capítulo 2). Las normas relacionadas con los permisos pueden ser mejoradas para reducir costos e incertidumbre, tanto en desarrolladores de vivienda como en auto-constructores. Una mejor planificación puede permitir que el crecimiento futuro se produzca en las zonas con menor exposición a riesgos de desastres como terremotos e inundaciones (como se presenta en el Capítulo 4).

Figura 3.1 Proporción de la población urbana en barrios marginados (2005-2009) e INB per cápita, 2014

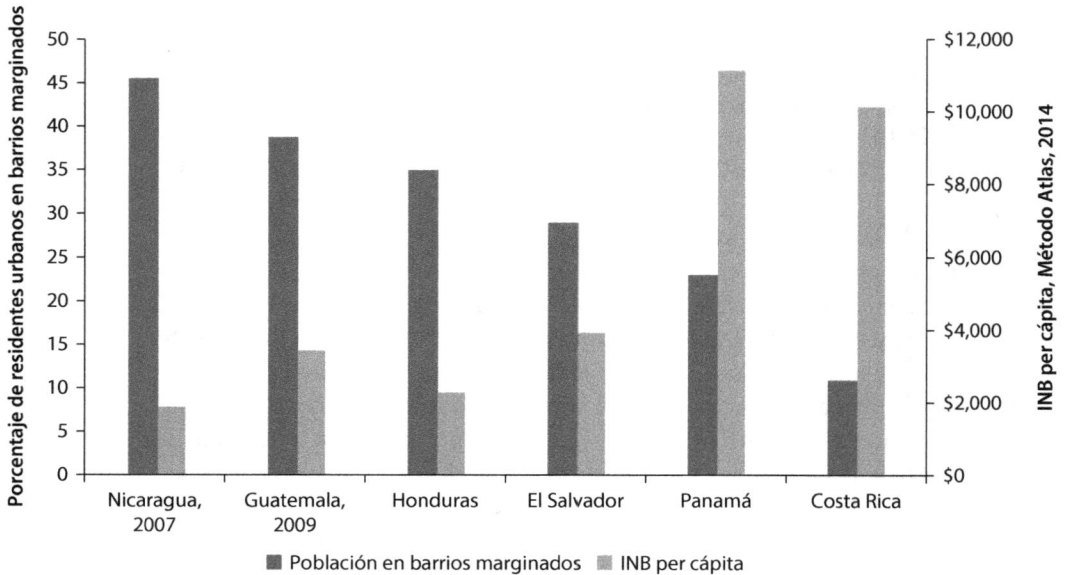

Fuente: Cálculos de ONU-Habitat 2014; Banco Mundial 2015.

Sin embargo, existen varias limitaciones al acceso de vivienda en toda la región. El reto más frecuente es la falta de infraestructura adecuada, especialmente en los asentamientos urbanos informales, lo que resulta en la privación relativa del acceso a los servicios. Esta deficiencia cualitativa es un resultado de (a) la sub-provisión de infraestructura troncal, en particular de los sistemas de drenaje para los nuevos asentamientos, y (b) la incapacidad de los grupos de bajos ingresos para pagar una vivienda formal nueva. En segundo lugar, los subsidios para vivienda no llegan a los grupos más pobres y pueden alentar aún más la expansión urbana, ya que no se alinean con las funciones de planificación a nivel local.

• La falta de planificación y aplicación de la normatividad a nivel municipal ha permitido la expansión de baja densidad hacia zonas donde los costos de la tierra son más bajos, incluyendo terrenos en riesgo de inundaciones, desliza-mientos de tierra o daños por un terremoto. Esta tendencia también se pro-duce dentro del sector formal a través de las intervenciones de subsidios hipotecarios que reducen el precio efectivo de la vivienda, pero que incentivan a los desarrolladores a construir en las zonas periféricas con el fin de reducir los precios unitarios.

• Los subsidios hipotecarios se han dirigido en gran parte a los grupos de ingresos medios y altos, mientras que a menudo los hogares urbanos en situación de pobreza no son elegibles para estos subsidios por su bajo nivel de ahorro formal con los bancos y/o por sus ingresos irregulares o informales.

- Se requiere mejorar la coordinación del sector público para la inversión estratégica al suministro de viviendas. La entrega de viviendas de calidad requiere la coordinación entre los responsables de las políticas locales y nacionales, así como a través de todos los sectores y ministerios involucrados en la infraestructura, las finanzas, los subsidios para la vivienda y la regulación del mercado.

El déficit cualitativo de vivienda es un desafío clave en toda la región. La vivienda informal abarca un rango de condiciones tanto físicas como estructurales, así como de cumplimiento legal y normativo. Los barrios marginados representan una privación extrema de infraestructura, tenencia de la tierra y calidad de la vivienda. Nicaragua concentra el porcentaje más alto de privación cualitativa de vivienda de la región, particularmente en términos de acceso a mejores servicios de agua y saneamiento, en tanto que un tercio de los hogares guatemaltecos viven en condiciones de hacinamiento o en viviendas que se encuentran en zonas de riesgo. La provisión de infraestructura puede mejorar la calidad de la vivienda y apoyar la formalización de los asentamientos de bajos ingresos. Dadas las deficiencias cuantitativas, es necesario ampliar la oferta de vivienda de calidad para aliviar el hacinamiento, y los asentamientos en áreas peligrosas o precarias deben evaluarse para posibles opciones de reasentamiento.

Las políticas también tienden a centrarse en el apoyo a la vivienda propia, pasando por alto soluciones alternativas que podrían abordar un segmento más amplio del mercado. La propiedad de la vivienda es apoyada a través de subsidios hipotecarios para la compra de una casa nueva y terminada. Mientras que los subsidios han incrementado la propiedad de una vivienda, benefician sobre todo a los hogares de clase media que tienen un empleo formal en vez de a los trabajadores de bajos ingresos del sector informal. Otras formas de ampliar el acceso a una vivienda asequible incluyen el mejoramiento de barrios, así como los programas de alquiler.

- La calidad de la vivienda, en términos de déficit de infraestructura, se puede abordar mediante programas de modernización. Los gobiernos nacionales han reconocido la importancia de la modernización y la mejora de los asentamientos informales, pero la necesidad sigue siendo mucho mayor que lo que se ha entregado. Las organizaciones comunitarias y sin fines de lucro, en asociación con los gobiernos locales, también han puesto a prueba ejemplos de mejoramiento de barrios, pero estos proyectos no han alcanzado la escala necesaria al no contar con la participación sostenida de los ministerios clave.

- Los arrendatarios constituyen una proporción significativa de los residentes urbanos, aun cuando las políticas de vivienda no apoyan las mejoras en la calidad y disponibilidad de la oferta formal de vivienda de alquiler, ni el avance del marco normativo que la rige. La vivienda de alquiler es una opción deseable para los nuevos migrantes que no pueden comprar una casa o necesitan flexibilidad para moverse a donde existan nuevas oportunidades de empleo.

Los acuerdos informales de alquiler proporcionan flexibilidad para los inquilinos y propietarios, pero obstaculizan la aplicación de estándares para la vivienda o acuerdos de alquiler justo para las partes.

Buscando el balance: El suministro de vivienda formal e informal

Es claro que en los próximos años crecerá la necesidad de vivienda urbana en la región. El déficit cuantitativo es la cantidad total de viviendas requeridas para satisfacer la necesidad de vivienda con base en las tasas de migración y formación de hogares urbanos, pero que no ha sido satisfecha con la oferta actual de viviendas. Las estimaciones a partir de datos de las Naciones Unidas sobre la migración urbana proyectada y la formación de hogares urbanos sugieren que la necesidad de vivienda será mayor en los próximos quince años, estabilizándose en 2030. Es difícil realizar estimaciones exactas sobre déficits cuantitativos debido a los cambios en las tasas de formación de hogares, que son influenciadas por diferentes factores socioeconómicos. En la actualidad, la producción formal de viviendas es limitada en los países donde la necesidad podría ser más alta; en Guatemala, el país más poblado de la región, la producción anual está entre 20,000 y 30,000 unidades, similar a la de Costa Rica. En Honduras, la producción promedió alrededor de 32,000 unidades por año en el período 2000-2008, cantidad que solo cubrió la nueva demanda, en lugar de ampliar la oferta futura.

Entre el 10 y el 20 por ciento del inventario actual de viviendas en la región se encuentra en zonas de alto riesgo o en hacinamiento. La Tabla 3.1 muestra las estimaciones más recientes de necesidad absoluta basada en el porcentaje de viviendas hacinadas o localizadas en una zona de riesgo, número que representa la proporción de unidades de vivienda que necesitan ser reemplazadas y construidas para satisfacer la necesidad existente. Los países de bajos ingresos, en particular Nicaragua y Guatemala, concentran la mayor parte de la necesidad absoluta de vivienda. Costa Rica tiene la incidencia más baja–menos del 1 por ciento– de hacinamiento o de viviendas situadas en zonas de riesgo.

Tabla 3.1 Inventario de viviendas requerido para reducir el hacinamiento o cubrir las necesidades de reasentamiento

País	Año	Proporción de vivienda en zonas de riesgo (%)	Hogares en condiciones de hacinamiento (%)	Combinado (%)
Costa Rica	2013	0.16	0.25	0.41
El Salvador	2013	4.20	12.50	16.70
Guatemala	2011	10.80	26.50	37.30
Honduras	2013	3.30	4.90	8.20
Nicaragua	2009	3.40	24.50	27.90
Media regional		**4.3**	**13.7**	**18.1**

Fuente: SEDLAC 2015.
Nota: El hacinamiento se define como 3 personas o más por habitación.

Tabla 3.2 Tenencia de la vivienda por país, 2009-2013 (%)

País	Ocupada por el propietario	En alquiler o sin pago de alquiler	Año
Costa Rica	71.9	28.1	2013
El Salvador	70.1	29.9	2013
Guatemala	78.7	21.3	2013
Honduras	80.1	19.9	2013
Nicaragua	83.3	16.7	2009
Panamá	82.6	17.4	2013

Fuente: SEDLAC 2015.

La propiedad de la vivienda es la forma más común de tenencia. La mayoría de los hogares reportan ser dueños de su casa o del terreno en la que está construida (ver Tabla 3.2). A pesar que es menos común alquilar vivienda, los arrendatarios son motivados por varias razones, entre ellas mejor ubicación cerca a los lugares de trabajo, estudiantes que necesitan alojamiento temporal para la universidad, o el alto costo de las hipotecas. A nivel global existe una amplia variación en las tasas de propiedad de la vivienda: en América Latina es de alrededor de 64 por ciento, cifra menor al porcentaje de otras regiones como Asia y Europa del Este.[2] A excepción de Panamá, la mayoría de las personas que alquilan se encuentran en el quintil más bajo de ingresos, y la mayoría de los inquilinos viven en las ciudades en lugar de en las zonas rurales debido a las diferencias en los costos de la vivienda (BID 2011). Sin embargo, en una revisión al mercado de la vivienda de alquiler en Latinoamérica, se muestra que la incidencia del alquiler no disminuye necesariamente a medida que aumentan los ingresos, lo que sugiere que puede haber demanda de vivienda de alquiler en todos los grupos de ingreso (BID 2014).

Se requiere brindar más atención a las condiciones actuales del inventario de vivienda y a las carencias cuantitativas. Es difícil hacer una estimación exacta de los déficits futuros de vivienda de carácter cuantitativo, debido a los datos limitados y los distintos supuestos sobre la formación de hogares, el hacinamiento y la calidad de la vivienda (Monkonnen 2013; Rojas y Medellín 2011).[3] En primer lugar, los déficits cuantitativos suponen una falta de unidades de vivienda de un determinado nivel que a menudo está mal definido o que puede variar de un país a otro. En segundo lugar, las tasas de formación de hogares son propensas a disminuir a medida que aumentan los ingresos, la urbanización continúa y la población envejece, factores que también varían entre países y en el tiempo (Bonvalet y Lelievre 1997).[4] Por último, los déficits cuantitativos no solo deben ser abordados a través de la adición de nuevas unidades formales; otras consideraciones alternativas tales como mejorar el inventario existente o proporcionar opciones para otras formas de tenencia como el alquiler también son críticas. Por otra parte, las deficiencias cualitativas de vivienda, incluyendo la estructura construida, las conexiones a la infraestructura y el hacinamiento pueden abordarse mediante intervenciones específicas, incluido el acceso a la tierra, normas y estándares de planificación, los materiales de construcción y la prestación de servicios públicos. Éstas abarcan tanto a la tenencia como el alquiler de la propiedad y también permiten que diferentes productores de vivienda (autoconstructores, desarrolladores privados) se adapten a necesidades cambiantes, y permiten que los gobiernos dirijan de manera más efectiva los subsidios a los grupos de bajos ingresos.

Las políticas de vivienda en la región son generalmente progresivas, pero las intervenciones no llegan a los grupos de menores ingresos. La mayor parte de los programas gubernamentales de subsidio para la vivienda se centran en la propiedad, mediante el esquema ABC (Ahorro, Bono/subsidio, Crédito) iniciado en Chile durante la década de 1980. Bajo un esquema ABC, los subsidios para la vivienda se asignan por adelantado y se vinculan a una hipoteca, por lo general de un banco comercial, siempre y cuando los beneficiarios cumplan con ciertos criterios de ahorro o de elegibilidad, lo que por lo general significa cubrir un pago inicial mínimo. Si bien este tipo de programas mixtos de financiamiento también podrían ser utilizados para financiar mejoras y ampliaciones de la vivienda, se utilizan con mayor frecuencia para la compra de vivienda nueva. Los subsidios aumentan la asequibilidad para los consumidores y reducen el riesgo para los prestamistas, lo que a su vez crea incentivos para que el sector de la construcción aumente la oferta de nuevas unidades (Bredenoord, Van Lindert, and Smets 2014).

La planificación urbana y la administración territorial son desafíos clave para los gobiernos de las regiones. Como parte de una serie de reformas de descentralización ocurridas durante los años 1980 y 1990 se han brindado más poderes a los gobiernos locales, pero estos tienden a carecer de la capacidad técnica y fiscal para producir y poner en práctica actividades de planificación e inversión en apoyo al crecimiento, tal como se describe en el Capítulo 2. De hecho, durante el período 2002-2005, los gastos totales promedio de los gobiernos locales en Nicaragua, El Salvador, Costa Rica, Panamá y Honduras representaron menos del 10 por ciento de todo el gasto público, en comparación con Brasil (16.6) y Colombia (17.0). A nivel regional, solamente San Salvador y San José tienen un órgano de coordinación encargado de las decisiones de planificación y uso del suelo a nivel metropolitano. Así, los gobiernos locales juegan un papel importante para el desarrollo e implementación de planes adecuados de uso del suelo, en el uso de instrumentos de captura del valor, y en la provisión de infraestructura para asegurar el crecimiento urbano inclusivo.

En Centroamérica, un gran segmento de la vivienda se produce y se consume de manera informal. El término "vivienda informal" se refiere a unidades que no cumplen con los estándares legales que rigen el acceso y el uso formal de terrenos y edificios (ONU-Habitat, 2003). También considera una amplia gama de condiciones de la vivienda que pueden incluir, pero que no corresponden necesariamente, a barrios marginales (véase la Figura 3.2). Incluye formas de tenencia de la tierra que son percibidas, disputadas o inexistentes (ocupantes ilegales), así como unidades de vivienda que se construyen sin financiamiento formal y que no cumplen con los estándares aplicables. Por el contrario, la vivienda formal cumple con los estándares, se consume a través de préstamos hipotecarios o contratos de alquiler, y es

Figura 3.2 Una secuencia de la informalidad en la vivienda

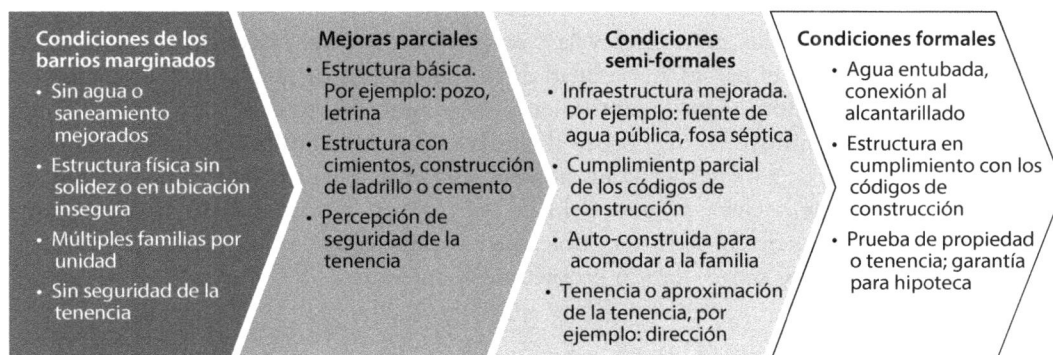

Condiciones de los barrios marginados	Mejoras parciales	Condiciones semi-formales	Condiciones formales
• Sin agua o saneamiento mejorados • Estructura física sin solidez o en ubicación insegura • Múltiples familias por unidad • Sin seguridad de la tenencia	• Estructura básica. Por ejemplo: pozo, letrina • Estructura con cimientos, construcción de ladrillo o cemento • Percepción de seguridad de la tenencia	• Infraestructura mejorada. Por ejemplo: fuente de agua pública, fosa séptica • Cumplimientp parcial de los códigos de construcción • Auto-construida para acomodar a la familia • Tenencia o aproximación de la tenencia, por ejemplo: dirección	• Agua entubada, conexión al alcantarillado • Estructura en cumplimiento con los códigos de construcción • Prueba de propiedad o tenencia; garantía para hipoteca

Fuente: Banco Mundial.

construida y mantenida por un sector especializado en la construcción. La experiencia internacional ha demostrado que la calidad y la seguridad de las viviendas informales se pueden mejorar con el tiempo a través de la inversión privada, la mejora de la infraestructura, la regularización de la tenencia, así como con estándares de construcción y de planificación flexibles (Bredenoord, Van Lindert, and Smets 2014; Fergusson y Smets 2010).

La vivienda informal es especialmente importante en las zonas en proceso de urbanización de los países de bajos ingresos. En casi todos los países, un tercio o más de los hogares urbanos no tienen acceso a inodoros o instalaciones sanitarias. En El Salvador, el 64 por ciento de las casas fueron construidas progresivamente y el 34 por ciento de los hogares pobres reportan inversiones incrementales en mejoras para su hogar (ONU-Habitat 2014). Aproximadamente el 80 por ciento de las unidades de vivienda en Nicaragua se encuentran en algún grado de informalidad. En Guatemala, el 39 por ciento de las viviendas no tiene permisos, y de ellas las tres cuartas partes están construidas y ocupadas por quienes no poseen la tenencia, son ocupantes ilegales en terrenos públicos o viven en lugares peligrosos, tales como laderas o zonas propensas a las inundaciones. Una estimación reciente en Panamá identifica un total de 450 asentamientos informales que albergan a aproximadamente 185,000 personas, casi dos tercios viven en Ciudad de Panamá y el resto en otras ciudades de tamaño medio (BID 2008). Del mismo modo, en Costa Rica la mayoría de los asentamientos informales se encuentran en terrenos públicos que poseen los gobiernos de las ciudades y en los alrededores del área metropolitana de San José.

La falta de una vivienda adecuada resulta de una combinación de bajos ingresos y debilidades en los sistemas de suministro de viviendas. La informalidad habitacional se refiere a una amplia gama de condiciones de la vivienda y es producto de los sistemas a través de los cuales funcionan los insumos (tierra, materiales, mano de obra y financiamiento). El terreno es un componente importante de la vivienda (alrededor del 20 por ciento o más de los costos totales) y la función del mercado de tierras, junto con los reglamentos y derechos otorgados a los propietarios, son fundamentales para las decisiones de inversión. El costo de los materiales y la calidad del sector de la construcción también influyen en el precio y la calidad de la vivienda. La disponibilidad de una mejor infraestructura (agua y saneamiento), así como de escuelas y centros de salud, también influye en los precios de la vivienda y conlleva beneficios clave a largo plazo para el bienestar de los hogares. Por último, las opciones para el financiamiento de la vivienda tanto del lado del consumidor como del constructor, también influyen en el precio, ubicación y calidad de las viviendas que pueden construir los promotores o propietarios-ocupantes.

Empezando desde la base: Las cadenas de valor de la vivienda

La vivienda es el producto de un complejo conjunto de cadenas de valor de oferta y demanda que influyen directamente en la calidad y la disponibilidad. Ya sea que la vivienda se produzca a través de canales formales o informales, siempre requiere los mismos insumos (tierra, materiales de construcción, infraestructura y financiamiento). En Centroamérica, los costos y la calidad de la vivienda varían ampliamente. Un enfoque de cadenas de valor ayuda a los responsables de la política y a las partes interesadas a entender mejor los vínculos específicos de la cadena y su influencia en el suministro de vivienda dentro del contexto de los distintos países. Esto mejorará y coordinará las reformas de política para el incrementar el acceso a una vivienda de calidad, sobre todo para los hogares en situación de pobreza quienes enfrentan los mayores desafíos para encontrar opciones de vivienda adecuadas.

El enfoque de cadenas de valor resalta el proceso de suministro de vivienda (tanto del lado de la oferta como de la demanda) e identifica las áreas clave de mejora que deben ser atendidas por las políticas, poniendo de relieve los vínculos entre los insumos de la oferta y de la demanda. La cadena de valor de la oferta consiste en insumos clave como la tierra, la infraestructura y la construcción. La cadena de la demanda consiste en las opciones de financiamiento disponibles tanto para los desarrolladores como para los consumidores de vivienda. Un sistema de suministro de vivienda formal es complejo y requiere contar con una secuencia integrada de insumos (por ejemplo, tierra, materiales e infraestructura), junto con las capacidades regulatorias, institucionales y financieras necesarias para apoyarlos. La Figura 3.3 resume las relaciones conceptuales para el suministro de vivienda formal, incluidos los eslabones de las dos cadenas en los que pueden reforzarse mutuamente los vínculos entre la oferta y la demanda.

Insumos como la tierra, la infraestructura, el diseño y la construcción se mueven en paralelo a un conjunto de insumos de la demanda relacionados con el financiamiento de la vivienda. El lado de la oferta supone que los mercados inmobiliarios y de tierras se encuentran activos y extendidos, que la propiedad legal es clara y respetada, y que la información sobre los precios es

Figura 3.3 Cadenas de valor de la oferta y de la demanda para el suministro de vivienda formal

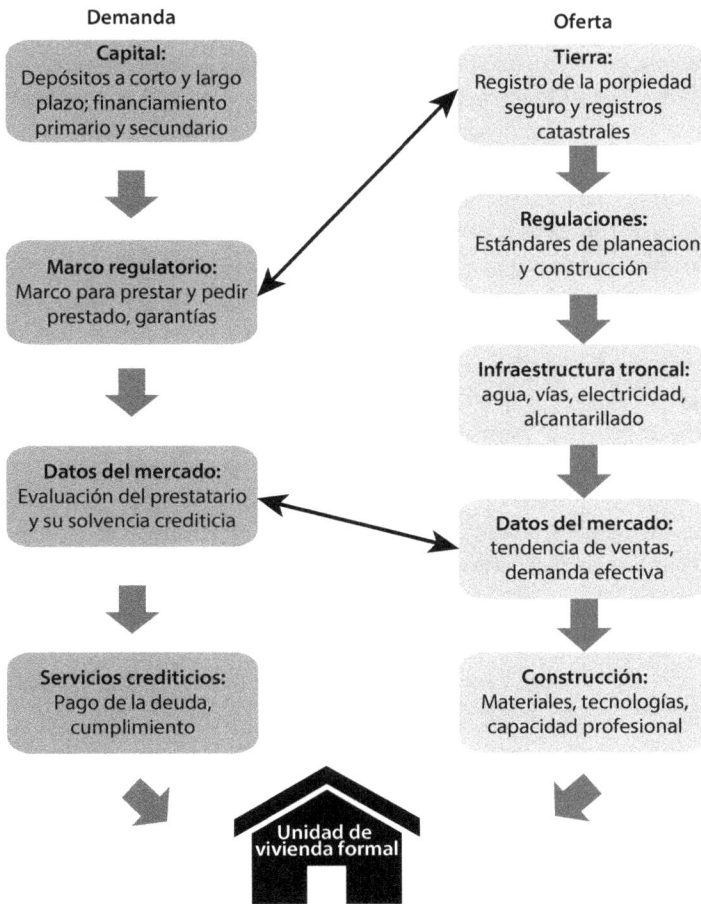

Demanda

Capital:
Depósitos a corto y largo plazo; financiamiento primario y secundario

Marco regulatorio:
Marco para prestar y pedir prestado, garantías

Datos del mercado:
Evaluación del prestatario y su solvencia crediticia

Servicios crediticios:
Pago de la deuda, cumplimiento

Oferta

Tierra:
Registro de la porpiedad seguro y registros catastrales

Regulaciones:
Estándares de planeacion y construcción

Infraestructura troncal:
agua, vías, electricidad, alcantarillado

Datos del mercado:
tendencia de ventas, demanda efectiva

Construcción:
Materiales, tecnologías, capacidad profesional

Unidad de vivienda formal

ampliamente conocida. Además, también se requiere que un conjunto razonable de estándares de construcción, planificación e infraestructura al que se adhieran las actividades de desarrollo privadas, sea apoyado por los gobiernos. Por el lado de la demanda, las empresas constructoras también deben tener acceso a grandes cantidades de capital de los bancos con el fin de concentrar terrenos, completar los proyectos de vivienda y venderlos a los consumidores a través de productos hipotecarios. Para que los bancos puedan crear hipotecas, deben tener acceso a fuentes de capital a largo plazo y ser apoyados por un sistema de regulación financiera adecuado. El Recuadro 3.1 presenta la metodología y las fuentes de datos usadas en el capítulo.

Recuadro 3.1 Metodología y fuentes de datos

Este capítulo se basa en una revisión a fondo de las investigaciones existentes, en los datos de las encuestas nacionales de hogares de la Base de Datos Socioeconómicos para América Latina y el Caribe (SEDLAC) y en dos estudios de casos a profundidad. Por desgracia, los datos de vivienda de este conjunto no cubren totalmente a Panamá, país que no está incluido en algunas secciones del análisis, aunque los datos descriptivos actuales se suministran cuando están disponibles. También desarrolla dos estudios de casos de países (Nicaragua y Costa Rica) con base en datos obtenidos a través de entrevistas con el gobierno, el sector privado, las organizaciones sin fines de lucro y grupos de la sociedad civil que participan en el sector de la vivienda. Los casos fueron seleccionados para examinar las diferencias en las políticas y las necesidades de vivienda entre dos países con diferentes niveles de pobreza y cifras de INB per cápita, pero con una frontera común.[a]

Sin embargo, a lo largo de Centroamericana los datos disponibles no reflejan la gama y la escala completas del sector de la vivienda, lo que hace difícil comparar las tendencias y las necesidades regionales. Los datos sobre la actividad del mercado inmobiliario, en particular sobre la construcción de nuevas viviendas, precios, volúmenes de ventas, y los números sobre alquiler, propiedad u otros arreglos de tenencia, son limitados. En las zonas más pobres, la vivienda se consume en gran parte de manera informal, lo que dificulta el análisis y el balance de los resultados.

a. Para Nicaragua, el INB per cápita es de US$ 1,850 (2014), con el 42.5 por ciento de la población por debajo del umbral de pobreza nacional (2009). El INB per cápita de Costa Rica es de US$ 10,124 (2014) con una tasa nacional de pobreza del 22.4 por ciento (2014). En 2009, el año más reciente en que se dispone de datos comparables, el 10.8 por ciento de la población de Nicaragua estaba por debajo del umbral internacional de pobreza de US$ 1.90, mientras que en Costa Rica el 3.3 por ciento se encontraba por debajo de esta línea.

Estándares sobre la tierra, la propiedad y la planificación

Las responsabilidades de administración de la tierra están fragmentadas entre los niveles de gobierno y a través de diferentes ministerios.[5] Las políticas de administración de la tierra establecen los derechos y protección otorgados a la circulación y el desarrollo de la propiedad, y tienen consecuencias directas en los niveles de inversión y acceso a la vivienda. La inversión en vivienda, ya sea por parte de los desarrolladores formales o de los auto-constructores, será menos probable si los derechos de propiedad son limitados, impugnables o poco claros (Payne 2005). La disminución de la inversión puede reducir la cantidad y calidad de las viviendas. Por otra parte, los sistemas de gestión de la tierra, incluyendo mapas y bases de datos de registro suelen estar incompletos (El Salvador) y no estar fácilmente disponibles para el público (Honduras, Guatemala) (Banco Mundial 2014c; 2015). Esto reduce los incentivos para la inversión porque la información sobre disponibilidad de la propiedad es difícil de obtener y verificar, lo que desalienta el uso de las propiedades como garantía para la expedición de hipotecas o el financiamiento del desarrollo.

A nivel subnacional, las prácticas de registro de la propiedad tienden a ser constantes en términos de tiempo, costos y procedimientos. Esto es de esperarse dado que las políticas de administración de la tierra, tales como el registro de la propiedad, son dictadas a nivel nacional. La facilidad de registro de la propiedad influye en el costo y el interés en la inversión inmobiliaria. Procedimientos de registro fiables y eficientes pueden estimular la inversión o el uso de la propiedad como garantía la adquisición de la vivienda y/u otro tipo de desarrollo privado. La Tabla 3.3 resume los rankings subnacionales en la región en relación con el registro de propiedades.[6] Demuestra que los procedimientos de registro a nivel de ciudad son, en gran medida, un espejo de los patrones a nivel de país. Sin embargo, puede haber una gran variación en el tiempo requerido; el registro en Choluteca toma tres veces más tiempo que en otras ciudades hondureñas. Además, con excepción de Tegucigalpa y Managua, las ciudades capitales suelen tener un ranking más alto, con un menor número de procedimientos (5-6) y de tiempo requerido para la obtención del registro (aproximadamente una semana).

La falta de un marco de planificación urbana estratégica fomenta la expansión de baja densidad, además, el bajo costo de la tierra en la periferia urbana fomenta tanto el desarrollo formal como informal de la vivienda. Sin embargo, este tipo de crecimiento impone cargas adicionales sobre las redes de transporte al incrementarse los tiempos de traslado al distrito de negocios. También aumenta

Tabla 3.3 Procedimientos, tiempo y costos para registrar una propiedad, nivel subnacional, 2015

Ciudad (País)	Ranking	Procedimientos (número)	Tiempo (días)	Costo (% del valor de la propiedad)
San José (Costa Rica)	1	5	19	3.4
San Salvador (El Salvador)	2	5	31	3.8
Panamá (Panamá)	3	7	22.5	2.4
Quetzaltenango (Guatemala)	4	6	25	3.6
Escuintla (Guatemala)	5	6	24	3.8
Guatemala (Guatemala)	5	6	24	3.8
Cobán (Guatemala)	7	6	25	3.8
San Miguel (El Salvador)	8	6	21	4.1
Santa Ana (El Salvador)	9	6	23	4.1
Soyapango (El Salvador)	10	6	30	4.2
Puerto Cortés (Honduras)	11	6	25	4.7
San Pedro Sula (Honduras)	12	6	27	4.7
Tegucigalpa (Honduras)	13	6	22	5.7
Choluteca (Honduras)	17	6	66	4.7
Estelí (Nicaragua)	18	8	54	3.9
Managua (Nicaragua)	20	9	58	5
Juigalpa (Nicaragua)	21	9	73	4.2
León (Nicaragua)	22	10	62	4.4

Fuente: Banco Mundial 2014a.

el costo marginal para los gobiernos de proporcionar una red de infraestructura en estas áreas. En San José, un estudio encontró que la densidad de población en el área urbana de la región metropolitana entre 1997 y 2010 aumentó ligeramente de 71.4 a 75.3 personas por hectárea. Sin embargo, en términos comparativos, es todavía más dispersa que la mayoría de las ciudades grandes de Latinoamérica, debido en parte a la consolidación de asentamientos desiguales desde sus orígenes (Pujol-Mesalles y Pérez 2013). Entre 1990 y 2000, la densidad de población (en términos de personas por hectárea) en las zonas urbanizadas, tanto de Ciudad de Guatemala como en San Salvador ha disminuido un 7 por ciento y 2 por ciento respectivamente, número que, aunque modesto en comparación con la mayoría de las ciudades grandes en los países en desarrollo, sugiere una tendencia a la dispersión de la población (Angel et al. 2010).

La regulación sobre los tipos de materiales de construcción, los permisos de construcción, el tamaño mínimo de los lotes, y los requisitos de densidad pueden aumentar innecesariamente el costo de la construcción mediante la imposición de costos adicionales para los desarrolladores para cumplir con las normas. Un estudio reciente en San Salvador encontró que, entre los hogares que no tienen recursos para una vivienda, el 20 por ciento identifica el requisito de tamaño mínimo del lote (60 m^2) como el principal impedimento (BID 2012b). En Nicaragua, por ejemplo, las normas de planificación y construcción son a menudo ignoradas por los constructores informales y las ciudades más pequeñas carecen de la capacidad técnica para revisar los proyectos y asegurar su cumplimiento. Las regulaciones también pueden ser incompatibles con los principios de uso eficiente de la tierra; las áreas centrales de la ciudad de Managua y San José, por ejemplo, tienden a tener lotes extensos y edificios de dos pisos o menos, y la falta de jerarquías de las calles, empeora la circulación y aumenta los costos de la vivienda.

Sin la aplicación de planes existentes o la coordinación con los proveedores de servicios públicos, los gobiernos locales tienen pocas herramientas para dirigir el crecimiento urbano, capturar el valor de suelo o fomentar el desarrollo concentrado en zonas que se pueden conectar a la infraestructura. Por el contrario, la falta de suelo urbano disponible, junto con el aumento de los costos por la congestión (en términos de tiempos de traslado, degradación del medio ambiente, etc.), fomentan nuevos desarrollos en zonas marginales debido al bajo costo de la tierra. La expectativa es que las conexiones de infraestructura y transporte sigan a estas inversiones, pero los recursos para las inversiones públicas necesarias pueden estar ausentes durante años. A excepción de Costa Rica, la planificación a nivel local en la región a menudo está desconectada de planes a nivel regional o nacional, o se carece de objetivos estratégicos a mediano o largo plazo. Por ejemplo, los asuntos relacionados con el desarrollo del suelo urbano en Guatemala son abordados por varias agencias, incluyendo la Secretaría de Planificación y Programación de la Presidencia de la República (Segeplán), el Instituto de Fomento Municipal (INFOM) y el Ministerio de Comunicaciones, que puede tener objetivos y prioridades superpuestos o que compiten entre sí (Banco Mundial 2015). El Recuadro 3.2 revisa la experiencia de Colombia con un marco legal que proporciona a los municipios mecanismos para aprovechar el crecimiento urbano para financiar la infraestructura pública, mientras que las ciudades crecen. Esto permite a los gobiernos locales, a proveedores de servicios y a desarrolladores coordinar las prioridades de inversión.

Los pasos necesarios para la obtención de permisos de construcción pueden incrementar considerablemente los costos y el tiempo necesario para completar nuevas construcciones. Esto puede desalentar la inversión y el pleno cumplimiento de las normas. Sin embargo, en los diferentes países hay una variación sustancial en el tiempo y el costo de estas actividades reguladoras. La Tabla 3.4 detalla ciertos indicadores subnacionales sobre la facilidad de obtención de permisos de construcción para una bodega. Esta información se puede utilizar para evaluar las capacidades de gestión de permisos y de regulación,[7] que también son intensivas en tierra e infraestructura.

Recuadro 3.2 Colombia: Herramientas para la vinculación de la planificación con el financiamiento de la infraestructura

La Ley 388 de Desarrollo Territorial de Colombia (aprobada en 1997) proporciona una base sólida para mejorar la planificación de la inversión en infraestructura en todo el país. La ley proporciona un marco para el desarrollo de planes territoriales y sectoriales coordinados para los municipios y también permite que estas entidades puedan planificar a nivel de barrio a través de zonas de superposición con un énfasis en el diseño urbano y el uso del suelo. Hasta la fecha, más de 90 por ciento de las ciudades han completado planes locales. La ley también establece que las acciones públicas que mejoren el suelo urbano (por ejemplo, cambios de zonificación y el aumento de la densidad) también permitan a los gobiernos locales captar una parte (30-50 por ciento) del incremento resultante en el valor de mercado del suelo (plusvalías). Estas ganancias pueden ser utilizadas para compensar los costos de la infraestructura para dar servicio a las nuevas zonas designadas para el desarrollo. La ley también ofrece otras herramientas para la captura de valor de la tierra, como la subasta de tierras públicas subutilizadas y la reasignación de tierras.

Medellín, en particular, ha experimentado con mecanismos para el uso común/reasignación de tierras tanto para mejorar la densidad, como para reurbanizar espacios vacantes o abandonados y proporcionar viviendas de calidad (Smolka 2013). El uso común/reasignación de tierras es también una opción para que las ciudades colombianas suministren infraestructura a los asentamientos informales minimizando a la vez el desplazamiento de residentes y los gastos gubernamentales. Bajo un enfoque de reasignación de tierras, los residentes permiten la redistribución de sus parcelas, siempre que una parte de cada parcela se agrupe para crear corredores de infraestructura y servicios comunitarios. Los gobiernos pagan los costos iniciales de la infraestructura, pero los pueden recuperar a través de la venta de tierras sobrantes. Aunque los residentes reciben una parcela más pequeña, su valor se incrementa debido a las mejoras en la infraestructura.

Tabla 3.4 Obtención de permisos de construcción, ciudades seleccionadas, 2015

Ciudad (País)	Ranking	Procedimientos (número)	Tiempo (días)	Costo (% del valor)
León (Nicaragua)	1	11	62	2
San Pedro Sula (Honduras)	2	9	68	4.8
Puerto Cortés (Honduras)	3	14	32	3.2
Estelí (Nicaragua)	4	16	41	2
San José (Costa Rica)	5	13	113	1.7
Panamá (Panamá)	6	15	101	2.1
Santa Ana (El Salvador)	8	15	132	3.1
Juigalpa (Nicaragua)	9	14	70	7.6
Tegucigalpa (Honduras)	12	15	82	7.2
Guatemala (Guatemala)	13	11	158	7.9
San Miguel (El Salvador)	14	18	144	3.7
Managua (Nicaragua)	15	16	207	2.7
Soyapango (El Salvador)	16	17	163	5.6
Quetzaltenango (Guatemala)	17	15	210	5.2
San Salvador (El Salvador)	19	25	115	4.6
Choluteca (Honduras)	20	13	100	17.6
Cobán (Guatemala)	21	22	133	9.5
Escuintla (Guatemala)	22	18	196	14.1

Fuente: Banco Mundial 2014a.

Los resultados sugieren una gran variabilidad en las normas y procedimientos de revisión empleados en el ámbito local. Por ejemplo, mientras que León (Nicaragua) ocupa la posición más baja en el registro de propiedades, emite permisos de construcción tres veces más rápido que Managua y por cerca de un cuarto del costo que Juigalpa. Las ciudades de Guatemala se sitúan en los últimos lugares del ranking regional, con tiempos de aprobación de más de 130 días y costos de hasta el 14 por ciento del valor del proyecto. En Costa Rica, por ejemplo, los nuevos desarrollos de vivienda pueden tardar entre 3 y 4 años para completarse, con la revisión de los permisos representando entre 7.4 a 13.9 por ciento del costo del proyecto. En El Salvador, los nuevos desarrollos de vivienda pueden tardar en completarse hasta 850 días (y los permisos representar hasta el 3.5 por ciento del valor total del proyecto), dependiendo del tamaño del proyecto y las instituciones implicadas (ONU-Habitat 2014).

Conexión de la vivienda a la infraestructura

La infraestructura es un determinante importante de la calidad de la vivienda, aunque su acceso está limitado especialmente para los hogares urbanos en situación de pobreza. La infraestructura, tanto en términos de conexiones troncales de servicios públicos como de otros servicios básicos como la salud, la educación y la seguridad pública, es un determinante importante del valor de la vivienda y de la calidad de vida. Por ejemplo, inversiones dirigidas en materia de agua y saneamiento tienen efectos demostrables en la mejora de los ingresos y de los índices de alfabetismo, al tiempo que reducen los gastos de los hogares en servicios de salud (Barnejee y Duflo 2012). Sin embargo, las inversiones en infraestructura son grandes e intensivas en capital, especialmente cuando son proporcionadas de manera posterior al asentamiento de las viviendas. Un estudio de mejora de barrios marginales en Brasil encontró que la mejora de la infraestructura básica es 2.5 veces más costosa si estas inversiones se realizan después de iniciado el desarrollo (Abiko et al. 2007). Esto pone de relieve la necesidad de coordinar las inversiones en planificación e infraestructura antes de apoyar el desarrollo de nuevas viviendas.

El acceso a saneamiento es la privación de infraestructura más crítica para los hogares urbanos de la región. El acceso a la electricidad es casi universal en toda la región, y para la mayoría de los países se aproxima o es igual a los promedios de Latinoamérica. El acceso al agua potable, especialmente en las zonas urbanas, también se aproxima a los promedios regionales. Sin embargo, los sistemas de saneamiento, especialmente el alcantarillado, están ausentes para una parte sustancial de la población urbana, incluso en países más ricos como Costa Rica. La Tabla 3.5 muestra el porcentaje de hogares con cobertura de infraestructura tanto en las zonas urbanas como en las rurales. La Figura 3.4 presenta la cobertura de la infraestructura para el 40 por ciento más pobre de la población urbana. Demuestra que, mientras que la mayoría tiene acceso al agua potable a niveles que se aproximan a las medias urbanas, la mayoría de los hogares pobres no tienen instalaciones sanitarias y conexiones al sistema de alcantarillado. En Nicaragua, los hogares urbanos en situación de pobreza tienen aproximadamente la mitad del nivel de cobertura, en Guatemala y El Salvador es 20 por ciento menor que el promedio para todos los hogares urbanos. Los sistemas de saneamiento, particularmente las redes cerradas de alcantarillado, reducen la incidencia de la contaminación y la exposición a enfermedades transmisibles. Las aguas residuales desatendidas o no tratadas pueden filtrarse hacia las aguas subterráneas, los ríos o los excedentes de aguas fluviales.

Tabla 3.5 Porcentaje de hogares con cobertura de infraestructura, 2013

Geografía	Agua		Instalaciones sanitarias higiénicas			Drenaje		Electricidad	
	Urbano	Rural	Urbano	Inodoro en la vivienda	Rural	Urbano	Rural	Urbano	Rural
Costa Rica	99.9%	97.9%	99.5%	99.3%	94.4%	34.0%	8.2%	100.0%	99.1%
El Salvador	85.0%	56.7%	71.2%	72.2%	15.3%	57.6%	0.8%	97.9%	90.6%
Guatemala	90.0%	57.3%	74.8%	77.1%	15.3%	69.5%	7.7%	95.0%	71.6%
Honduras	96.6%	77.2%	73.5%	73.5%	23.3%	60.9%	4.5%	99.0%	74.9%
Nicaragua	89.8%	25.3%	46.1%	47.8%	2.6%	35.3%	0.3%	98.0%	45.0%
Región ALC	*94.4%*	*68.9%*	*84.8%*	–	*45.2%*	*62.1%*	*8.1%*	*99.1%*	*85.5%*

Fuente: Cálculos de los autores con base en SEDLAC 2015.
Nota: Los datos de Panamá no están disponibles. ALC = América Latina y el Caribe.

Figura 3.4 Cobertura de la infraestructura urbana para los quintiles de ingreso más bajos, 2009-2013

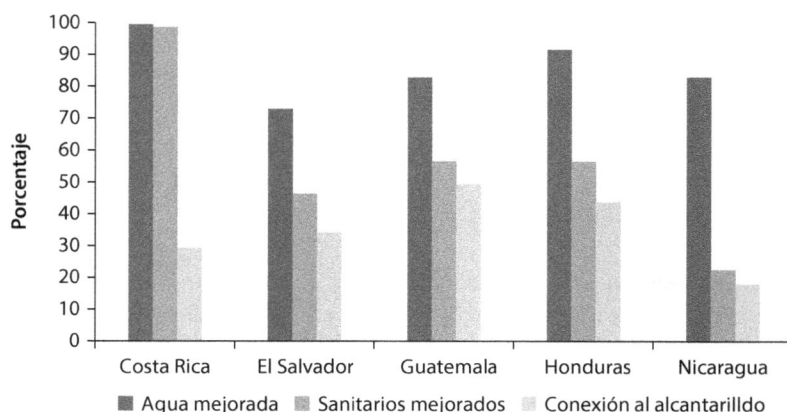

Fuente: Cálculos de los autores con base en SEDLAC 2015.
Nota: Los datos para Nicaragua son a partir de 2009, para todos los demás a partir de 2013.

La falta de conexiones a la infraestructura troncal es un reflejo de las deficiencias en la planificación y coordinación. Esto afecta tanto a los nuevos desarrollos formales, como a la auto-construcción progresiva de vivienda propia. El desarrollo de la vivienda debe proceder de acuerdo con la planificación y la prestación de infraestructura, pero en el caso de los asentamientos irregulares la infraestructura llega posteriormente. Sin embargo, el acceso a la infraestructura sigue siendo un obstáculo incluso para los desarrolladores formales. En Nicaragua, por ejemplo, los desarrolladores privados citan la falta de financiamiento y capacidad técnica de los proveedores estatales de servicios públicos como un impedimento importante para la provisión de infraestructura a los nuevos desarrollos, junto con la capacidad limitada de captación de ingresos de los gobiernos locales con el fin de extender los servicios municipales a los desarrollos de reciente construcción (urbanizaciones).

La inversión en infraestructura también tiene profundos impactos sobre los mercados de tierras urbanas. Los compromisos para extender la infraestructura o la publicación de los planes de desarrollo pueden propiciar el desarrollo inmobiliario especulativo para capturar el valor mejorado de mercado que traerán estos servicios. En ciudades seleccionadas de Latinoamérica, el suelo urbano con servicios vale cinco veces más que el suelo urbano sin servicios (en San Salvador, el valor es 2.6 veces mayor) (BID 2011, 148). Este costo se refleja en el valor de mercado de las unidades de vivienda, lo que reduce la asequibilidad para los grupos de menores ingresos. La extensión retroactiva de las conexiones de estas áreas a la red de infraestructura puede ser perjudicial para los residentes e incluso más cara para los gobiernos debido a la construcción adicional y los posibles costos de reasentamiento. La disminución del acceso a los servicios resalta la importancia de establecer los derechos de vía adecuados y priorizar la expansión de infraestructura durante el crecimiento urbano que experimenta Centroamérica. También subraya la importancia del vínculo entre la seguridad de la tenencia y una infraestructura fiable, ya que es poco probable que la mayoría de los servicios básicos se extiendan a áreas donde las personas pueden no tener seguridad de la tenencia o la capacidad para pagar por estos servicios. La extensión de estos servicios puede ser vista como una señal de-facto de la formalización y por ende, alentar la especulación sobre el suelo y el desplazamiento.

Materiales y mano de obra

El sector de la construcción es un motor económico importante en toda la región. En la mayoría de los países la industria de la construcción ha crecido de forma constante, probablemente debido en parte a las políticas que fomentan la construcción de viviendas nuevas a través de subsidios hipotecarios (o en el caso de Panamá, que proporcionan exenciones fiscales temporales), sumadas al crecimiento en los mercados residenciales de alto valor y la afluencia de las remesas para el consumo.[8] En El Salvador, desde 2004, alrededor del seis por ciento de la población activa se dedica a trabajos de construcción, pero de éstos el 84 por ciento se desenvuelve en el sector informal (ONU-Habitat 2014). La construcción formal e informal atrae al mismo grupo laboral y en los países de ingresos más bajos, como Nicaragua, los trabajadores de la construcción, ingenieros y arquitectos tienden a buscar empleos mejor pagados, ya sea a nivel nacional en los proyectos hoteleros de lujo o en el extranjero (como Panamá o Costa Rica) donde los salarios por el mismo trabajo son más altos.

Las nuevas unidades de vivienda formales están dirigidas a grupos de ingresos medios y medios bajos con acceso a financiamiento. El costo más bajo para una vivienda formal proporcionada por los desarrolladores oscila entre US$ 12,000 y US$ 25,000 en la región.[9] Fuera de Managua, por ejemplo, los nuevos desarrollos localizados en subdivisiones dentro de zonas marginales ofrecen unidades de vivienda a partir de US$ 18,000 (por 38 m^2) y hasta más de US$ 60,000 para las unidades más grandes. En El Salvador, dichas unidades básicas comienzan en US$ 28,500 (ONU-Habitat 2014).[10] Si bien estas unidades permiten ampliaciones, su estructura no soporta la adición de un piso adicional. En contraste, en Managua, las casas ya existentes generalmente cuestan al menos US$ 50,000 debido a la prima de ubicación que ofrecen. Esto reduce la tendencia de las casas más antiguas a filtrarse con el tiempo hacia los grupos de menores ingresos e incluso sus precios suelen dejar a los grupos de ingresos más bajos fuera del mercado. Por otra parte, los programas de subsidios hipotecarios a los consumidores crean incentivos para que los desarrolladores suministren nuevas viviendas y los precios se reduzcan con el fin de ubicarse dentro de los criterios de elegibilidad, a menudo mediante la compra y subdivisión de terrenos periféricos de bajo costo.

Las organizaciones sin fines de lucro y los grupos comunitarios se han asociado con los gobiernos en programas de adquisición y mejoramiento de la vivienda. Los proveedores sin fines de lucro que apoyan la auto-construcción pueden ayudar a mejorar la calidad de la vivienda por menos del costo de una vivienda nueva. En El Salvador, FUNDASAL fue pionera en un enfoque que más tarde fue adoptado por los gobiernos y las ONG en los países vecinos (véase el Recuadro 3.3). Con la asistencia de donantes a partir de la década de 1980, Costa Rica, El Salvador, Nicaragua, Guatemala y Honduras establecieron organizaciones de desarrollo de vivienda que proporcionan asistencia técnica y actúan como organismos financieros de segundo nivel para los bancos, las IMF y cooperativas (Stein y Vance 2008). *Habitat for Humanity*, un desarrollador sin fines de lucro, ofrece unidades de vivienda de auto-ayuda de 40 m² para familias en las ciudades más pequeñas y en la periferia urbana de Managua por un costo de alrededor de US$ 175-200 por m² (sin incluir el costo del terreno y de las conexiones a la infraestructura).[11] Dichas unidades se basan en diseños prefabricados que utilizan un suelo de concreto, paredes de ladrillo y paneles corrugados de zinc para el techo.

En Centroamérica la mayoría de los materiales básicos de construcción son de origen local y no son un impedimento importante para la asequibilidad. Los ladrillos de cemento son el material de construcción más común y se fabrican a nivel local o son distribuidos por grandes proveedores como Cemex y Holcim.[12] Los materiales importados incluyen acero, cerámica y muebles. La piedra de

---

Recuadro 3.3 Mejoramiento de los barrios marginados: El caso de FUNDASAL en El Salvador

FUNDASAL (Fundación Salvadoreña de Desarrollo y Vivienda Mínima) es una ONG que se creó en 1968 para hacer frente a las necesidades de vivienda tras el daño causado por las inundaciones en San Salvador. La organización experimentó con proyectos piloto para el financiamiento y la mejora de barrios de bajos ingresos a través de la organización de los residentes y el acceso a terrenos habilitados para permitir la auto-construcción incremental de vivienda. En 1974 obtuvo un préstamo del Banco Mundial para ampliar el programa a escala nacional, beneficiando a 12,000 hogares a lo largo de nueve años. Desde su creación, y con el apoyo del Banco Mundial y los organismos donantes europeos, la organización ha financiado la construcción y mejora de 44,868 viviendas, beneficiando a 267,650 personas.

Más recientemente, FUNDASAL ha desarrollado un programa de microfinanciamiento (Credihábitat) para mejoras a la vivienda dirigido a los trabajadores de bajos ingresos y del sector informal que realizan actividades empresariales desde su hogar. Los préstamos se utilizan para la compra de vivienda, la construcción incremental y la adquisición o regularización de terrenos. FUNDASAL proporciona asistencia técnica, incluida la planificación del sitio, y diseña y vende con un descuento los materiales para la construcción a ser utilizados. El caso demuestra la función complementaria que los actores de la sociedad civil pueden tener en la provisión sostenible de vivienda de interés social, así como la capacidad técnica existente y la experiencia institucional en programas de mejora de gran escala incluyendo la compra y la legalización de lotes, la provisión de servicios básicos y las mejoras incrementales a las viviendas.

---

cantera y el adobe también son utilizados por los grupos de menores ingresos como una alternativa menos costosa, especialmente en las zonas rurales, aunque la calidad y la fortaleza de estos bloques no son inspeccionadas. Nuevas tecnologías para la construcción de viviendas, como la construcción con marco de acero, son recientes y comparativamente más caras, pero reducen los tiempos de construcción y ofrecen durabilidad y resistencia a los eventos climáticos y sísmicos que ocurren en la región. La mayoría de los constructores informales no obtienen permisos o inspecciones para la construcción, especialmente en ciudades más pequeñas donde la capacidad técnica es baja.

La compra de una vivienda

A excepción de Costa Rica, el acceso al financiamiento formal en la región es bajo. La Figura 3.5 muestra indicadores de penetración del financiamiento relacionado con la vivienda. Demuestra que Costa Rica, Panamá y Guatemala tienen los más altos niveles de participación del financiamiento formal. Sin embargo, en toda la región, la proporción de la población (mayor de 15 años) con una cuenta de ahorros está en o por debajo de 20 por ciento. Entre el 40 por ciento más

Figura 3.5 Indicadores seleccionados de acceso al financiamiento, 2014, porcentaje de la población

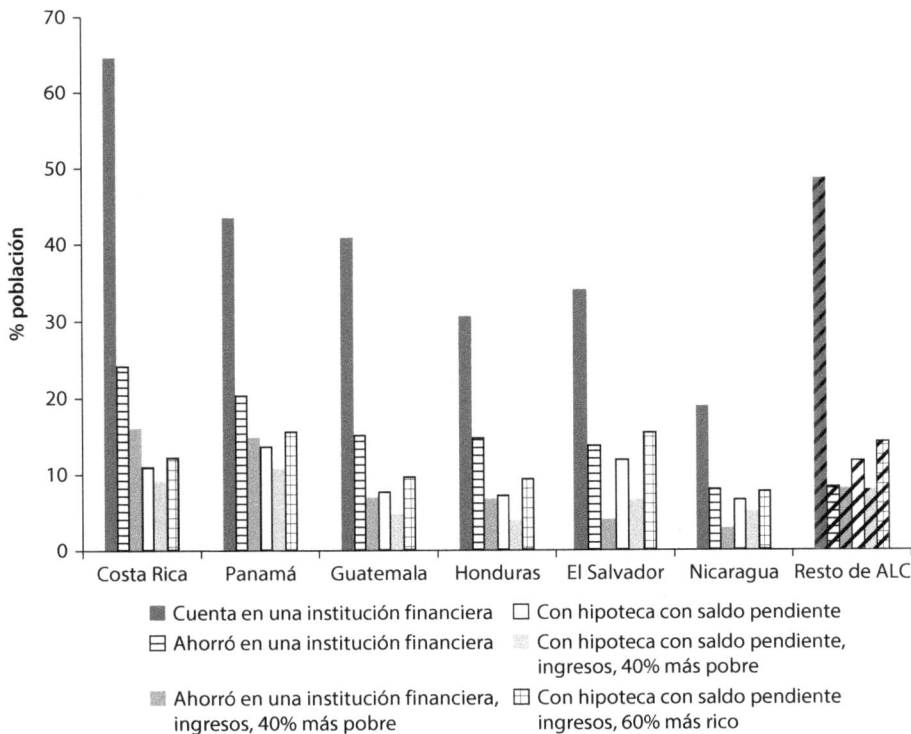

Fuente: Banco Mundial 2014b.
Nota: ALC = América Latina y el Caribe.

pobre, es aún más baja; solo el 4.1 por ciento en El Salvador y el 2.9 por ciento en Nicaragua. La penetración de las hipotecas también es baja, con un promedio de 9.7 por ciento en toda la región, o alrededor de un tercio de la tasa de los países de la OCDE. Esto también se muestra en la Figura 3.6, en la que se aprecia que el valor total de las hipotecas en relación con el PIB es ligeramente superior a la media regional, y comparable con el nivel de Georgia, un país con un PIB per cápita similar, pero muy por debajo del nivel alcanzado en España. En El Salvador, Honduras y Guatemala, la deuda hipotecaria del 60 por ciento más rico de la población es casi dos veces más común que en los grupos de menores ingresos. La diferencia es menor en Costa Rica, Panamá y Nicaragua que han introducido programas de subsidios hipotecarios para hacer estos préstamos más asequibles.

Las hipotecas formales no están al alcance del sector informal y los grupos de bajos ingresos. Los plazos de las hipotecas varían entre 15 y 25 años, requieren un pago inicial de entre el 5 y el 20 por ciento y cuentan con tasas de interés de entre el 8 y el 15 por ciento. Estos términos son favorables para los consumidores de ingresos medios y altos dados sus gastos habituales en vivienda, pero representarían una carga importante para los hogares pobres.[13] Las hipotecas comerciales en El Salvador, Nicaragua, Guatemala, Panamá y Costa Rica pueden ser –y a veces es la única opción– emitidas en dólares. A los grupos de ingresos más bajos, especialmente los que están en el sector informal, no se les paga en dólares y deberían tener la opción de poder obtener una hipoteca en moneda local, como en Costa Rica, aunque la tasa de interés puede ser dos veces mayor al de la alternativa denominada en dólares (BID 2012a).

Figura 3.6 Valor total de las hipotecas vigentes como % del PIB

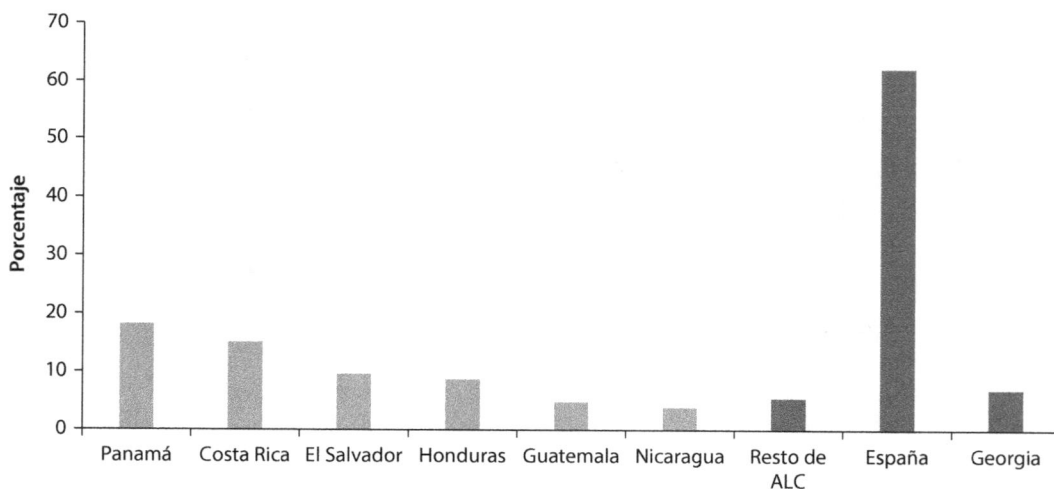

Fuente: Hofinet.
Nota: Los datos representan valores actuales y corresponden al último año con información disponible (Costa Rica: 2009; Panamá: 2012; otros países de Centroamérica: 2013; España: 2012 y Georgia: 2013). ALC = América Latina y el Caribe.

Los grupos de ingresos más bajos también tienden a trabajar en el sector informal y carecen de constancias sobre sus ingresos o la regularidad de los mismos. La Figura 3.7 muestra una estimación de la población urbana que no sería capaz de comprar una casa con una hipoteca debido a limitaciones relacionadas con sus ingresos y acceso al financiamiento[14], y el grado en que el financiamiento hipotecario no está disponible para los hogares debido a ingresos bajos o no documentados, en comparación con otras ciudades importantes de Latinoamérica. Se demuestra que, en la mayoría de los casos, estos factores son importantes obstáculos para los propietarios potenciales de viviendas. Para obtener un crédito hipotecario, se requiere de una constancia que acredite la propiedad, la que a menudo es difícil de obtener en áreas construidas de manera informal o ilegal o donde los registros son incompletos. Por ejemplo, en El Salvador, el 16.6 por ciento de los hogares informales son dueños de su unidad, pero no del terreno donde ésta se encuentra (ONU-Habitat 2014). En Guatemala, alrededor del 39 por ciento de los propietarios de viviendas no tienen el título de propiedad (BID 2011), mientras que en Nicaragua el 80 por ciento de los propietarios tienen al menos derechos parciales sobre sus tierras, pero carecen del registro del título (Stein y Vance 2008).

Figura 3.7 Brecha estimada de asequibilidad de la vivienda para financiamiento hipotecario a causa de ingresos bajos o no documentados, ciudades selectas, 2011

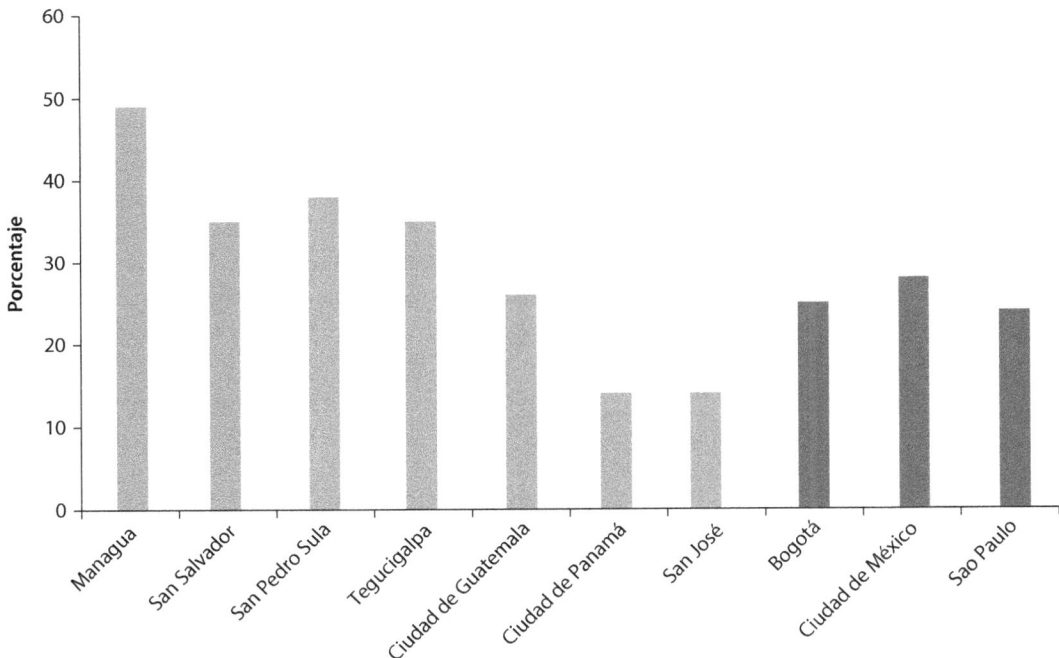

Fuente: BID 2011.

Recuadro 3.4　Ampliación del financiamiento de la vivienda a la población urbana pobre

Nicaragua: RAFCASA

RAFCASA inició en 2007 con el objetivo de introducir a los trabajadores del sector informal (en particular a los que ganan 4 salarios mínimos o menos) al acceso financiero. La compañía ofrece una plataforma para la demostración de la capacidad de ahorro de los hogares con el propósito de desarrollar su historial de crédito para recibir préstamos hipotecarios. Los hogares deben ahorrar de manera constante durante un período de 24 meses para acumular un monto de aproximadamente US$ 1,500, con abono de los intereses al participante. La organización trabaja con un gran banco comercial (Banco de Finanzas, BDF) que ofrece hipotecas a los participantes que completen el programa y realicen sin fallar todos los depósitos requeridos, por lo que el 98 por ciento de los participantes paga completo y a tiempo. El banco también se ha asociado con cinco desarrolladores privados de vivienda para vincular a los beneficiarios con nuevas unidades a la venta. Los participantes también pueden ser elegibles para obtener subsidios hipotecarios, incluyendo un subsidio para el pago inicial y un subsidio a los intereses de la hipoteca siempre que el valor de la vivienda cumpla con ciertos requisitos de elegibilidad.

Colombia: Credifamilia

Credifamilia inició en 2011 enfocándose en la ampliación del financiamiento de la vivienda para grupos de bajos ingresos que tradicionalmente no han podido acceder a las hipotecas comerciales, a través de alianzas estratégicas con desarrolladores y prestadores de microfinanciamiento. Ha desarrollado herramientas innovadoras tales como la asistencia a los clientes para que calculen los patrones estimados de ingresos y ahorro de sus hogares, la obligación de que se hagan pequeñas contribuciones al ahorro como una condición de elegibilidad para obtener un préstamo, y el uso de un innovador sistema de calificación crediticia que incluye registros de los pagos de servicios públicos y otros servicios como una aproximación para determinar la fiabilidad de pago. Los participantes también pueden solicitar subsidios del gobierno aplicados a su pago inicial lo que reduce aún más el costo de la compra de una vivienda. Credifamilia también ofrece una gama de productos que va de pequeños préstamos de US$ 3,000 durante 5 años para mejoras a la vivienda hasta préstamos más grandes de alrededor de US$ 30,000 (15 años) para la compra o construcción de vivienda. Tras tres años de funcionamiento, la empresa desembolsa entre 3 y 4 millones de dólares por mes para hipotecas, de las cuales el 80 por ciento están dirigidas a los pobres (BID 2014).

Los grupos de bajos ingresos dependen del ahorro, préstamos informales o microcréditos para la mejora y expansión de su vivienda. Mientras que el financiamiento hipotecario se concentra en los grupos de mayores ingresos, los extranjeros y expatriados, la mayoría de los grupos de menores ingresos accede al financiamiento para la vivienda a través de los ahorros personales, las remesas, las cooperativas de crédito y las fuentes de microfinanciamiento (ver Recuadro 3.4 paa ejemplos de esquemas de microfinanzas para vivienda). Como demuestra la

Tabla 3.6 Indicadores seleccionados del sector de microfinanciamiento, 2013

País	Número de IMF	Prestatarios activos	Cartera Bruta (US$)	Cartera vigente per cápita (US$)
Costa Rica	14	25,032	74,184,950	2,964
El Salvador	11	139,787	368,458,455	2,636
Guatemala	15	356,825	189,154,072	530
Honduras	23	181,109	387,892,273	2,142
Nicaragua	22	316,024	313,034,496	991
Panamá	6	43,473	178,961,839	4,117

Fuente: MixMarket.
Nota: IMF = institución de microfinanzas.

Tabla 3.6, el microfinanciamiento es popular en Nicaragua, Guatemala y Honduras, en donde hay muchos proveedores y los préstamos tienden a ser pequeños. Los países de ingresos más altos, tales como Costa Rica y Panamá, tienen un menor número de proveedores, pero los préstamos tienden a ser más grandes. Las remesas son también una fuente importante de consumo de los hogares en general, y para la vivienda en particular. Los nicaragüenses recibieron $1.07 mil millones en remesas en 2015 (BCN 2015). ONU-Habitat (2014; xviii) estima que se utilizan US$ 390 millones provenientes de remesas para la inversión en vivienda en El Salvador cada año.

Los productos de microfinanciamiento han ganado fuerza como una opción para la mejora y la expansión de las viviendas. En Nicaragua, varias IMF ofrecen microfinanciamiento para la vivienda empaquetado con asistencia técnica proporcionada por organizaciones sin fines de lucro como *Habitat for Humanity* y PRODEL. Estos préstamos son por lo general de alrededor de US$ 1,000 con una tasa de interés del 30 por ciento y un plazo de 18 a 24 meses. El mercado objetivo son los hogares con ingresos de alrededor de US$ 300 al mes, o alrededor de 3-4 salarios mínimos. La tasa de interés elevada es un reflejo del riesgo que asume la IMF por estos préstamos, ya que no requieren garantía o fiador, sino que más bien utiliza una evaluación del crédito basada en la historia de los préstamos obtenidos de la institución. Por otra parte, las IMF asumen costos adicionales al obtener recursos en los mercados secundarios de capital para poder empaquetar estos préstamos de más largo plazo, lo que los acreedores citan como un impedimento importante para reducir el costo y la disponibilidad de los productos, que representan solo alrededor de US$ 20 millones de la cartera total de microfinanciamiento del país.

Promoción de la propiedad: La participación del gobierno en la vivienda

Todos los países de la región tienen una política habitacional que tiene como objetivo proporcionar viviendas a los grupos de bajos ingresos, y en la que el gobierno actúa como un facilitador, así como disposiciones constitucionales con énfasis en proporcionar viviendas a los sectores de bajos ingresos y vulnerables (Cuenin et al 2012).[15] La principal diferencia entre las políticas es la profundidad del papel del gobierno en la provisión de vivienda; El Salvador, Panamá y Costa Rica han tendido a apoyar la provisión privada de los mercados de vivienda, incluyendo asegurar los derechos de propiedad de la tierra, la mejora de la flexibilidad de las normas regulatorias y el desarrollo de un marco jurídico de apoyo para el financiamiento de la vivienda. Guatemala, Honduras y Nicaragua también han experimentado con estas intervenciones, aunque a nivel de política, una vivienda adecuada es vista de manera más explícita como un *derecho* de todos los ciudadanos que requiere una intervención más directa del estado. En el pasado, esto incluía la construcción de viviendas sociales por el gobierno, aunque esta práctica ya no es común en la región. Estas políticas son ampliamente consistentes con un "enfoque facilitador" en el que el gobierno juega un papel en la supervisión de los mercados de vivienda, y la corrección de sus fallas (Banco Mundial 1993; Buckley y Kalarickal 2006).[16]

La coordinación y la continuidad intergubernamentales son un desafío clave para la implementación de políticas de vivienda. Los organismos nacionales de vivienda tienden a estar principalmente involucrados en la implementación de los programas de subsidios y por lo general operan de manera independiente de las necesidades o demandas de los gobiernos municipales. Existen pocos incentivos para coordinar los desembolsos de los subsidios con, por ejemplo, inversión paralela en infraestructura o transporte, o en las áreas identificadas en los documentos locales de planificación a largo plazo. Por ejemplo, mientras que la política de vivienda de Costa Rica promueve la participación de los gobiernos municipales en coordinación con el Ministerio de Vivienda y Asentamientos Humanos, existen pocos incentivos para que lo hagan en la práctica (ver Recuadro 3.5). Mientras que Guatemala ha actualizado recientemente su política de vivienda, la falta de autoridad de coordinación ha retrasado su implementación. Nicaragua también ha enfrentado una discontinuidad y horizontes de corto plazo en las prioridades de las políticas de vivienda, que están aún más restringidas por una falta de claridad jurídica, recursos presupuestarios limitados y un conjunto cambiante de actores del sector público encargados de la implementación de las políticas de vivienda desde la década de 1990.

La Tabla 3.7 resume los principales programas de vivienda de la región. Demuestra que los subsidios hipotecarios, tanto del lado de los consumidores (a través de la asistencia para el pago inicial) como del lado del prestamista (tasas de interés subsidiadas y garantías hipotecarias) son comunes. Los programas de mejoramiento de barrios también son típicos (aunque relativamente pequeños en escala y como porcentaje de la inversión pública en materia de vivienda) al igual que lo son los apoyos para la adquisición de terrenos y mejoras a la vivienda, aunque estos también tienden a ser más modestos en escala y como porcentaje de la inversión pública en comparación con los subsidios hipotecarios. A excepción de Panamá, las intervenciones secundarias del lado de la oferta, tales como la provisión directa de vivienda, son raras. La mayoría de los trabajadores no tienen acceso a la banca formal y es poco probable que cumplan con los requisitos exigidos para obtener hipotecas comerciales y acceder a los subsidios.

Recuadro 3.5 Acceso a la vivienda a través de subsidios

Costa Rica es el único país de la región que ha sido capaz de cumplir o superar de manera constante el déficit cuantitativo de viviendas formales, en gran parte a través de su programa directo de subsidio a la demanda (Held 2000). El programa de subsidios es el producto de un compromiso a más largo plazo para mejorar los resultados de bienestar social, incluida la vivienda, desde la década de 1950 (Gutiérrez et al. 1993). La pieza central de Costa Rica para abordar el tema de la vivienda es un subsidio por una sola vez a los hogares elegibles (Bono Familiar de Vivienda), introducido en 1986 durante un período de inestabilidad económica y de presión política para ofrecer vivienda más asequible (Jenkins y Smith 2001).

Bajo este sistema, el Ministerio de Vivienda y Asentamientos Humanos supervisa a dos ins- tituciones financieras propiedad del Estado, el Sistema Financiero Nacional para la Vivienda (SFNV) que canaliza los subsidios en asociación con 23 bancos, cooperativas de crédito y otras organizaciones de crédito, y el Banco Hipotecario de la Vivienda (BANHVI) un prestamista de segundo nivel capitalizado por donantes internacionales y un presupuesto que aparta un 3 por ciento para financiar los subsidios hipotecarios.

Los desarrolladores proponen proyectos de vivienda al SNFV para recibir subsidios con base en el costo unitario, y reciben financiamiento a corto plazo para completar la construc- ción. Las familias de bajos ingresos son elegibles para un subsidio por una sola vez de hasta US$ 12,000 para cubrir la compra de una vivienda terminada, un lote o para la auto-construcción; cualquier porción faltante requiere un préstamo comercial (el importe del subsidio depende de los ingresos de la familia, y las que ganan más de US$ 2,820 no son elegibles). En casos de pobreza extrema o de emergencia, los hogares pueden recibir un subsidio de hasta US$ 50,000. También se requiere un aporte al ahorro equivalente al 15 por ciento del costo de la vivienda. Desde el arranque del SNFV, han sido desembolsados más de 260,000 subsidios. Los subsidios para los desarrolladores apoyan la entrega de alrededor de 10,000 unidades al año.

Aunque los subsidios están bien enfocados a los grupos de bajos ingresos, siguen exis- tiendo varios retos para la sostenibilidad a largo plazo del SNFV. En primer lugar, no existe coordinación entre la ubicación de los proyectos de vivienda y los criterios para otorgar subsi- dios. Los desarrolladores indicaron que el alto costo del suelo urbano debe integrarse en el costo unitario, lo que aumenta los precios y hace que las unidades sean menos asequibles para los grupos de bajos ingresos (incluso con el subsidio). De hecho, el costo de la vivienda esti- mula a muchas familias a utilizar el subsidio para adquirir un lote en lugar de una unidad ter- minada; desde el año 2001, el 52 por ciento de los subsidios se ha destinado a la compra de lotes y vivienda y el 63 por ciento se ha utilizado en las zonas rurales (BID 2011). En segundo lugar, el subsidio se basa en parte en un compromiso presupuestario que ha disminuido cons- tantemente en los últimos años ya que el gobierno ha buscado reasignar fondos o simple- mente ha sido más lento para desembolsarlos (BID 2011). Por último, existe el riesgo de que las hipotecas subsidiadas puedan desplazar a la competencia; actualmente las hipotecas subsi- diadas comprenden aproximadamente el 53 por ciento de la vivienda formal y casi todas las hipotecas se extienden por un plazo de entre 15 y 20 años. Un mecanismo de garantía podría contribuir a una mayor competencia entre los bancos comerciales para ofrecer préstamos a más largo plazo con tasas de interés más bajas.

Tabla 3.7 Políticas de vivienda en Centroamérica

Resumen de los programas de vivienda	Gobierno-como-proveedor-de-vivienda →				→ Gobierno-como-habilitador-del-mercado		
	Financiamiento de una unidad con un precio máximo	Mejoramiento de los asentamientos e infraestructura	Financiamiento para mejoras a la vivienda	Subsidio hipotecario al consumidor (efectivo)	Financiamiento para mejoras incrementales	Apoyo para la subdivisión de las tierras	Subsidios para los prestamistas (tasas de interés, garantías)
Costa Rica		✓	✓	✓			✓
El Salvador		✓		✓		✓	✓
Guatemala			✓	✓	✓		✓
Honduras		✓	✓	✓			✓
Nicaragua		✓	✓	✓	✓		✓
Panamá	✓	✓	✓	✓	✓		✓

Fuente: BID 2012b, con actualizaciones.

A pesar de la necesidad de mejora de los asentamientos, los esfuerzos realizados hasta la fecha no se ajustan a las necesidades actuales y futuras. En El Salvador, los programas de mejoramiento de barrios dirigidos por el gobierno han beneficiado solo a 8,626 familias en el período 2004-2010 (ONU-Habitat 2014). De forma similar, el Programa de Vivienda Solidaria de Honduras iniciado en 2006, solo ha mejorado 3,500 unidades para familias de bajos ingresos. El programa nacional de subsidio de Guatemala, que incluye varios esquemas basados en subsidios para la adquisición de vivienda, y que redujo las opciones de financiamiento para mejoras a la vivienda y adquisición de tierras, hizo desembolsos solo para 13,466 unidades en 2014. El Programa de Mejoramiento de Barrios de Nicaragua ha mejorado barrios en 14 ciudades desde 2012, con aportes del gobierno, los municipios y cada uno de los hogares (US$ 2,600 por lote) para proporcionar alumbrado público, drenaje, energía, saneamiento y tratamiento de agua para 3,902 hogares. En cada caso, los subsidios están dirigidos a las comunidades de bajos ingresos y apoyan la mejora de la calidad de la vivienda, pero a una escala demasiado pequeña como para representar una mejora significativa del inventario de viviendas.

Los subsidios hipotecarios reducen el costo de la vivienda, pero las unidades siguen sin estar al alcance de los hogares urbanos en situación de pobreza. La asequibilidad de la vivienda se evalúa en términos de los ingresos familiares dedicados a los gastos de vivienda, tales como el pago del alquiler o de la hipoteca. La experiencia internacional sugiere que la vivienda es inaccesible cuando consume más del 30 por ciento del ingreso total del hogar. En Nicaragua, el 47 por ciento de los hogares gana menos de US$ 350 por mes (*Habitat for Humanity* 2008). Suponiendo que reciban el apoyo de US$ 1,500 para el pago inicial y un 3 por ciento de subsidio en la tasa de interés durante los primeros 10 años, los pagos mensuales iniciales de US$ 132 superarían los niveles de asequibilidad para la mayoría de los hogares de este grupo.[17] En El Salvador, solamente los 2 quintiles superiores podrían realizar los pagos mensuales subsidiados de la hipoteca por un valor de US$ 118, que hacen que una vivienda elegible sea realmente asequible (ONU-Habitat 2014).[18] Esto puede explicar la poca penetración de los subsidios hipotecarios entre los grupos de bajos ingresos; solo se han desembolsado 6,039 desde 1992 con un gasto total de US$ 115 millones (ONU-Habitat 2014). El BID (2012a) estima que en El Salvador y Costa Rica el 90 por ciento de la demanda de vivienda mejorada se da entre los hogares que ganan 4 salarios mínimos o menos (alrededor de US$ 800 y US$ 900, respectivamente). En Panamá la mitad de las necesidades de vivienda corresponde a los hogares que ganan menos de US$ 250 por mes.

Las políticas y programas de vivienda a nivel nacional deben acoplarse con mejoras en la planificación y la gestión urbana local para evitar distorsiones en los mercados de tierras y los patrones de desarrollo urbano. Como se discutió en el Capítulo 2, la mejora de las capacidades de coordinación y planificación entre los gobiernos locales y los organismos de nivel nacional podría mejorar la eficiencia de los subsidios para la vivienda y reducir los costos de inversión en servicios urbanos. El subsidio hipotecario de Nicaragua está ligado al valor de la vivienda, lo que alienta a los desarrolladores a reducir los precios de venta con el fin de permitir que los consumidores califiquen para tal subsidio. Sin embargo, en sitios donde los costos de materiales, mano de obra y permisos tienden a ser fijos, los desarrolladores han preferido enfocarse en la periferia urbana, donde la tierra es barata. En dos nuevos desarrollos peri-urbanos cercanos a Managua, la mayor demanda es por las unidades que son elegibles para recibir el subsidio al interés de la hipoteca (hasta el setenta por ciento o más de todas las unidades es financiado con apoyo del subsidio, que está vinculado al precio unitario y no a los ingresos del consumidor).[19] Los desarrollos también carecen de proximidad a las áreas comerciales y de servicios, tienen servicios de transporte público limitado y sus habitantes requieren tiempos de desplazamientos de hasta una hora tanto de ida como de vuelta. México ofrece un caso de cómo los subsidios pueden ser dirigidos a fomentar la densificación y el desarrollo en zonas ya urbanizadas en lugar de una continua expansión urbana de baja densidad (ver Recuadro 3.6). En Estados Unidos se presenta un caso de coordinación interinstitucional para el suministro de vivienda asequible (Recuadro 3.7).

Recuadro 3.6 Vinculación de los subsidios para la vivienda con el crecimiento urbano

Desde el año 2000, han crecido notablemente tanto los tipos como el volumen de subsidios del gobierno para el sector de la vivienda en México. Por ejemplo, en 2000 se originó un total de 400,000 hipotecas y para 2008 había 1.4 millones, con más del 60 por ciento procedente de los programas de subsidio a la vivienda destinados a reducir el costo de las hipotecas para los consumidores y a proporcionar subsidios y garantías para los prestamistas.

Entre 1980 y 2010, la población urbana de México se duplicó, pero la mancha urbana se expandió siete veces (SEDESOL 2011). Este crecimiento de baja densidad no solo agravó las deficiencias en la cobertura de la infraestructura debido a un desarrollo parcial o a saltos, sino que también distorsionó los mercados de tierras mediante el aumento de la especulación y la reducción del espacio verde y las tierras agrícolas disponibles.

En 2013, el gobierno ha reconsiderado las asignaciones de subsidios mediante la inclusión de un criterio espacial que aumenta el tamaño de los subsidios sobre la base de la construcción de viviendas en las zonas que se encuentran dentro o en la proximidad de zonas urbanas. El propósito de este ajuste era controlar la expansión urbana, reducir el déficit de vivienda, y promover la movilidad y la conectividad urbanas.

Los criterios incluyen:

1. Ubicación (dentro de una de las tres denominadas "zonas" contorno)
2. Densidad (con base en la densidad o en la relación área-suelo propuesta para el proyecto)
3. Servicios (la presencia de servicios y conexiones de infraestructura)
4. Competitividad (propuestas que proporcionen modelos financieros sostenibles)

Recuadro continúa en la siguiente página

Recuadro 3.6 Vinculación de los subsidios para la vivienda con el crecimiento urbano *(continuación)*

A cambio satisfacer estos criterios, un desarrollador puede recibir asistencia técnica para la revisión y los permisos ambientales, garantías de financiamiento para la infraestructura, subsidios para la vivienda y apoyo preferencial por parte de los bancos de tierras.

A pesar de los cambios, los desarrolladores han tardado en producir viviendas en los contornos urbanos y lo que se ha construido no es asequible para el quintil de menores ingresos. Hay dos razones principales para ello. En primer lugar, la concentración parcelaria y el desarrollo de la tierra son costosas, incluso en espacios urbanos baldíos o subutilizados, lo que reduce el incentivo para que los desarrolladores utilicen los programas de subsidio al no cubrir los costos de desarrollo. En segundo lugar, el programa de subsidios se origina a nivel federal y los gobiernos locales han tenido poca participación o incentivo. Mejorar la coordinación de la participación del gobierno local con las regulaciones de uso del suelo, los controles o incentivos para la concentración parcelaria y el desarrollo de la tierra, podrían reducir el costo y el riesgo de los desarrolladores para la provisión de viviendas en zonas de proximidad a la infraestructura y empleo.

Recuadro 3.7 Estados Unidos: Mejora de la coordinación para el suministro de vivienda asequible

El Programa de Asociaciones de Inversión HOME, es un programa de vivienda asequible apoyado por el Departamento de Vivienda y Desarrollo Urbano. Se inició en 1990 y proporciona apoyo federal a diversas opciones de vivienda asequible para la población de bajos ingresos a través de un sistema de subvenciones en bloque a los gobiernos estatales y municipales. El presupuesto anual del programa es de aproximadamente mil millones de dólares, 40 por ciento de los cuales es compartido entre los 50 gobiernos estatales y el resto asignado a los gobiernos locales. Los gobiernos tienen acceso al dinero mediante la formación de una "jurisdicción participante" (de las cuales hay 643) que puede incluir varios niveles de gobiernos a través de varias fronteras administrativas y asociarse con un grupo sin fines de lucro con experiencia para poner en práctica el proyecto de vivienda propuesto.

El programa HOME se centra en la mejora de la calidad y disponibilidad de vivienda para grupos de bajos ingresos, proporcionando financiamiento para que los gobiernos locales implementen proyectos que de otra manera serían demasiado costosos para completar. Los gobiernos de los estados desarrollan sus propias evaluaciones de las necesidades de vivienda y los planes consecuentes con base en las necesidades demográficas y del mercado local para grupos de bajos ingresos. Estos criterios incluyen la incidencia de la pobreza, las brechas de accesibilidad a la vivienda, y la calidad general del inventario de viviendas (edad, hacinamiento, conexión a la infraestructura). Las subvenciones varían en tamaño y se conceden a las propuestas en función de qué tan bien cumplen con estos planes; además es requisito que exista un compromiso de obtener fondos de contrapartida equivalentes al 25 por ciento de la cantidad solicitada mediante otras fuentes de financiamiento, que puede incluir donaciones de dinero, bienes o trabajo.

Recuadro continúa en la siguiente página

Estudio de la urbanización en Centroamérica • http://dx.doi.org/10.1596/978-1-4648-1220-0

Recuadro 3.7 Estados Unidos: Mejora de la coordinación para el suministro de vivienda asequible *(continuación)*

Las actividades elegibles incluyen:

- Asistencia financiera a los hogares de bajos ingresos para la compra de vivienda
- Apoyo a los desarrolladores para construir o renovar viviendas que alberguen inquilinos o compradores de bajos ingresos, incluyendo la compensación de los gastos por concentración parcelaria, demolición o reubicación necesarios para completar el proyecto. Cierto porcentaje del desarrollo debe ser reservado para los hogares de bajos ingresos
- Vales de alquiler para inquilinos elegibles de bajos ingresos

El enfoque de subvenciones globales proporciona apoyo y flexibilidad a los gobiernos locales para que determinen cuál es la mejor manera para hacer frente a la escasez de vivienda asequible y de calidad. Se basa en que los gobiernos locales identifiquen necesidades particulares y trabajen en colaboración con grupos de la sociedad civil y el sector privado para determinar la ubicación, la escala y el tipo de solución de vivienda adecuados dada la demanda y las condiciones del mercado local. Desde 1992, el programa ha prestado apoyo a 274,944 inquilinos y ha producido más de 1.1 millones de unidades físicas, el 42 por ciento de las cuales están ocupadas por familias con ingresos inferiores al 30 por ciento del ingreso promedio del área.

Fuente: Gramlich, 2014.

Un camino a seguir: La vivienda como un catalizador para la prosperidad urbana

Las recomendaciones están vinculadas a cerrar la brecha entre el suministro de vivienda informal y formal. Hay tres áreas de superposición de política a nivel nacional que ofrecen un punto de entrada a la reforma del sector de la vivienda. Estas áreas (que se detallan en la Figura 3.8) tienen como objetivo fortalecer al sector de vivienda en general para todos los mercados y tipos de vivienda, reducir el costo de la compra o el financiamiento de vivienda formal, y mejorar la calidad de la vivienda informal para los pobres.

Prioridades a nivel nacional

Las intervenciones transversales pueden mejorar la función general del sector de la vivienda. Esto incluye la mejora de los sistemas de administración de tierras y registro de la propiedad utilizados por los gobiernos municipales, así como la introducción de normas flexibles o graduales para apoyar las mejoras incrementales a la vivienda y fomentar la densidad y el desarrollo en zonas ya urbanizadas. La creación de observatorios de vivienda a nivel nacional puede ser útil para dar seguimiento a los mercados inmobiliarios y de tierras, particularmente con datos sobre los precios, los volúmenes y las tendencias de ventas. Estos datos pueden ayudar a los bancos y desarrolladores privados y ser útiles para desarrollar y enfocar los subsidios a la población de bajos ingresos. Además, el apoyo a la

Figura 3.8 Mejora de la entrega de viviendas a través de los grupos de ingresos

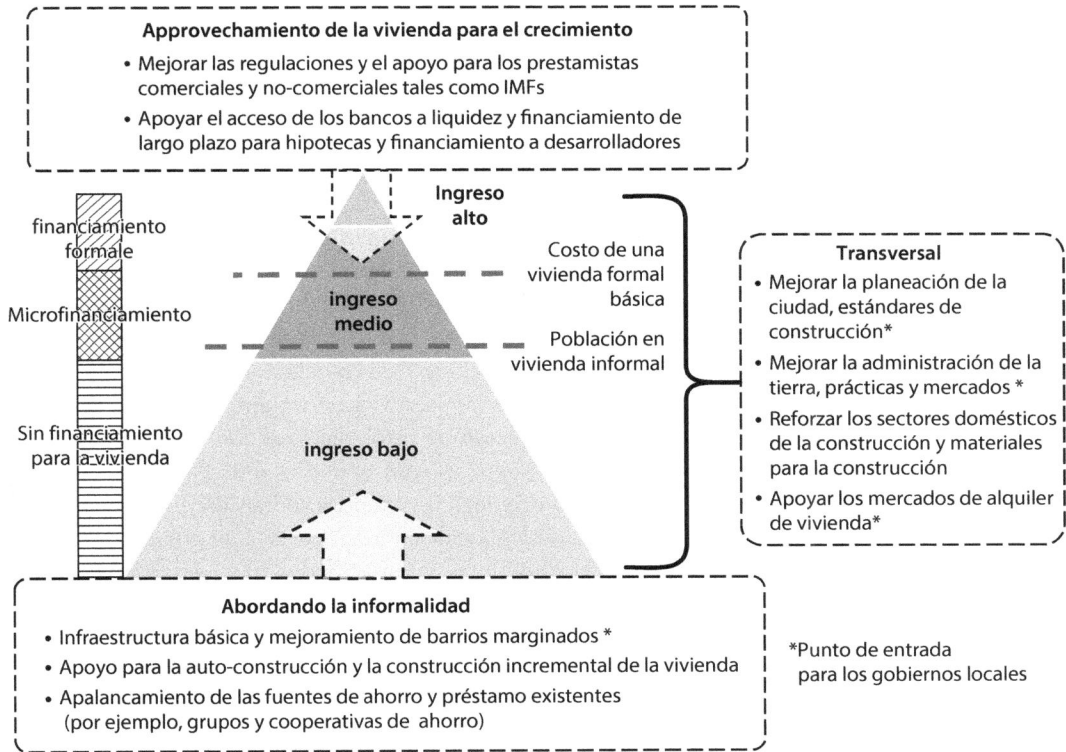

Approvechamiento de la vivienda para el crecimiento
- Mejorar las regulaciones y el apoyo para los prestamistas comerciales y no-comerciales tales como IMFs
- Apoyar el acceso de los bancos a liquidez y financiamiento de largo plazo para hipotecas y financiamiento a desarrolladores

financiamiento formale

Microfinanciamiento

Sin financiamiento para la vivienda

Ingreso alto

ingreso medio

ingreso bajo

Costo de una vivienda formal básica

Población en vivienda informal

Transversal
- Mejorar la planeación de la ciudad, estándares de construcción*
- Mejorar la administración de la tierra, prácticas y mercados *
- Reforzar los sectores domésticos de la construcción y materiales para la construcción
- Apoyar los mercados de alquiler de vivienda*

Abordando la informalidad
- Infraestructura básica y mejoramiento de barrios marginados *
- Apoyo para la auto-construcción y la construcción incremental de la vivienda
- Apalancamiento de las fuentes de ahorro y préstamo existentes (por ejemplo, grupos y cooperativas de ahorro)

*Punto de entrada para los gobiernos locales

vivienda formal de alquiler ofrece una opción adicional y una mayor flexibilidad de ubicación para los residentes.

Las reformas al sector bancario para reducir el costo y el riesgo del suministro de vivienda formal son un componente importante tanto para la producción como para el consumo de vivienda. Los gobiernos pueden introducir reformas para fomentar la competencia en los préstamos hipotecarios e identificar alternativas de evaluación y criterios de calificación para los prestatarios de bajos ingresos. El financiamiento para el desarrollo de viviendas de alquiler o los subsidios hipotecarios ligados a la ubicación de las viviendas pueden ayudar a ajustar mejor la oferta de vivienda con las necesidades existentes. Las reformas pueden apoyar a los pequeños prestamistas, como las instituciones microfinancieras y las cooperativas de crédito, para ampliar los préstamos a los grupos de ingresos medios y bajos para el consumo de vivienda.

Las mejoras de infraestructura pueden mejorar la calidad de la vivienda para los grupos de bajos ingresos. El mapeo y evaluación de las condiciones en los asentamientos informales pueden dirigir la inversión en servicios básicos hacia quienes más los necesitan. Una iniciativa a nivel nacional para el mapeo de asentamientos informales y un enfoque pro-pobres en la orientación de las inversiones puede ayudar a los gobiernos municipales a identificar y abordar las brechas de servicios. Los apoyos a la auto-construcción tales como subsidios para préstamos pequeños y para materiales de construcción en especie, o apoyos a unidades de vivienda "núcleo" o "de arranque" que puedan ser gradualmente expandidas por los propietarios-constructores o contratistas locales, también mejorará el acceso de los pobres a vivienda de calidad.

La política de vivienda debe incorporar y fortalecer vínculos entre los programas y subsidios a nivel nacional con las herramientas y capacidades de los gobiernos locales. Asimismo, debe proporcionar un marco para la coordinación entre los gobiernos sub-nacionales y los ministerios pertinentes, incluidos los responsables de vivienda, transporte, finanzas e infraestructura, con el fin de mejorar los barrios de bajos ingresos. Esto reducirá las inversiones públicas superpuestas o redundantes y permitirá dirigir los subsidios hacia las zonas urbanas que sean más ambiental y económicamente sostenibles. Las asociaciones y alianzas entre gobiernos locales (mancomunidades) que se discutieron anteriormente tendrían un papel importante para la celebración de estos diálogos. Del mismo modo, las políticas de vivienda también deben apoyar una pluralidad de opciones de vivienda y tenencia (que no solo privilegien viviendas unifamiliares independientes) de acuerdo con las necesidades locales y regionales. Los gobiernos locales también deben obtener las herramientas y capacidades para desarrollar planes que les permitan mejorar la coordinación de la inversión a largo plazo y la planificación de las necesidades de vivienda con las jurisdicciones vecinas.

Las intervenciones de vivienda deben estar vinculadas con la planificación del uso del suelo con el fin de promover la densidad. Como se discutió previamente, las principales ciudades de la región han crecido a través de una expansión urbana de baja densidad, lo que reduce las ventajas económicas que ofrece las aglomeraciones urbanas. Las herramientas de planificación y captura de valor del suelo pueden desempeñar un papel importante en la mejora de la calidad y la cantidad de viviendas en las grandes ciudades. Esto se puede mejorar aún más cuando los programas de vivienda o esquemas de subsidios a nivel nacional incluyen vínculos al uso de la tierra y los planes de inversión de capital locales. De esta manera, los gobiernos locales pueden dirigir la inversión en vivienda subsidiada a zonas de la ciudad con alta densidad, ya urbanizadas y con servicios, en lugar de a la periferia urbana que carece de infraestructura. Sin embargo, en la actualidad existe poco o ningún apoyo legal o institucional a nivel nacional para el desarrollo de estos enfoques para los gobiernos municipales.

La mejora de la calidad de la vivienda informal puede alentar la urbanización incluyente. La mayoría de los países también han otorgado subsidios para las mejoras y la expansión de los hogares existentes y, dado el predominio de este enfoque en los asentamientos informales, vale la pena escalar estos esfuerzos a través de su vinculación con programas de asistencia técnica y de mejoramiento de la comunidad. Un balance de la ubicación y las condiciones de vivienda dentro de los asentamientos informales podría utilizarse para orientar las prioridades y definir los criterios para el mejoramiento. Las políticas a nivel nacional deben brindar un mayor apoyo a las instituciones financieras no bancarias, tales como grupos de IMF y grupos de ahorro, así como al papel de las cooperativas de vivienda como una opción para el financiamiento y el desarrollo de unidades de interés social. Para la mayoría de los pobres urbanos, estas organizaciones representan la única opción para el ahorrar o desarrollar un historial de crédito y estarían en una buena posición para aprovechar la importante cantidad de remesas recibidas de los trabajadores migrantes. Estas instituciones se beneficiarían de un marco legal y regulatorio que permita el aprovechamiento de estas fuentes de ingresos, y que permita realizar evaluaciones alternativas de solvencia para los empleados en el sector informal, como el caso de RAFCASA.

Prioridades a nivel de ciudad

Las ciudades pueden tener un lugar clave en el desarrollo de un sistema de vivienda incluyente. Los diferentes tamaños y forma de ciudades primarias y secundarias de la región deben informar las opciones de política para apoyar el suministro de vivienda en cada una. Para las ciudades principales y las capitales, se requiere una diversidad de tipos de vivienda en las proximidades de los centros de trabajo existentes y los servicios necesarios. Las ciudades secundarias en crecimiento tendrán que mejorar la planificación y coordinación para asegurar que el nuevo crecimiento urbano proporcione a los residentes acceso a los servicios y se reduzca la incidencia de nuevos asentamientos informales. Las recomendaciones a continuación proporcionan una visión general de las soluciones. Sería necesario contar con diagnósticos del sector de la vivienda más detallados, y específicos por país, para proporcionar recomendaciones y planes de acción más específicos.

Con el apoyo adecuado, los gobiernos municipales pueden concentrar lotes de suelo público para el desarrollo privado de viviendas. Por ejemplo, parcelas vacantes pueden ser gravadas a tasas más altas con el fin de fomentar el desarrollo, como se ha hecho en México. Los mecanismos de solicitud de propuestas (RFP) pueden alentar las ofertas competitivas para construir viviendas de bajo costo en tierra subutilizada. Otras herramientas, tales como el Financiamiento por Impuestos Futuros (TIF por sus siglas en inglés)) pueden fomentar el desarrollo en zonas ya urbanizadas al permitir a las ciudades pagar por mejoras en la infraestructura a través de préstamos contra futuros ingresos fiscales. Los asentamientos informales se pueden mejorar mediante la reasignación de tierras, donde los residentes liberan una parte de su parcela para permitir la provisión de infraestructura y recibir una un poco más pequeña, pero con mejores servicios (y un valor más alto) en el mismo lugar.

Las ciudades también necesitan explorar opciones para promover o formalizar alquiler de bajo costo. Las grandes ciudades también tienden a brindar más apoyo a los mercados de arrendamiento, lo que puede ser una alternativa económica a la compra de vivienda. La protección y obligaciones legales de inquilinos y propietarios pueden desarrollarse aún más, junto con subsidios o exenciones fiscales para pequeños propietarios que renten habitaciones o unidades que no utilizan. Los programas de vales para alquiler pueden ser incluidos en las políticas de vivienda, lo que permitiría una mayor movilidad y mejores opciones para los inquilinos de bajos ingresos.

Las ciudades secundarias requerirán de una planificación prospectiva para dar cabida al futuro crecimiento de la población. A medida que las tendencias de urbanización continúan, estos gobiernos locales jugarán un papel importante en la provisión de viviendas de calidad. Los gobiernos locales necesitarán apoyo técnico y desarrollo de capacidades para coordinar la planificación del uso del suelo y la vivienda mediante la identificación de áreas para la provisión de infraestructura y derechos de vía, un proceso llamado desarrollo guiado del suelo (Angel 2012). Esto guiará a los desarrolladores sobre las zonas y los servicios a los que serán dirigidas las futuras inversiones públicas. Los municipios también deben explorar formas para financiar de manera sostenible las inversiones en infraestructura y servicios a nuevas áreas, usando instrumentos de captura de valor del suelo. Estas herramientas podrían incluir el cobro de cuotas y distritos especiales de evaluación en los que desarrolladores privados comparten el costo de la provisión de infraestructura. Los gobiernos locales también pueden crear y aplicar planes para identificar las zonas de riesgo propensas a los desastres naturales con el fin de desalentar el desarrollo de vivienda en esos lugares.

Las intervenciones transversales pueden apoyar la función del sector de la vivienda para todos los grupos de ingreso. Los gobiernos, especialmente a nivel local, tienen un papel importante en el desarrollo del marco a través del cual los mercados de vivienda pueden funcionar de manera más equitativa y eficiente. Fortalecer los sistemas de administración de tierras, incluyendo los registros de tierra y catastros que utilizan los gobiernos locales, puede reducir el tiempo y los costos para transferencia de propiedades o su uso como garantía. Para los grupos de bajos ingresos, los gobiernos municipales pueden adoptar un marco regulatorio que permita normas graduadas o materiales y tipos de construcción alternativos que alienten la formalización de las unidades de auto-construcción sin altos costos innecesarios.

Notas

1. Por encima o por debajo de este rango, otras necesidades de consumo (alimentos o bienes duraderos) reducen la proporción de los gastos dedicados a la vivienda.

2. En Europa, el alquiler comprende el 30 por ciento de la tenencia; Alemania y Suiza tienen tasas de alquiler de más del 40 por ciento. En Latinoamérica, Bolivia y Colombia tienen tasas de alquiler comparables (BID 2014).

3. Por ejemplo INVUR, el ministerio de vivienda de Nicaragua, estimó un déficit de 400,000 unidades en 2005. Por el contrario, la Asociación Centroamericana de la Vivienda coloca el déficit en 745,000 unidades al distinguir entre los déficits cualitativo y cuantitativo (Bredenoord y van der Meulen 2014).

4. Existe evidencia de que los altos costos de las viviendas urbanas pueden desalentar la formación de nuevos hogares entre los adultos jóvenes (Haurin, Hendershott y Kim 1993; Ermish y Jenkins 1999), lo cual puede aumentar el número de habitantes por hogar en las áreas urbanas respecto a las rurales (Stinner 1977). Se requiere por tanto una mejor estimación de la formación de hogares y las necesidades futuras de vivienda.

5. La administración del suelo se refiere al marco legal/regulatorio que se aplica a los derechos conferidos a los terrenos públicos y privados. Esto incluye los registros catastrales, los registros de propiedad, la gestión del suelo público, así como las normas de uso del suelo y de zonificación aplicados a la tierra.

6. El ranking no incluye cuatro ciudades de la República Dominicana analizadas en el estudio, por esta razón se omiten las posiciones 14, 15, 16 y 19.

7. Para la elaboración de sus indicadores, *Doing Business* incluye la obtención de permisos de construcción para bodegas. Sin embargo, los desarrollos residenciales son igualmente intensivos en uso del suelo e infraestructura, de tal manera que esta comparación funciona como una aproximación general para medir la capacidad de planificación y gestión de permisos.

8. Honduras es una excepción ya que la inestabilidad política y una crisis macroeconómica han contraído de manera constante la construcción formal desde el año 2009.

9. Estas cifras provienen de entrevistas con los desarrolladores comerciales y una revisión de los datos disponibles en fuentes secundarias.

10. La información comparativa sobre los costos de los insumos de vivienda es escasa, y en todo caso estos costos varían sustancialmente a lo largo de la región. En San Salvador, la infraestructura y los costos administrativos para las nuevas unidades son el 40 por ciento del costo total de la unidad, pero en Buenos Aires estos insumos representan solo el 20 por ciento. En contraste, los materiales y la mano de obra representan la mitad del costo total de la unidad en San Salvador, mientras que representan tres cuartas partes del costo en Buenos Aires (BID 2012b).

11. Hábitat también tiene un programa piloto de sistemas mini-sépticos para reemplazar letrinas. Estas unidades cuestan US$ 600 y pueden ser construidas y mantenidas por los hogares beneficiarios.

12. En El Salvador, por ejemplo, solo el 10 por ciento del concreto es importado (ONU-Habitat 2014).

13. Por ejemplo, el costo de la unidad más económica de vivienda formal en San José, Tegucigalpa y Guatemala es equivalente al ingreso familiar promedio anual, entre US$ 12,000 y US$ 18,000 (BID 2011). Teniendo en cuenta los estándares de financiamiento hipotecario para estos niveles de ingreso, probablemente las viviendas no presentarían un desafío de asequibilidad.

14. La tabla muestra el porcentaje estimado de hogares urbanos que tendrían la capacidad de comprar una vivienda formal. Las estimaciones se basan en datos recopilados a partir de las encuestas de hogares a nivel de ciudad, comparando los gastos contra el precio unitario hipotético de una vivienda formal. El precio unitario se estima con base en los precios de la vivienda derivados de los costos de viviendas formales obtenidos en ciudades de toda la región. Se asume que el costo de construcción es de US$ 11,000 a los que se suman US$ 4,000 para la adquisición del terreno, lo que resulta en un precio final de US$ 15,000. Los términos financieros suponen un 10 por ciento de pago inicial, con una tasa de interés de 6 por ciento durante 20 años. La asequibilidad de la vivienda se calcula como un máximo del 30 por ciento de los ingresos familiares destinados a gastos de vivienda/hipoteca (BID 2011, 61).

15. El Salvador ha tenido una política consistente de asegurar la provisión de vivienda para todos los residentes (ONU-Habitat 2014). De manera similar, la Constitución de Panamá (Artículo 117) permite la participación del gobierno en el sector de la vivienda. La Política Nacional de Vivienda de Guatemala 2004 confería a los ciudadanos el derecho a una vivienda digna y obligaba al gobierno a proveerla.

16. Esto contrasta con un enfoque intervencionista en el que el gobierno provee viviendas directamente por debajo de los precios de mercado, otorga subsidios significativos u ocultos a través subsidios mal diseñados a la tasa de intereses, aplica un tope a los precios o los alquileres, u otras medidas que distorsionan el mercado (Chiquier y Lea 2009).

17. Los supuestos incluyen: costo de la unidad de US$ 18,000, 10 por ciento de pago inicial, US$ 1,500 de subsidio, 3 por ciento de subsidio en la tasa de interés durante los primeros 10 años para una hipoteca a 20 años, y una tasa comercial de interés de 12 por ciento durante los últimos 10 años.

18. Los supuestos incluyen un umbral de asequibilidad de 25 por ciento, precio de la vivienda de US$ 14,868, 5 por ciento de pago inicial, plazo de la hipoteca de 25 años a un interés de 9 por ciento.

19. El subsidio está dirigido a préstamos de US$ 32,000 o menores, con una reducción sobre la tasa de interés del mercado que va desde el 3.5 al 2.5 por ciento dependiendo del valor del préstamo a 10 años. Cuanto mayor sea el importe del préstamo, menor será el subsidio concedido a las tasas. Vincular el subsidio al valor de la vivienda hace difícil estimar cuántas más familias de bajos ingresos son capaces de comprar una unidad que de otro modo no podrían pagar. Es posible que el subsidio esté proporcionando acceso a la vivienda formal a quienes sí podrían pagar una hipoteca a tasa de mercado.

Referencias

Abiko, A., R. Azevedo, R. Rinalddelli, y C. Riogi. 2007. "Basic Costs of Slum Upgrading in Brazil." *Global Urban Development Magazine* 3 (1).

Angel, S. 2012. *Planet of cities*. Cambridge, MA: Lincoln Institute of Land Policy.

Angel, S., J. Parent, D. L. Civco, y A. M. Blei. 2010. "The persistent decline in urban densities: Global and historical evidence of sprawl." Lincoln Institute of Land Policy Working Paper.

Banco Central de Nicaragua (BCN). 2015. Cuentas Nacionales.

BID. 2008. Programa de Mejoramiento de las Condiciones Habitacionales. Proyecto PN-L1002.

———. 2011. "The Missing Foundations of Housing Finance: Incomplete Markets, Fragmented Policies and Emerging Solutions in Guatemala." Technical Notes, No. IDB-TN-286. Banco Interamericano de Desarrollo. Washington, DC.

———. 2012a. "Housing Finance in Central America: What is Holding it Back." Notas Técnicas, No. IDB-TN-285. Banco Interamericano de Desarrollo. Washington, DC.

———. 2012b. *Room for Development: Housing Markets in Latin America and the Caribbean.* Banco Interamericano de Desarrollo. Washington, DC.

———. 2014. *Se busca vivienda en alquiler: opciones de política en América Latina y el Caribe.* Banco Interamericano de Desarrollo. Washington DC.

Banco Mundial. 1993. "Housing: enabling markets to work." Housing Policy Paper, Banco Mundial. Washington, DC.

———. 2014a. *Doing Business 2015: Going Beyond Efficiency.* Washington, DC: Banco Mundial.

———. 2014b. "Global Findex Database." http://datatopics.worldbank.org/financialinc

———. 2014c. *Mejora de la gobernanza de la tierra en Honduras: Implementación del Marco de Evaluación de Gobernanza de la Tierra.* Banco Mundial. Washington.

———. 2015. *Mejora de la gobernanza de la tierra en Guatemala: Implementación del Marco de Evaluación de la Gobernanza de la Tierra – LGAF.* Banco Mundial. Washington, DC.

Barnerjee, A., and E. Duflo. 2012. *Poor Economics: A Radical Rethinking of the Way We Fight Global Poverty.* New York: Public Affairs.

Bonvalet, C. y E. Lelièvre. 1997. "The transformation of housing and household structures in France and Great Britain." *International Journal of Population Geography* 3 (3): 183–201.

Bredenoord, J. y B. van der Meulen. 2014. "Self-help housing and upcoming policies for affordable housing in Nicaragua." *Affordable Housing in the Urban Global South: Seeking Sustainable Solutions,* 300.

Bredenoord, J., P. Van Lindert, and P. Smets. 2014. *Affordable Housing in the Urban Global South: Seeking Sustainable Solutions.* Earthscan from Routledge.

Buckley, R.M. y J. Kalarickal. 2006. *Thirty Years of World Bank Shelter Lending: What have we learned?* Banco Mundial. Washington, DC.

CAPAC (Cámara Panamena de la Construccion). 2014. "Estadísticas de Empleo" http://www.capac.org/index.php/2015-03-17-15-34-21/estadi-sticas-de-empleo-agosto-2014

Chiquier, L. y M. Lea. 2009. *Housing finance policy in emerging markets.* Banco Mundial, Washington, DC.

Cuenin, F., C. Piedrafita, E. Rojas, y N. Medellin. 2012. "Hammering out a housing policy that works." In *Room for Development: Housing Markets in Latin America and the Caribbean,* editado por Bouillon, C. Washington DC; Banco Interamericano de Desarrollo, 239-280

Dasgupta, B., L. Somik, y N. Lozano-Gracia. 2014. "Urbanization and Housing Investment." Policy Research Working Paper 7110, Banco Mundial, Washington, DC.

Ermisch, J. F., y S. P. Jenkins. 1999. *Retirement and Housing Adjustment in Later Life: Evidence from the British Household Panel Survey.* Labour Economics. Vol 6. Institute for Social and Economic Research, University of Essex, Colchester CO4 3SQ, UK.

Fergusson, B., y P. Smets. 2010. "Finance for Incremental Housing: Current Status and Prospects for Housing in Latin America." Review of Urban and Regional Development Studies.

Gramlich, E. 2014. *HOME Investment Partnerships Program.* National Low Income Housing Coalition.

Gutierrez, J., W. Van Vliet, E. Arias, y R. Pujol. 1993. "In Defence of Housing: Housing policies and practices in Costa Rica." *Habitat International* 17(2): 63-72.

Hábitat para la Humanidad. 2008. "Información clave sobre la situación actual de la vivienda social en Nicaragua." Consultado el 28 de enero de 2016 http://www.habitat.org/lc/lac/pdf/situacion_vivienda_nicaragua.pdf

Haurin, D., P. Hendershott, y D. Kim 1993. "The Impact of Real Rents and Wages on Household Formation." The Review of Economics and Statistics 75 (2): 284–93.

Held, G. 2000. "Políticas de vivienda de interés social orientadas al mercado: Experiencias recientes con subsidios a la demanda en Chile, Costa Rica y Colombia." Proyecto Interdivisional CEPAL "Instituciones y Mercados" Santiago de Chile.

Housing Finance Information Network (Hofinet). Hofinet note. http://www.hofinet.org/index.aspx

Jenkins, P., y H. Smith. 2001. "An Institutional Approach to Analysis of State Capacity in Housing Systems in the Developing World: Case Studies in South Africa and Costa Rica." *Housing Studies* 16 (4): 485–507.

MIVAH (Ministerio de Vivienda y Asentamientos Humanos). 2014. Compendio Estadístico de Vivienda 2014. http://www.mivah.go.cr/Biblioteca_Estadisticas.shtml

Monkonnen, Paavo. 2013. "Housing deficits as a frame for housing policy: demographic change, economic crisis and household formation in Indonesia." *International Journal of Housing Policy* 13(3): 247-67.

Nickson, A. 2011. "Where is Local Government in Latin America? A Comparative Perspective." Working Paper No. 6. Swedish International Center for Local Democracy.

ONU (Organización de las Naciones Unidas). 2014. *World Urbanization Prospects 2014 Revisions.* Naciones Unidas.

ONU-Habitat. (2003). *Global Report on Human Settlements 2003: The Challenge of Slums.* Earthscan: London.

------------. 2014. *Perfil del sector de vivienda de El Salvador.* ONU-Habitat. Nairobi.

Payne, G. 2005. "Getting Ahead of the Game: A Twin-Track Approach to Improving Existing Slums and Reducing the Need for Future Slums." Environment and Urbanization.

Pujol-Mesalles, R. y E. Pérez Molina. 2013. "Urban Growth in the Metropolitan region of San José, Costa Rica: A Spatial and Temporal Exploration of the Determinates op of Land Use Change, 1986-2010." Cambridge, MA: Lincoln Institute of Land Policy.

Rojas, E. y N. Medellín. 2011. "Housing Policy Matters for the Poor." Banco Interamericano de Desarrollo. Washington DC.

SEDESOL. 2011. *La expansión de las ciudades 1980-2010.* SEDESOL, Ciudad de México.

SEDLAC (Socio-Economic Database for Latin America and the Caribbean). 2015. Center for Distributive, Labor and Social Studies (CEDLAS)/Banco Mundial.

Smolka, M. 2013. *Implementing Value Capture in Latin America: Policies and Tools for Urban Development.* Cambridge, MA: Lincoln Institute of Land Policy.

Stein, A. e I. Vance. 2008. "The role of housing finance in addressing the needs of the urban poor: Lessons from Central America." *Environment and Urbanization* 20: 13-30.

Stinner, W. F. 1977. "Urbanization and Household Structure in the Philippines." *The Journal of Marriage and the Family* 39: 377-85.

UCLG (United Cities and Local Governments). 2008. *Decentralization and Local Democracy in the World: First Global Report by United Cities and Local Governments.* UCLG: Barcelona

Hacia ciudades más resilientes para reducir la vulnerabilidad de Centroamérica a los desastres naturales

Haris Sanahuja y Oscar A. Ishizawa

Síntesis

Hacer que las ciudades de Centroamérica sean más resilientes es fundamental para reducir el impacto a largo plazo de los desastres naturales sobre la población y las economías de la región. Los desastres naturales no solo tienen un impacto negativo importante sobre la vida de los residentes urbanos de la región –especialmente los pobres – sino que obstaculizan la trayectoria de crecimiento nacional. Las ciudades ya representan entre el 70 y el 80 por ciento de los activos en riesgo en los diferentes países, y esta concentración se incrementará en el futuro como consecuencia del aumento de la urbanización, el incremento de la población y el crecimiento económico. La urbanización mal gestionada conduce a una mayor vulnerabilidad a los desastres naturales: i) los asentamientos precarios generalmente se desarrollan en áreas propensas al riesgo; ii) las normas de construcción inadecuadas aumentan la vulnerabilidad a los terremotos; iii) las zonas urbanas en expansión con una infraestructura inadecuada aumentan los riesgos de inundación.

Este Capítulo se centra en la caracterización de los riesgos y la exposición al riesgo en la región, especialmente en las zonas urbanas. La Sección 1 presenta un diagnóstico general sobre qué tan vulnerables a los desastres son los países de la región y qué tipo de activos están en riesgo en las zonas urbanas. La Sección 2 analiza cómo los países tienen la oportunidad de fortalecer la gestión del riesgo de desastres (GRD) y aumentar la resiliencia urbana promoviendo acciones para *comprender* mejor los patrones urbanos y del riesgo de desastres, *evitar* la generación de riesgos futuros, *reducir* los riesgos existentes, y desarrollar instrumentos para *financiar* el riesgo inevitable. Por último, la Sección 3 propone una serie de recomendaciones para avanzar en la construcción de ciudades más resilientes en Centroamérica.

Mensajes clave

Existen oportunidades claras de promover políticas para evitar la generación de riesgos futuros, así como para reducir y gestionar el riesgo existente.

- Para evitar el riesgo futuro, los municipios deben ser provistos de incentivos y la capacidad de información adecuada para incorporar criterios de GRD en los planes locales de desarrollo territorial, los planes de inversiones y las normas de construcción.
- La reducción del riesgo existente requerirá inversiones que necesitarán el apoyo financiero de los gobiernos centrales. Sin embargo, las ciudades tendrán que liderar la priorización de las inversiones en infraestructuras de mitigación de nuevos riesgos, y la adaptación de edificaciones e infraestructura existentes considerados como críticos.
- Para mejorar la comprensión de los riesgos de desastres, los gobiernos nacionales tienen que mejorar la base de conocimiento sobre vulnerabilidad y perfiles de riesgo a nivel de ciudad y su disponibilidad para los actores locales.

El riesgo de desastres en Centroamérica

La ubicación geográfica de Centroamérica hace que sea muy propensa a desastres derivados de eventos naturales adversos, incluyendo huracanes, sequías, inundaciones, El Niño-Oscilación del Sur (ENOS) y terremotos. En los últimos 50 años, utilizando información de la Base de Datos de Desastres Internacionales - EM-DAT,[1] el número de eventos naturales registrados se ha incrementado en la región (ver Figura 4.1), afectando a casi todos los países con diferentes grados de impacto y, en ciertos casos, obstaculizando su capacidad para fomentar el crecimiento sostenible. Las inundaciones a gran escala son el desastre más recurrente, con casi 40 eventos ocurridos en la región solo entre 2006 y 2010. Del mismo modo, las tormentas han afectado varias veces la región: en 1998, el huracán Mitch afectó directamente a cerca de 6.7 millones de personas, lo que resultó en un saldo de 14,600 muertes y daños por más de US$ 8.500 millones en Nicaragua, Honduras, Guatemala y El Salvador. Más recientemente, en octubre de 2011, la depresión tropical 12-E golpeó las costas de El Salvador y Guatemala y afectó a la mayor parte de los países de la región, con daños por valor de casi US$ 1.000 millones.[2]

Durante el período 1970-2010, grandes desastres naturales como terremotos, huracanes y grandes inundaciones han causado daños y pérdidas acumuladas que exceden US$ 80 mil millones[3]. La Figura 4.2 presenta cómo los eventos seleccionados son causantes de la mayoría de los daños y las pérdidas en la región, especialmente en las zonas urbanas, dada su acumulación de estructuras altamente vulnerables en zonas propensas a desastres. Mientras que los desastres originados

Figura 4.1 Número de eventos en Centroamérica, por tipo de fenómeno

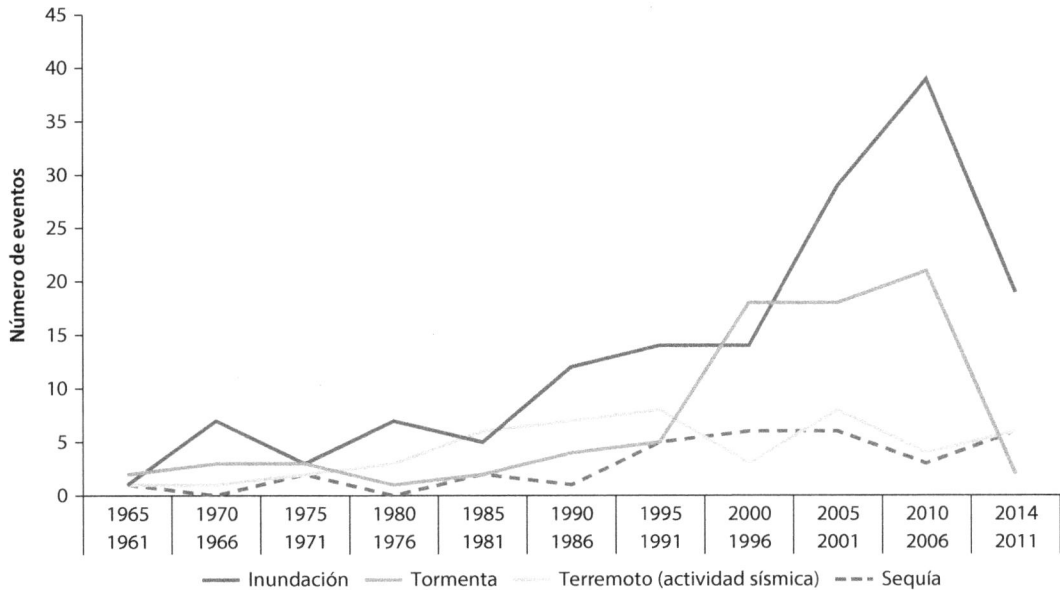

Fuente: Emergency Events Database – EM-DAT, The International Disaster Database.

Figura 4.2 Daños y pérdidas provocados por inundaciones (IN), tormentas tropicales (TT) y terremotos (TM) seleccionados en Centroamérica

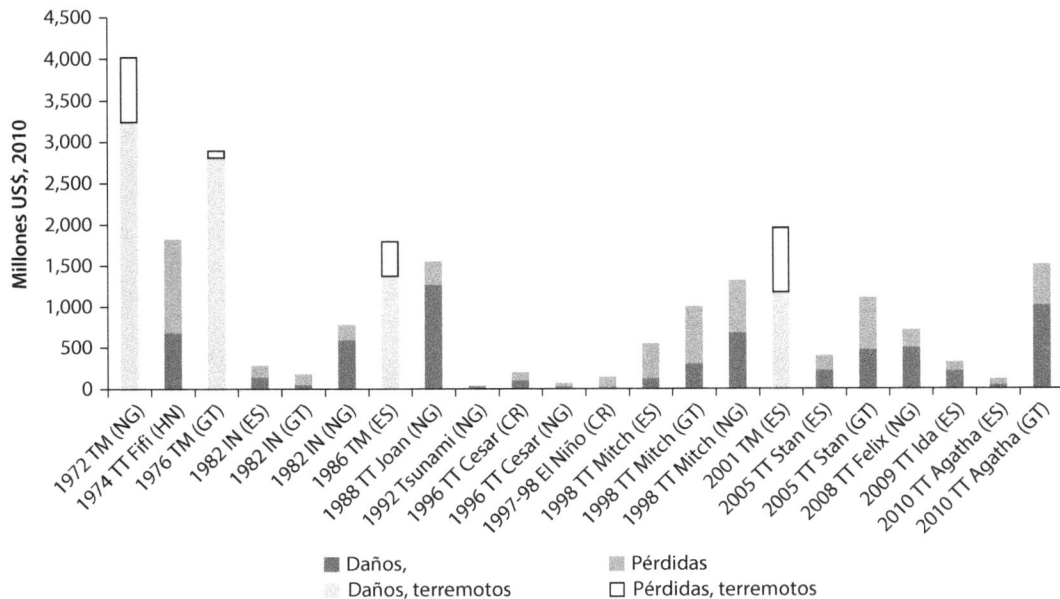

Fuente: Elaboración propia con base en las evaluaciones ENPD. Los daños y pérdidas asociadas con eventos hidrometeorológicos se representan en azul/naranja y los asociados a fenómenos geofísicos se representan en verde/amarillo. Para asegurar la legibilidad, solo se presentan eventos seleccionados.
Note: NG = Nicaragua; HN = Honduras; GT = Guatemala; ES = El Salvador; CRI = Costa Rica.

por fenómenos hidrometeorológicos (incluyendo ENOS) son más frecuentes, su impacto acumulado ha representado US$ 22 mil millones. Los eventos sísmicos son menos frecuentes, pero han tenido impactos más devastadores y provocado daños y pérdidas por valor de US$ 58 mil millones durante el período (72 por ciento de los daños y las pérdidas totales). Por otra parte, los eventos cíclicos de largo plazo, tales como la sequía, tienen un impacto en los sectores productivos causando pérdidas económicas que podrían reducir la capacidad de las áreas urbanas para aumentar la resiliencia a los desastres.

Se espera que el cambio climático modifique los patrones climáticos actuales, lo que podría traducirse en un aumento de la frecuencia e intensidad de eventos hidrometeorológicos extremos en la región. Huracanes, tormentas tropicales, inundaciones y sequías más frecuentes e intensos podrían afectar el suministro de agua (tanto en cantidad como en calidad) y la alteración de los servicios de los ecosistemas dentro de las áreas afectadas. Mientras que el aumento de las inundaciones podría tener un impacto directo en las zonas urbanas, las sequías también podrían afectar la seguridad alimentaria de la población urbana.

¿Que está en riesgo en las zonas urbanas de Centroamérica?

La cuantificación del riesgo de desastres es un primer paso hacia la mejor comprensión y gestión los riesgos. El Recuadro 4.1 presenta el proyecto de Perfil de Riesgo de Desastres del País (PRDP) para Centroamérica,[4] que tiene la meta de contribuir a este objetivo mediante la evaluación de las posibles pérdidas económicas directas derivadas de eventos naturales adversos. Un primer paso hacia la comprensión de lo que está en riesgo en Centroamérica es evaluar la exposición de las edificaciones.

Esto significa reconocer aquellos que están expuestos a fenómenos naturales adversos identificando la ubicación de los activos y sus características clave, tales como el tipo de construcción (materiales, edad y características estructurales) y su valor. Con base en los resultados de los PRDP para Centroamérica, se puede concluir que las ciudades concentran la gran mayoría de los activos y valor expuesto en la región. El Mapa 4.1 muestra el modelo de exposición de edificaciones de la Ciudad de Panamá, donde la mayor parte de su valor se concentra en la zona del centro. La Tabla 4.1, que diferencia el valor del inventario de edificaciones entre las zonas urbanas y rurales de todos los países de Centroamérica, muestra que la mayor parte de la exposición se encuentra en las áreas urbanas, que concentran más del 70 por ciento del total acumulado en la región. Por ejemplo, casi el 80 por ciento de las áreas construidas en El Salvador son urbanas, de las cuales el 42 por ciento se encuentra en San Salvador.

Ciertas características de las edificaciones que prevalecen en Centroamérica son altamente vulnerables a grandes eventos naturales adversos. La mayor parte de las paredes exteriores de las viviendas en los países de Centroamérica están construidas con bloques de concreto, ladrillo y piedra –hasta un 84 por ciento en las zonas urbanas de El Salvador. Los paneles prefabricados de concreto (y otros materiales de cemento para las paredes) son el segundo material más utilizado en las viviendas urbanas de Nicaragua y en las viviendas a lo largo de todo el

Recuadro 4.1 Construcción de la información de riesgos para la toma de decisiones: El desarrollo de los perfiles del riesgo de desastres para Centroamérica

¿Qué es un perfil de riesgo de desastres de país?

Los perfiles probabilísticos del riesgo de desastres proporcionan evaluaciones de los riesgos y las estimaciones de los posibles daños a la propiedad causados por catástrofes naturales graves. Estos perfiles describen una visión integral del riesgo financiero debido a los peligros naturales, ayudando a los gobiernos en la planificación y preparación a largo plazo. Un Perfil del Riesgo de Desastres del País (PRDP) presenta una estimación probabilística del riesgo agregada a nivel nacional.

El PRDP presenta información sobre:

- La curva de Ocurrencia de Probabilidad de Excedencia (OPE), que indica la probabilidad de que el nivel de pérdida económica indicado sobre la curva será excedido en cualquier evento en un año determinado.
- La Pérdida Media Anual (PMA) tanto para riesgo de terremoto como de vendaval, da una estimación de las pérdidas potenciales por año promediadas durante cierto número de años.
- La Pérdida Máxima Probable (PML) para un período de retorno de 250 años, estima las pérdidas potenciales para un evento con un periodo de retorno de 250 años, o una probabilidad anual de excedencia 1/250.

¿Qué es innovador en el PRDP para Centroamérica?

El proyecto PRDP reunió información para caracterizar y construir un modelo de exposición del inventario de edificaciones en los países de Centroamérica utilizando un enfoque de arriba hacia abajo con una resolución a nivel de país. Este modelo consiste en un modelo de inventario de edificaciones que captura los atributos importantes como la ubicación geográfica, la clasificación urbana/rural, tipo de ocupación (por ejemplo, residencial y no residencial), la tipología de la construcción (por ejemplo, madera, concreto, mampostería, etc.) y el valor económico (de reposición). Este modelo de exposición se desarrolla utilizando datos disponibles libremente (o a un costo mínimo).

Fuente: PRDP para Centroamérica y Gunasekera et al. 2015.

territorio costarricense. Sin embargo, la presencia de paredes de adobe, madera y barro en las edificaciones de la región aumenta el riesgo de las zonas urbanas a los desastres como terremotos y huracanes. Estos tipos de construcción están presentes en muchas áreas urbanas de la región (véase la Figura 4.3).

El crecimiento urbano durante las últimas décadas, en su mayoría no-planificado y poco gestionado, ha dado lugar a que un elevado porcentaje de la población urbana viva en asentamientos precarios, contribuyendo a la acumulación de estructuras altamente vulnerables. Estos asentamientos, a menudo localizados en áreas propensas a desastres y con acceso limitado a los servicios básicos,

Mapa 4.1 Perfil de riesgo de desastres, modelo de exposición de edificaciones en la Ciudad de Panamá

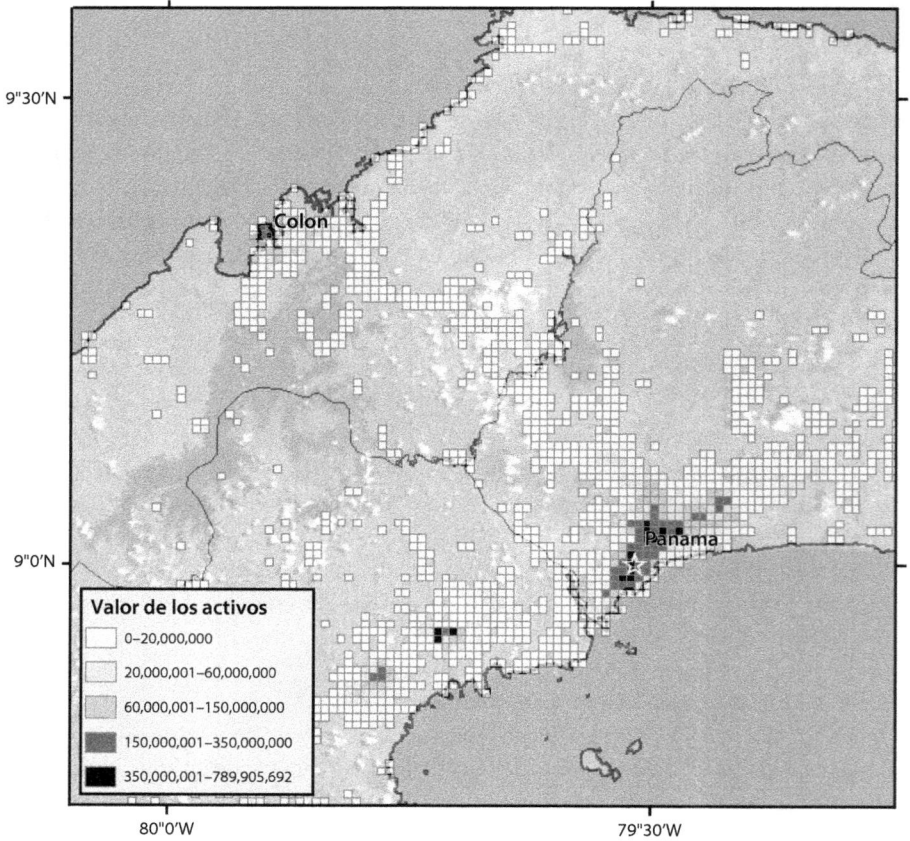

Fuente: PRDP (Banco Mundial 2015).

Tabla 4.1 Valores de los activos expuestos de Centroamérica clasificados por zonas urbanas/rurales/capitales (% de la exposición total)

País	Total (millones de US$ - 2005)	Ciudad capital	Urbanos	Total Urbanos	Rurales
Costa Rica	80,059	53.5%	24.9%	78.3%	21.7%
El Salvador	37,054	42.0%	37.9%	80.0%	20.0%
Guatemala	70,369	39.3%	33.8%	73.0%	27.0%
Honduras	27,565	21.0%	50.2%	71.2%	28.8%
Nicaragua	22,067	33.7%	42.7%	76.5%	23.5%
Panamá	45,853	48.7%	30.4%	79.1%	20.9%

Fuente: PRDP (Banco Mundial, 2015).

Figura 4.3 Características de las construcciones según el Perfil de Riesgo de Desastres – distribución de las viviendas en Centroamérica de acuerdo a sus paredes externas

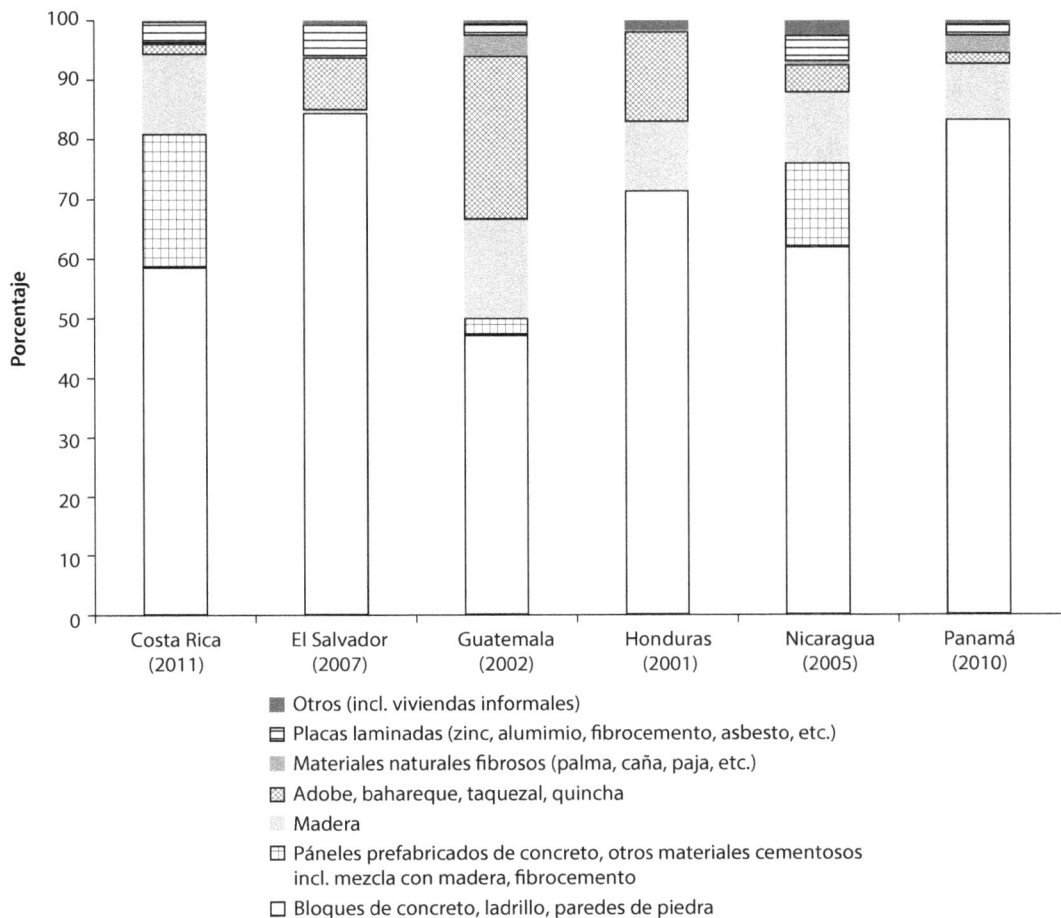

Otros (incl. viviendas informales)

Placas laminadas (zinc, alumimio, fibrocemento, asbesto, etc.)

Materiales naturales fibrosos (palma, caña, paja, etc.)

Adobe, bahareque, taquezal, quincha

Madera

Páneles prefabricados de concreto, otros materiales cementosos incl. mezcla con madera, fibrocemento

Bloques de concreto, ladrillo, paredes de piedra

Fuente: PRDP (Banco Mundial 2015).
Nota: Los datos de El Salvador, Honduras y Nicaragua se refieren a viviendas en áreas urbanas, mientras que los datos de Costa Rica, Guatemala y Panamá se refieren a viviendas en todo el país.

son los más vulnerables a desastres como deslizamientos de tierra e inundaciones. Esto es particularmente cierto para las zonas urbanas donde se encuentra la mayor parte del valor expuesto al riesgo. Los resultados de PRDP a nivel nacional que cuantifican el riesgo de terremotos y huracanes diferenciado entre zonas urbanas y rurales (Aubrecht et al. 2016), muestran que el riesgo catastrófico está altamente concentrado en las zonas urbanas de cinco de los seis países de la región (véase la Figura 4.4). El Mapa 4.2 muestra un ejemplo de la concentración del riesgo de terremoto en Managua, representado por la Pérdida Media Anual (PMA).[5] Honduras es el único país que concentra la mayor parte de su riesgo catastrófico en las zonas rurales y donde el riesgo de huracán es mayor que el

Figura 4.4 Pérdida Media Anual (PMA) urbana y rural en 2015 para terremotos (TM) y huracanes (HU) en Centroamérica (US$ millones)

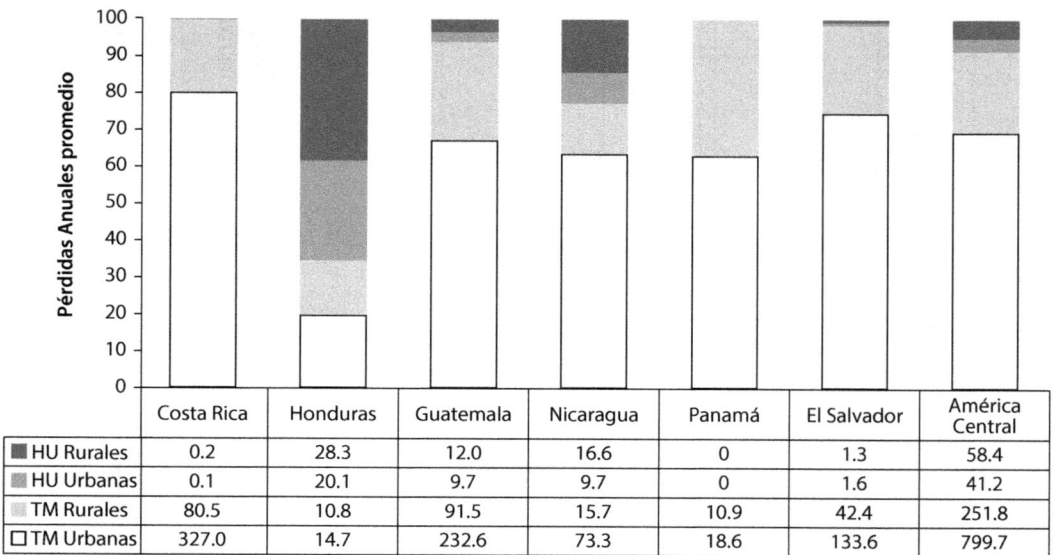

	Costa Rica	Honduras	Guatemala	Nicaragua	Panamá	El Salvador	América Central
■ HU Rurales	0.2	28.3	12.0	16.6	0	1.3	58.4
▓ HU Urbanas	0.1	20.1	9.7	9.7	0	1.6	41.2
░ TM Rurales	80.5	10.8	91.5	15.7	10.9	42.4	251.8
☐ TM Urbanas	327.0	14.7	232.6	73.3	18.6	133.6	799.7

Fuente: PRDP (Banco Mundial 2015).

Mapa 4.2 Pérdida Media Anual (PMA) – Estimación de las pérdidas potenciales por año promediadas entre los posibles escenarios de riesgo

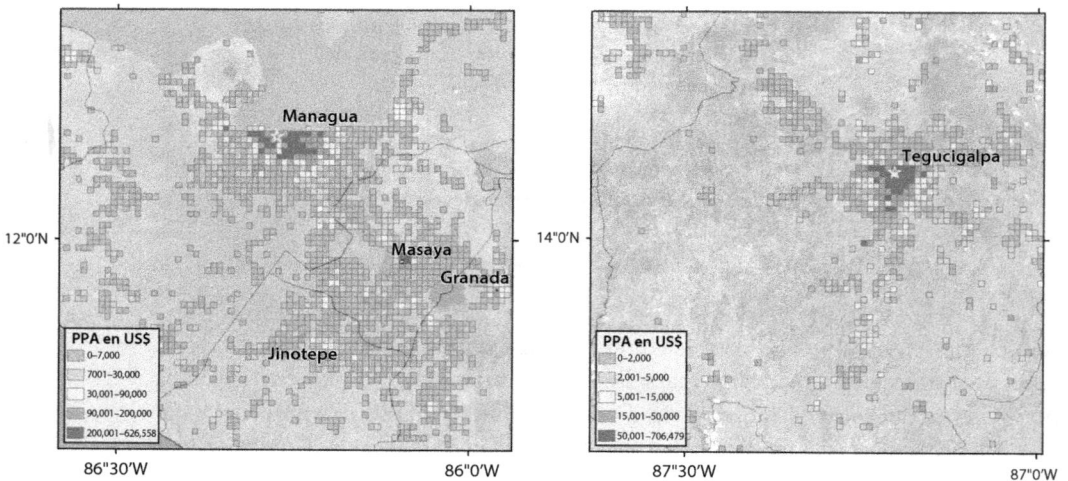

Fuente: PRDP (Banco Mudial 2015).

riesgo de terremoto. La PMA del riesgo de terremoto es particularmente alta en las zonas urbanas de Costa Rica y El Salvador, donde asciende a US$ 327 millones y US$ 232 millones, respectivamente. En general, la PMA de Centroamérica como consecuencia del riesgo sísmico en las ciudades es cercana a los US$ 800 millones. La Tabla 4.2 presenta un resumen de los principales terremotos

Tabla 4.2 Terremotos históricos en Centroamérica (1851-2001)

Año	Magnitud	Ubicación	Pérdidas económicas potenciales si el mismo evento ocurriera en 2015 (US$)
1851	Terremoto 6.2	Honduras, no muy lejos de Tegucigalpa	490 millones, 3% del PIB
1882	Terremoto 7.8	Panamá, costa norte	810 millones, 1.8% del PIB (sin considerar las pérdidas potenciales en el Canal de Panamá)
1902	Terremoto 7.5	Guatemala, cerca de Quetzaltenango	3,000 millones, 4.6% del PIB
1910	Terremoto 6.5	Costa Rica, cerca de Cartago	3,800 millones, 8% del PIB
1972	Terremoto 6.2	Nicaragua, cerca de Managua	550 millones, 8% del PIB
2001	Terremoto 7.6	El Salvador, cerca de San Salvador	1,810 millones, 7% del PIB

Source: PRDP (Banco Mundial 2015).

históricos que han impactado cada país de la región y las estimaciones del impacto económico potencial si eventos similares ocurriesen el día de hoy.

Factores que facilitan la gestión del riesgo y la resiliencia urbana

Un enfoque integrado hacia la resiliencia urbana, que incluya la forma de evitar el riesgo futuro, la reducción del riesgo existente, el incremento de la protección financiera, y la comprensión de las tendencias y los patrones actuales de riesgo, es la clave para construir ciudades más resilientes para el futuro. Actualmente existe en la región la política y los marcos regulatorios para la Gestión del Riesgo de Desastres (GRD) a nivel nacional, pero el establecimiento de las responsabilidades municipales y sectoriales para la GRD no se ha desarrollado suficientemente. Esto abre una oportunidad para abordar la resiliencia urbana con un enfoque más sólido e integral. En primer lugar, evitar la generación de futuros riesgos de desastre mediante la planificación del uso del suelo y adecuados procesos para la expedición de permisos de construcción, lo cual es una tarea central para los gobiernos locales pues dichas responsabilidades en su mayoría están descentralizadas en la región. La reducción del riesgo de desastres en los entornos urbanos de la región requerirá una inversión sectorial canalizada principalmente a través del gobierno central. Las inversiones públicas resilientes requieren esfuerzos coordinados entre los sistemas nacionales de inversión y las unidades de planificación urbana, garantizando así la inclusión de criterios de riesgo de desastres en el ciclo de inversión. Al mismo tiempo, la protección financiera contra desastres se convierte en un aspecto crítico de la capacidad de recuperación económica de los países y las ciudades de la región. Dicha protección financiera es gestionada en su mayoría por los gobiernos centrales, pero con las ciudades como sus principales beneficiarios. Por último, la comprensión de los niveles del riesgo de desastres a los que se enfrenta la región debido a la creciente urbanización se mantiene como el factor básico y fundamental para gestionar el creciente riesgo de desastres y, por tanto, para fortalecer la resiliencia urbana en Centroamérica.

Evitando el riesgo futuro

Un papel estratégico y más importante para las ciudades y los gobiernos locales en un contexto de continue descentralización

En un contexto de rápida urbanización, donde se espera que las ciudades centroamericanas alberguen a más de 50 millones de personas en 2050, la planificación del uso del suelo, las normas de construcción y las inversiones sensibles al riesgo de desastres son la clave para construir la futura resiliencia urbana. La ubicación inicial en sitios seguros es inherentemente más económica que la reubicación de los asentamientos existentes. También se reconoce que la resistencia a los desastres puede lograrse a través de nuevas edificaciones a un costo considerablemente menor que el de modernizar edificaciones vulnerables ya existentes. Por otra parte, la planificación urbana sensible al riesgo, las normas de construcción y las inversiones estratégicas serán esenciales para evitar la expansión de los asentamientos (formales e informales) en áreas peligrosas. Con un diseño adecuado, las nuevas estructuras pueden hacerse resilientes a los desastres por solo un pequeño porcentaje (entre 5 y 10 por ciento) de los costos de construcción, mientras que la adaptación de las estructuras vulnerables existentes exige un gasto importante, en un rango de entre 10 y 50 por ciento del valor de la construcción (Banco Mundial y GFDRR 2015). Mientras que la reducción del riesgo en los edificios existentes será probablemente una prioridad a largo plazo concentrada en unos pocos portafolios críticos, el desarrollo de la capacidad de regulación para las nuevas edificaciones proporcionará una base para la inspección y la mejora de los edificios existentes.

Planificación del uso del suelo sensible al riesgo

La planificación del desarrollo urbano y local está bajo el dominio de los gobiernos locales y ofrece un importante punto de entrada para influir la GRD y la resiliencia urbana. La mayor parte de los países de la región incluyen en los mandatos de sus municipios responsabilidades, ahora descentralizadas, para la planificación del desarrollo urbano. Entre estas responsabilidades, la incorporación de criterios de riesgo de desastres en la elaboración de los planes urbanos y territoriales es una oportunidad concreta para que los gobiernos locales contribuyan a la construcción de ciudades más resilientes. Esto requerirá el fortalecimiento de las capacidades de planificación de los equipos municipales con el apoyo experto de instituciones técnicas y de investigación, así como la disponibilidad de los datos de riesgo de desastres en formatos adecuados para apoyar el proceso de toma de decisiones.

La GRD es una parte esencial de la planificación integral del desarrollo urbano. El proceso de generación de planes locales de GRD se ha convertido en una herramienta importante para crear conciencia entre las autoridades y comunidades locales. Sin embargo, todavía están de alguna manera separados de otros procesos relevantes de planificación que actualmente son llevados a cabo por los municipios. Esto también se ve agravado por el hecho de que actualmente la mayoría de los municipios no siguen mecanismos estandarizados para asegurar que los pequeños proyectos de inversión en GRD sean priorizados para apoyar los planes de desarrollo de la comunidad. En este contexto, se requiere incluir los planes de GRD para documentar al conjunto de instrumentos de planificación que guían el desarrollo local municipal, en lugar de convertirse en planes aislados y específicos. La experiencia de El Salvador con el Proyecto de Fortalecimiento de los Gobiernos Locales (PFGL) proporciona información valiosa sobre la necesidad de articular planes de GRD locales dentro de otras herramientas de planificación más amplias y de relevancia para el desarrollo local (véase el Recuadro 4.2).

Para la inclusión efectiva de los criterios de riesgo de desastres en la planificación del uso del suelo, debe desarrollarse información sobre los riesgos a nivel local. La incorporación de zonificación de riesgos como criterio para definir la planificación del uso del suelo en las ciudades es una herramienta prospectiva concreta para reducir el riesgo de desastres y construir la resiliencia urbana en la región. Los mapas de riesgo están disponibles en su mayoría a escala nacional de baja resolución y por tanto no son adecuados para documentar las etapas de diagnóstico de los planes locales de uso del suelo, especialmente para las ciudades pequeñas y medianas. Debe considerarse una serie de enfoques metodológicos que se adapten a diferentes niveles –desde mapas de riesgo basados en los impactos históricos, hasta evaluaciones probabilísticas de riesgo– para materializar la identificación de riesgos en la planificación del uso del suelo y la zonificación espacial.

Recuadro 4.2 El Salvador: vinculación del desarrollo local con las herramientas de planeación para el riesgo de desastres

Una de las lecciones aprendidas de la asistencia técnica del Banco Mundial "Proyecto de Fortalecimiento de los Gobiernos Locales (PFGL) de El Salvador" es la necesidad de articular los planes de GRD dentro de los diversos instrumentos de planificación local. Uno de los componentes del PFGL apoya el desarrollo de Planes de Desarrollo Municipal (PDM) centrándose en el desarrollo económico local, articulándolo dentro del contexto económico regional y nacional, e incluyendo las inversiones clave que tanto las comunidades como los líderes municipales han identificado y acordado como inversiones prioritarias. El otro componente apoya el desarrollo de planes municipales de GRD en los 262 municipios del país. Durante las etapas iniciales de estos PMD y los planes de GRD se hizo evidente la necesidad de garantizar un enfoque integrado para el desarrollo metodológico de ambos instrumentos. Bajo este enfoque, los escenarios de riesgo de desastres identificados para los planes de GRD pueden documentar el diagnóstico y priorización de la inversión en los PDM. Este nuevo enfoque ha ayudado a capitalizar el proceso de planificación participativa para ambas herramientas en muchos municipios de El Salvador, e incluir el riesgo de desastres en la visión del desarrollo local y la priorización de las actividades económicas municipales.

Debe desarrollarse la capacidad local para la reducción efectiva del riesgo de desastres a través de la planificación del uso del suelo. El desafío es cómo promover la mejora sistemática de la planificación espacial, procurando incluir información sobre el riesgo de desastres para reducir la exposición a los peligros y riesgos futuros. Existen avances recientes en los marcos de política que incluyen el análisis de riesgos en las normas de planificación del uso del suelo (véase el Recuadro 4.3), pero se requiere de desarrollo de capacidades para implementar estas reformas en

---

Recuadro 4.3 Actualización de los marcos regulatorios y metodológicos para la implementación de planes locales de uso de suelo sensibles al riesgo en Panamá

En Panamá, el marco normativo nacional y las directrices para la elaboración de planes locales de uso del suelo comenzaron a integrar criterios de GRD a partir de 2010, aunque lo hicieron solo de forma nominal sin ningún contenido práctico o referencias metodológicas sobre cómo incluir la identificación y criterios de reducción de riesgos. Con el apoyo de una subvención del Fondo Mundial para la Reducción de los Desastres y la Recuperación (*Global Facility for Disaster Reduction and Recovery*, GFDRR), el marco regulatorio se actualizó en 2015 por medio de una nueva Resolución promulgada por el Ministerio de Vivienda y Ordenamiento Territorial (MIVIOT) que es aplicable a todos los planes locales, regionales y sub-locales de uso del suelo en el país. Se incluyó una nueva sección con directrices explícitas para la inclusión de la identificación de riesgos durante la fase de diagnóstico.

Ya sea que estén basados en datos históricos de la ocurrencia de desastres o en estudios probabilísticos más sofisticados, cuando están disponibles, los planes requieren ahora la identificación de riesgos así como de los activos expuestos en términos de edificios, patrimonio, conservación natural e infraestructura crítica. Los conceptos de "zonas de riesgo no mitigable" (donde las medidas de reducción del riesgo para una población existente no son viables) y "zonas de exclusión de alto riesgo" (donde no se permite la construcción) se incorporan como parte de los criterios de zonificación. De manera paralela a la nueva resolución ministerial, también ha comenzado recientemente en el país la implementación de una descentralización administrativa progresiva.

Por ejemplo, el Distrito de Boquete, ubicado en las tierras altas volcánicas y agrícolas de Panamá, ha sido golpeado varias veces por inundaciones destructivas. Bajo el liderazgo de su municipio, Boquete está llevando a cabo medidas para la identificación y reducción de riesgos a través de una ordenanza local redactada según los criterios establecidos en la nueva resolución de GRD para los planes locales y regionales. La ordenanza establece incentivos económicos para el desarrollo en las zonas de bajo gradiente fuera de las planicies que son inundadas por los ríos, y restringe el uso del suelo y las nuevas edificaciones en zonas que se sabe son propensas a inundaciones y deslizamientos de tierra. Tanto las iniciativas de MIVIOT como de Boquete ilustran las funciones complementarias y diferenciadas del gobierno central y local en la promoción de la reducción del riesgo de desastres a partir de la regulación nacional hasta su uso local sobre el terreno.

Fuente: Banco Mundial y GFDRR 2016a.

---

el ámbito local. En ese sentido, los recursos humanos en las oficinas centrales de planificación deben apoyar gradualmente y trasladar estos conocimientos y capacidades a los gobiernos locales, especialmente a los municipios pequeños y medianos. Un esfuerzo similar se puede hacer para desarrollar la capacidad de los equipos técnicos de los municipios principales, los que están en mejor posición para llevar a cabo por sí solos la aplicación de estas herramientas de planificación.

Los códigos de construcción y la regulación

La experiencia post-desastre proporciona los niveles de conciencia para la actualización y el fortalecimiento de los mecanismos de regulación de la construcción. Estos esfuerzos son a menudo impulsados y entregados por una amplia gama de partes interesadas y ONG especializadas. Tales iniciativas deben ser ampliadas, coordinadas e institucionalizadas considerablemente en los escenarios pre-desastre. Ellas deben tener como objetivo demostrar los beneficios de cumplir con las prácticas de construcción seguras y la adopción de una cultura más amplia de cumplimiento de los códigos. Posterior a un desastre mayor, existe un amplio reconocimiento de la necesidad de mejora de la calidad de las edificaciones y la implementación de mecanismos reguladores de la construcción efectivos. A menudo, como un componente de la reconstrucción financiada por agencias externas, algunas normas de construcción son verificadas directamente como condición previa al financiamiento. También existe entrenamiento esporádico de los trabajadores locales de la construcción sobre la mejora de la construcción resiliente. Sin embargo, estas medidas son de corta duración y no cuentan con la institucionalización de una autoridad reguladora permanente con capacidad para la ejecución y mantenimiento efectivos de los códigos.

Se necesita más financiamiento, personal y ejecución para implementar normas de construcción a nivel local. Mientras que la mayoría de los países tienen códigos de construcción nacionales que incluyen criterios de riesgo de desastres, uno de los problemas generalizados es la falta de financiamiento y apoyo a la aplicación y supervisión de la regulación a nivel local.[6] Los servicios relacionados con permisos e inspección son generalmente costosos e ineficientes y a veces actúan como un freno para cumplir con los requisitos del código. Incluso, esto puede fomentar la informalidad de la construcción, lo que aumenta la vulnerabilidad de la población urbana local en el contexto de los riesgos sísmicos significativos. Nicaragua, donde la obtención de un permiso de construcción tardó 189 días en el año 2005, ha abordado este problema mediante la ejecución de "proyectos de simplificación municipales" en tres municipios piloto.[7] Esto redujo los costos de cumplimiento para recibir permisos de operación y construcción en un promedio de 30 por ciento, y aumentó siete veces la formalización. Los permisos de construcción y las inspecciones pueden ser factores importantes que conduzcan a la resiliencia urbana, pero requieren de apoyos específicos para la formación de los funcionarios, así como para la financiación del otorgamiento de compensaciones para aquellos que se adhieren a los códigos.

Las inversiones sensibles al riesgo de desastres

La promoción de inversiones resilientes en las ciudades requerirá esfuerzos coordinados entre los sistemas nacionales de inversión y las unidades de planificación municipal. La inclusión del análisis del riesgo de desastres como parte del ciclo del proyecto de inversión es un aspecto clave hacia la construcción de estrategias de inversión resilientes. En la región se han desarrollado y promovido marcos conceptuales y metodológicos dirigidos a integrar el riesgo de desastres en la inversión pública, sobre todo para el proceso de pre-inversión y para los análisis de costo-beneficio y de rentabilidad. Estos esfuerzos han sido promovidos por organizaciones intergubernamentales (tales como CEPREDENAC) y agencias de las Naciones Unidas dentro de los sistemas nacionales de inversión pública, pero sin mayor participación en esta etapa de las unidades de planificación de los municipios. Por ejemplo, en Costa Rica, estos desarrollos se han cristalizado en una reforma normativa, haciendo del análisis del riesgo un aspecto obligatorio de los procesos de inversión pública (ver Recuadro 4.4). Sin embargo, para el resto de la región siguen siendo parte de pautas metodológicas generales.

Más allá de la importante labor de promoción realizada en los sistemas de inversión pública de la región, persisten algunos retos metodológicos para la inclusión efectiva de los criterios de GRD en la formulación de proyectos de inversión pública. Incluir criterios específicos de sensibilidad al riesgo en las evaluaciones de pre-inversión requerirá un conjunto diferente de directrices, sectoriales y específicas de riesgo, que deben ser desarrolladas y probadas. Además, los tiempos actuales para la formulación de proyectos de inversión

---

Recuadro 4.4 Integración de consideraciones de GRD en el proceso de revisión de los proyectos de inversión en Costa Rica

Costa Rica ha integrado consideraciones de gestión del riesgo en el proceso de revisión de todos los proyectos de inversión para el país. El Ministerio de Planificación Nacional (MIDEPLAN) ha añadido recientemente una revisión del riesgo de desastres dentro del formato de propuesta de proyecto para las inversiones nacionales, a través de las órdenes ejecutivas 34 694-PLAN-H de agosto de 2008 (Sistema Nacional de Inversión Pública), 35 098-PLAN de marzo de 2009 (Plan Nacional de Inversión Pública) y 35 374-PLAN de julio de 2009 (Normas Técnicas, Directrices y Procedimientos para la Inversión Pública). En virtud de esta medida, las agencias gubernamentales que presenten proyectos de inversión a MIDEPLAN ahora requieren llevar a cabo una evaluación del riesgo de desastres de la inversión propuesta e incluir medidas de mitigación en caso de que el proyecto esté expuesto a fenómenos naturales adversos. El país está en proceso de evaluación de sistemas que podrían ayudar a los funcionarios públicos en el proceso de toma de decisiones, mediante la evaluación del riesgo de desastres en los proyectos de inversión previstos. Adicionalmente, MIDEPLAN puso en marcha un ambicioso programa de formación que incluye la evaluación del riesgo, para los funcionarios públicos que intervienen en el proceso de inversión pública.

Fuente: Banco Mundial y GFDRR 2016a.

---

pública no toman en consideración la necesidad de incorporar un análisis del riesgo de desastres (BID, 2013). Antes de que pueda materializarse la inversión resiliente en las ciudades, debe llevarse a cabo un trabajo mayor para desarrollar capacidades y socializar estas directrices metodológicas.

Las inversiones resilientes eficaces a nivel local también requieren coordinación y planificación a nivel supramunicipal. Uno de los atributos previstos en los marcos de descentralización en la región es la facultad de los municipios para conformar asociaciones intermunicipales con otros municipios vecinos (mancomunidades). Esto es particularmente importante para que sean capaces de manejar riesgos tales como inundaciones, deslizamientos de tierra, incendios forestales y otros peligros que pueden activarse en una jurisdicción municipal, pero manifestar impactos adversos en las demás. Un claro ejemplo es que los procesos de deforestación y degradación del medio ambiente en las cuencas altas de los ríos agravan las inundaciones en las cuencas media y baja. La información sobre el riesgo de desastres debe ser parte de las herramientas de planificación para apoyar el trabajo de los "órganos de coordinación supramunicipales", y así contribuir a la mejora de la gobernanza global y las inversiones resilientes en las zonas urbanas, sobre todo en un contexto en el que los niveles subnacionales/provinciales son débiles. El caso de la "Mancomunidad del Sur" representa uno de los pocos, pero muy inspiradores, ejemplos en esa dirección (véase el Recuadro 4.5).

Recuadro 4.5 El riesgo de desastres como herramienta para apoyar la planificación del desarrollo en la "Mancomunidad Del Sur" en Guatemala

El Área Metropolitana de la Ciudad de Guatemala (AMCG) es la concentración urbana más importante de Guatemala, con una población estimada de 2.7 millones de habitantes, el 20 por ciento del total nacional. Estimaciones del Instituto Nacional de Estadística (INE) indican que en 2020 seis de sus municipios (Mixco, Amatitlán, Villa Nueva, San Miguel Petapa, Santa Catarina Pinula y Villa Canales) albergarán alrededor de 1.7 millones de personas, el 10 por ciento de la población nacional. Estos seis municipios ubicados en el sur del AMCG han creado recientemente una asociación metropolitana –la Mancomunidad del Sur (MS)– con el objetivo principal de desarrollar una estrategia común de ordenación del territorio (Gran Ciudad del Sur: Visión 2022). La estrategia consiste en alejarse de un desarrollo espacial monocéntrico hacia una región metropolitana multicéntrica, y al mismo tiempo abordar sus problemas comunes y aprovechar las posibles sinergias. Para apoyar este esfuerzo, un proyecto apoyado por el BM abordará una importante limitación: la falta de información espacial georreferenciada actualizada sobre el uso del suelo, la infraestructura y el riesgo, así como datos socio-económicos, de vivienda y de movilidad, para informar los programas de planificación y de inversión metropolitanos del AMCG. Este esfuerzo en la planificación metropolitana no tiene precedentes en Guatemala y se espera que sirva para establecer la base para futuros esfuerzos en la integración regional y espacial.

Fuente: Banco Mundial y GFDRR 2016b.

El seguimiento a las asignaciones de presupuesto, o el monitoreo sistemático al gasto en la reducción del riesgo de desastres (RRD), es un paso importante hacia las inversiones efectivas sensibles al riesgo de desastres. En la actualidad todavía es muy difícil evaluar los recursos asignados a inversiones para RRD y correlacionarlos con reformas públicas y monitoreo de las políticas de RRD. Tal seguimiento también debe comparar las asignaciones presupuestarias con los gastos reales, así como con los objetivos y logros reales. Guatemala y Panamá han desarrollado sistemas de seguimiento a las asignaciones de presupuesto que proporcionan valiosas lecciones aprendidas para informar a los desarrollos similares en otros países. Aunque aún es prematuro, también se debe considerar la posibilidad de replicar los sistemas de seguimiento de la asignación presupuestaria a nivel local para examinar la disponibilidad y el uso de recursos para la RRD.

La reducción del riesgo existente

Retos y oportunidades para la reducción del riesgo urbano en la región
La reducción del riesgo existente requiere abordar la construcción histórica de vulnerabilidad en la región, y podría lograrse mediante el desarrollo de sistemas eficaces para priorizar la corrección de la infraestructura, su modernización y, en casos extremos, la promoción de reasentamientos preventivos. Los desastres urbanos son manifestaciones de los niveles actuales de riesgo acumulados en contextos urbanos. Además, la rápida urbanización se asocia a menudo con la degradación ambiental que exacerba el impacto de los desastres en las ciudades. Por ejemplo, la deforestación y los daños a los humedales se encuentran entre los factores subyacentes que explican la acumulación histórica de los niveles de riesgo de desastres en las ciudades de Centroamérica, mientras que desastres naturales recientes como terremotos, ciclones e inundaciones han puesto de manifiesto diferentes niveles de vulnerabilidad de las zonas edificadas. Contar con herramientas efectivas para identificar y priorizar la corrección y modernización de la infraestructura, así como la realización de reasentamientos preventivos es un factor clave para reducir la vulnerabilidad existente.

Priorización de la corrección y modernización de la infraestructura
En un contexto de recursos limitados disponibles para los gobiernos locales, las principales medidas correctivas de RRD priorizadas en los Planes Municipales de GRD deben ser negociadas y apoyadas por los gobiernos centrales. Como se mencionó en la sección anterior, la mayoría de los planes municipales de GRD se encuentran de algún modo separados de otros instrumentos de planificación. Al mismo tiempo, ya que los gobiernos locales solo pueden asignar recursos limitados para implementar medidas correctivas, éstas siguen siendo mayoritariamente herramientas de diagnóstico en lugar de planes operativos que pueden guiar y apoyar iniciativas importantes para reducir los niveles actuales del riesgo de desastres, a menos que estén respaldadas por recursos proporcionados por los gobiernos centrales. Los gobiernos locales pueden desempeñar un papel

importante en el fomento de procesos participativos a través de los ejercicios de planificación de GRD, pero se requiere una acción coordinada con el gobierno central para llevar a cabo medidas de reducción del riesgo significativas.

El gobierno central seguirá desempeñando un papel importante en la reducción del riesgo de desastres en la prestación de los servicios públicos locales. Además del compromiso del gobierno local, el involucramiento por parte del gobierno y los ministerios centrales sigue siendo fundamental para apoyar los planes de financiamiento para la reducción de desastres como parte de una estrategia de RRD más amplia para los países. La limitada penetración de las responsabilidades de GRD en los marcos regulatorios sectoriales, agravada por la lenta descentralización de los servicios públicos (véase el Capítulo 2), da como resultado una baja capacidad de los gobiernos locales para el desarrollo de servicios públicos resilientes a los desastres. En este contexto, queda trabajo por hacer dentro de los ministerios del sector y las entidades centrales que prestan servicios públicos, de manera que actualicen sus reglamentos sectoriales incluyendo responsabilidades explícitas para identificar y reducir los riesgos de desastres.

La reducción del riesgo urbano existente también requiere la disponibilidad de evaluaciones de riesgos locales, junto con un compromiso político para las inversiones públicas. En un contexto de diversas prioridades socioeconómicas apremiantes para las autoridades locales, la decisión de llevar a cabo medidas correctivas de RRD debe ser apoyada por una evaluación robusta del riesgo de desastres, proporcionando los elementos sociales, económicos y políticos para presentar con éxito el caso y promover la acción de las autoridades locales y nacionales. A medida que la adaptación al cambio climático y el fortalecimiento de la resiliencia urbana sigan emergiendo como aspectos relevantes de política dentro de las agendas políticas de las ciudades, las medidas correctivas del riesgo de desastres pueden proporcionar medios concretos para alcanzar dichos objetivos integrales, al menos en el corto y mediano plazo.

La modernización de la infraestructura existente para reducir la vulnerabilidad es de importancia crítica. La mayoría de las grandes aglomeraciones urbanas en Centroamérica está situada en zonas propensas a los sismos, incluyendo todas las capitales, las cuales han sido afectadas por terremotos destructivos en diferentes momentos de la historia. En ese contexto, la eliminación, sustitución y modernización de las edificaciones inseguras y no reglamentadas existentes requieren un enfoque gradual que pueda reducir el riesgo de desastres durante un período de tiempo razonable. Focalizarse en las infraestructuras críticas - tales como escuelas, hospitales, plantas de tratamiento de agua potable, puentes y sistemas de drenaje- como estrategia de priorización para la modernización de la infraestructura, puede facilitar la participación de los gobiernos locales y nacionales. Recientemente se han llevado a cabo estudios de evaluación de riesgos sísmicos para un grupo de ciudades principales de la región, y existe una masa crítica de capacidades y conocimientos técnicos locales que podrían ayudar a informar a los planes de modernización.

Reasentamientos preventivos

Llevar a cabo reasentamientos preventivos es una oportunidad de reducción del riesgo para las autoridades locales. Teniendo en cuenta las implicaciones sociales, legales y políticas de un reasentamiento, la implementación de una relocalización planeada como medida de RRD es un paso que los gobiernos suelen dar solo después de evaluar la viabilidad de otras opciones de gestión del riesgo. Sin embargo, como resultado del aumento de los niveles de riesgo de los asentamientos vulnerables a peligros localizados (tales como deslizamientos de tierra), donde la mitigación de riesgos no es técnicamente factible o los niveles de riesgo están más allá de los umbrales de "riesgo aceptable", el reasentamiento preventivo o relocalización planeada se ha convertido cada vez más en una opción potencial evaluada por las autoridades locales. Hay algunas experiencias de reasentamiento preventivo en Centroamérica que ponen de relieve que los reasentamientos deben ser incorporados dentro de una política integral de RRD, y que debe desarrollarse la capacidad institucional necesaria. En el Recuadro 4.6 se presenta esta experiencia en Guatemala.

El financiamiento del riesgo inevitable

Una mayor resiliencia financiera de los gobiernos, el sector privado y las familias a través de la protección financiera es clave para la resiliencia urbana

En un contexto de rápida concentración de la población y los activos en las ciudades de Centroamérica, la capacidad de resiliencia financiera es clave para

---

Recuadro 4.6 La primera ciudad maya en el siglo XXI: Una experiencia de reasentamiento preventivo en Guatemala

Como resultado del impacto de la tormenta tropical "Stan" en 2005, 1,000 viviendas fueron destruidas totalmente o declaradas inhabitables. En respuesta a la catástrofe, el gobierno puso en marcha el "Plan Nacional de Reconstrucción con Transformación" para reconstruir la infraestructura económica y social destruida y crear 80 nuevos centros urbanos.

El gobierno utilizó esta oportunidad no solo para proporcionar viviendas a las personas afectadas, sino también para reubicar a las personas no afectadas que vivían en áreas propensas a los desastres. Uno de estos casos fue documentado en una compilación sobre experiencias de Latinoamérica en reasentamientos preventivos, la cual fue publicada por el Banco Mundial en 2011. A pesar de que las experiencias analizadas pertenecen a los distritos rurales de Panajab y Tz'anchaj del Departamento de Sololá, el caso arrojó lecciones importantes que podrían aplicarse al reasentamiento preventivo en las zonas urbanas, tales como la importancia de: (i) la coordinación nacional, departamental y municipal; (ii) la incorporación de los planes de reasentamiento en los planes de uso del suelo; (iii) la incorporación de las dimensiones sociales y culturales en la formulación y ejecución de los planes de reasentamiento; (iv) la participación y organización de la comunidad; y (iv) los mecanismos de rendición de cuentas, entre otros.

Fuente: Banco Mundial y GFDRR 2011.

---

proteger a las personas y bienes de los riesgos de desastres existentes y futuros. El aumento de la capacidad de resiliencia financiera de los gobiernos, del sector privado y de los hogares a través de la protección financiera contra el riesgo de desastres es un componente inherente de la resiliencia urbana. Los impactos potenciales de desastres en los principales centros urbanos de la región (como ha ocurrido con todas las capitales de Centroamérica en diferentes momentos de su historia), afectarán directa e indirectamente la estabilidad financiera y el desarrollo de estos países. Como se mencionó en la Sección 1, durante el período 1970-2010 los principales eventos adversos naturales como terremotos, huracanes y grandes inundaciones han causado daños y pérdidas que exceden un acumulado de US$ 80 mil millones. En este contexto, las acciones encaminadas a la reducción de los efectos financieros negativos de los desastres, de manera que protejan tanto a las personas como a los bienes, se están convirtiendo en un proceso importante de la estrategia global de los gobiernos para la gestión del riesgo de desastres.

Los gobiernos locales se encuentran entre los principales beneficiarios de la protección financiera, pero la tarea de promover y garantizar la protección financiera contra desastres sigue siendo responsabilidad del gobierno central. En los países de Centroamérica, el gobierno central tiene un papel importante en el alivio de emergencia, la recuperación y la reconstrucción tras los desastres y, por lo tanto, para abordar las preocupaciones sobre la protección financiera y los seguros contra el riesgo de desastres. La reconstrucción de la infraestructura pública sin seguro en las ciudades –incluyendo la vivienda de interés social– normalmente representa la mayor parte del gasto público después de los desastres. Sea o no que el gobierno tenga la obligación legal de proporcionar este apoyo, la presión social y política puede hacer de ese apoyo una obligación contingente implícita (BM-GFDRR, 2015). Debido a la falta de reglas claras para compartir costos entre el gobierno local y nacional, los gobiernos nacionales son *de facto* llamados a actuar como prestamista de último recurso en caso de desastres.

En los últimos años, un progreso notable en los mecanismos de retención de riesgo ha permitido una respuesta más eficaz a los desastres urbanos en la región. Los gobiernos de la región han fortalecido en los últimos años los mecanismos financieros para la gestión del riesgo de desastres. El crédito contingente es un instrumento financiero que permite a los gobiernos asegurar fondos de manera previa a los desastres, de tal manera que estén disponibles de inmediato en caso de emergencia. El Banco Mundial puso en marcha en 2008 el primer de préstamo de este tipo llamado *Catastrophe Deferred Drawdown Option* (CAT-DDO), y Costa Rica se convirtió en el primer país en obtener tal tipo de préstamo. A partir de ese mismo año y en adelante, el resto de los países de Centroamérica tuvo acceso a diferentes líneas de crédito contingente, como se muestra en la Tabla 4.3. Los créditos contingentes complementan a otros tales como las reservas nacionales para financiar eventos de alta frecuencia y baja severidad. Panamá estableció un fondo soberano en 2012 (Fondo de Ahorro de Panamá, FAP) y designó pérdidas por desastre mayores al 0.5 por ciento del PIB (sin incluir coberturas de seguro y el importe de las líneas de crédito contingente), como uno de los tres factores desencadenantes de un pago.

Tabla 4.3 Mecanismos de financiamiento del riesgo en Centroamérica

País	Préstamo de contingencia (BID) US$ millones	Préstamo de contingencia (CAT-DDO- BM) US$ millones	Fondo de Emergencia
Costa Rica	—	US$ 65	✓
El Salvador	—		✓
Guatemala	—	US$ 85	✓
Honduras	US$ 100	—	—
Nicaragua	US$ 186	—	✓
Panamá	US$ 100	US$ 66	✓

Fuente: Banco Mundial, BID.
Nota: — = no disponible.

En contraste, solo ha habido un progreso incipiente en los mecanismos de transferencia de riesgos para proteger los bienes públicos de las ciudades. El mercado doméstico de seguros y las soluciones de seguros para el sector agrícola son parte de los mecanismos de transferencia de riesgo en la región, pero solo un pequeño porcentaje de los activos públicos de las ciudades está asegurado contra los desastres y la calidad de la cobertura del seguro es incierta. Costa Rica muestra avances en términos de requisitos de seguros dentro de los programas de vivienda social (Bonos de Vivienda Social) y Panamá ha desarrollado un esquema de co-seguros para transferir el riesgo de los activos públicos, donde todas las instituciones del Estado deben tener un sistema de gestión de riesgos que considera al Gobierno como un solo cliente, garantizando así que exista un esquema estandarizado, colectivo y centralizado. No se han desarrollado seguros catastróficos y mecanismos específicos de transferencia basados en el mercado, pero la región aborda en la actualidad las posibilidades para un manejo regional conjunto del riesgo. Centroamérica se comprometió en 2014 a unirse al Fondo de Seguro contra Riesgos de Catástrofes para el Caribe (*Caribbean Catastrophe Risk Insurance Facility*, CCRIF), lo que permitirá la agregación de los riesgos en carteras más grandes y diversificadas entre los países de Centroamérica para reducir el costo de acceso a los mercados internacionales de seguros.

El progreso en la protección financiera no ha sido documentado por un enfoque estratégico integral de los riesgos de desastre financiero y los seguros. A pesar de los recientes avances en la adopción de herramientas de protección financiera en la región, los gobiernos aún tratan los efectos financieros de los desastres sobre una base ad-hoc después de ocurridos los eventos. El establecimiento de herramientas de protección financiera por parte de los gobiernos de la región no ha estado guiado por una visión estratégica de optimizar la combinación de los mecanismos de transferencia y retención de riesgos, en función de sus perfiles de riesgo. Hasta ahora, solo Panamá ha adoptado recientemente un marco estratégico para el Financiamiento y Seguros contra el Riesgo de Desastres (FSRD), el cual fue desarrollado con el apoyo de entidades regionales e internacionales, incluyendo CEPREDENAC, el Banco Mundial, el Banco Interamericano de Desarrollo y el Fondo Mundial para la Reducción de los Desastres y la Recuperación (*Global Facility for Disaster Reduction and Recovery*, GFDRR) (véase el Recuadro 4.7).

Recuadro 4.7 Panamá lidera el camino en la región hacia una estrategia integral FSRD

Con la promulgación del Decreto 578 de 2014, el Gobierno de Panamá (GOP) formalizó su marco de referencia guía para la gestión del riesgo fiscal en caso de desastres relacionados con el impacto de las amenazas naturales, convirtiendo a Panamá en el primer país de la región en implementar tal marco de referencia. El programa de Financiamiento y Seguros contra el Riesgo de Desastres (FSRD) de Panamá representa la culminación de una serie de reformas públicas, consultas y estudios realizados por el GOP en los últimos años, e incluye los mandatos actualizados en materia de protección contra el riesgo de desastres conferidos a la Dirección de Inversiones, Concesiones y Riesgo (DICRE) del Ministerio de Finanzas. Estos esfuerzos han creado un fuerte mandato legal en Panamá para establecer una estrategia de gestión financiera (ver Figura B4.7.1) que aborde los riesgos de desastres. El documento incorpora lecciones importantes aprendidas de la experiencia internacional: (i) incluir el riesgo de desastres como parte de un marco integrado de gestión del riesgo fiscal; (ii) asegurar que los gobiernos tengan acceso a fondos inmediatos después de un desastre; (iii) considerar la creación de un fondo nacional de desastres; y (iv) reducir los pasivos contingentes del Estado frente a los desastres asociados con el impacto de los peligros naturales mediante el seguro de los bienes públicos críticos y la promoción del mercado privado de seguros para riesgos catastróficos.

Figura B4.7.1 Estrategia de financiamiento para desastres asociados con el impacto de los peligros naturales

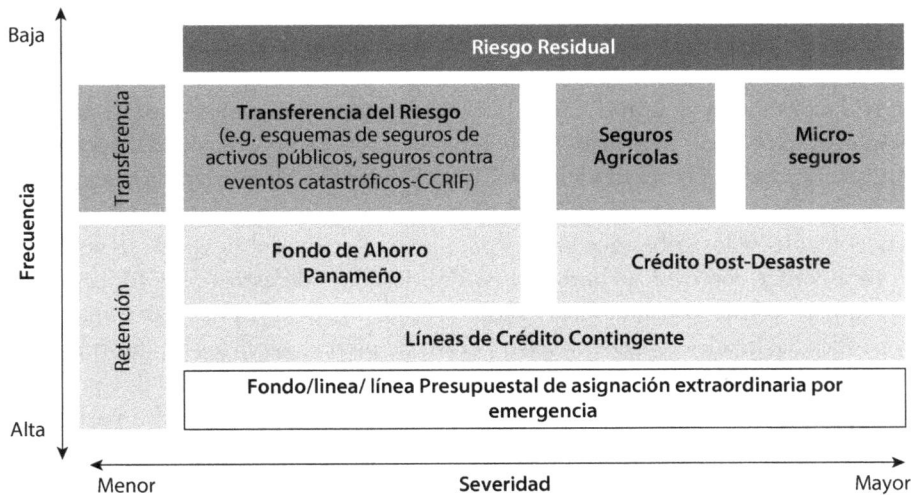

Fuente: Banco Mundial y GFDRR 2015b.

La comprensión del riesgo de desastres

La gestión del riesgo de desastres y la construcción de la resiliencia urbana requieren una comprensión clara de los patrones urbanos y los riesgos de desastres

Mejorar la base de conocimiento sobre vulnerabilidad y perfiles de riesgo a nivel local es una condición básica para implementar políticas y medidas para reducir los riesgos de desastres y mejorar la resiliencia urbana. La comprensión del riesgo de desastres implica en primer lugar un conocimiento exhaustivo de los eventos naturales que podrían tener un impacto negativo en las poblaciones y los activos de un territorio, incluyendo la frecuencia de ocurrencia, los períodos de retorno, probabilidades e intensidades (comprender la amenaza). En segundo lugar, es necesario identificar las personas y bienes que están expuestos a esos peligros (comprender la exposición), lo cual es un aspecto muy dinámico en el contexto de rápida urbanización. En tercer lugar, una vez que se identifican la población y activos expuestos, debe realizarse la evaluación de su vulnerabilidad específica a peligros específicos (comprender la vulnerabilidad), para finalmente evaluar la probabilidad de que suceda un impacto negativo (comprender el riesgo de desastres).

En la región hay diversos arreglos institucionales para generar información sobre los riesgos. Algunos países como Guatemala, Nicaragua y El Salvador tienen instituciones técnicas centralizadas que generan información primaria sobre los peligros geológicos e hidrometeorológicos, con diferentes grados de autonomía y sin un mandato explícito para apoyar la evaluación de riesgos territoriales y sectoriales. Panamá carece de un servicio hidrometeorológico nacional y la información pertinente sobre los riesgos geológicos es producida por un instituto de ciencias de la tierra que pertenece a la Universidad de Panamá. En Costa Rica existen dos centros técnicos que prestan servicios de monitoreo de la actividad sísmica y volcánica. Solo El Salvador, tras el terremoto que sacudió al país en 2010, creó una institución especializada (SNET, ahora Observatorio Ambiental) basada en el modelo de CENAPRED[8] de México. En la mayoría de los casos, estas instituciones carecen de mandatos claros para proporcionar asistencia técnica a los gobiernos locales para la evaluación del riesgo de desastres.

Para contar con evaluaciones sólidas del riesgo de desastres para las ciudades se requiere contar con modelos y monitoreo de los peligros naturales apoyados por redes nacionales fortalecidas. Con el fin de ofrecer servicios de información, las redes nacionales de monitoreo hidrometeorológico y geológico deben reforzarse para generar datos de referencia para los estudios del riesgo. En particular, el fortalecimiento de los servicios climáticos es de vital importancia en un contexto de cambio climático y la necesidad de documentar las medidas diseñadas localmente para la gestión y adaptación al riesgo de desastres. Todas las redes nacionales de monitoreo hidrometeorológico en Centroamérica están por debajo de la tasa de cobertura de densidad establecida por la OMM y, en términos generales, carecen de los recursos humanos y financieros necesarios para un mantenimiento adecuado (CRRH-SICA, 2015).

El desarrollo de bases de datos robustas sobre la exposición de los bienes públicos es clave para apoyar el análisis de exposición y los perfiles de vulnerabilidad de las carteras públicas a nivel de ciudad. En el caso del sector de la vivienda, los atributos físicos tales como el tipo de construcción, la ocupación o la edad del edificio son esenciales para evaluar la vulnerabilidad y las pérdidas potenciales (valores de reemplazo) en caso de la ocurrencia de desastres. A nivel nacional, las bases de datos sobre los activos públicos aún son débiles e incompletas en la región, por lo que la situación es aún más débil para las ciudades y municipios, agravada por las necesidades de datos geoespaciales sobre la infraestructura expuesta. Por lo general, cuando la información sobre algún riesgo está disponible, la evaluación de la exposición y la vulnerabilidad se convierte en un factor limitante para llevar a cabo evaluaciones de riesgo de carteras sectoriales específicas.

Evaluaciones probabilísticas del riesgo

Se han llevado a cabo estudios de evaluación probabilística del riesgo en diversas ciudades de Centroamérica, pero solo como iniciativas piloto. Evaluaciones de riesgos sísmicos utilizando la plataforma CAPRA (véase el Recuadro 4.8) fueron llevadas a cabo en David (Panamá), Ciudad de Guatemala, Managua, Ciudad de Panamá, San José, San Salvador y Tegucigalpa. La mayoría de estos estudios evaluaron el riesgo de desastres para los portafolios de vivienda, educación (escuelas) y salud (hospitales), y fueron resultado de un esfuerzo coordinado interinstitucional que implicó el trabajo de las instituciones técnicas y los ministerios. Más allá de los resultados concretos de estos estudios, su implementación se focalizó en el desarrollo de capacidades de una red de profesionales e investigadores del sector público en la evaluación probabilística del riesgo, estableciendo las bases de una red regional de GRD.

Hasta el momento, la experiencia en la implementación de los estudios piloto confirma algunas percepciones mencionadas anteriormente acerca de los procesos de evaluación del riesgo en la región. Estas son: i) los estudios requirieron el establecimiento de equipos multisectoriales y multidisciplinarios ad hoc, así como la existencia de un patrocinador institucional (que varió para cada estudio) para coordinar y dirigir todo el proceso; ii) la construcción de los datos de exposición para evaluar el componente de vulnerabilidad demostró estar entre las tareas más desafiantes, dejando al descubierto la falta de buenas bases de datos de activos públicos e información georreferenciada actualizada de la infraestructura en los sectores clave; iii) si bien hay buenas capacidades técnicas en las instituciones técnicas y universidades, las evaluaciones del riesgo no son parte de los mandatos institucionales habituales; iv) a pesar de que los resultados se focalizaron en las ciudades, fue difícil sensibilizar y comprometer a las autoridades de los gobiernos locales; v) en la mayoría de los casos, los resultados de los estudios no han influido en la toma de decisiones o dado lugar a planes o estrategias inmediatos para la RRD en las carteras sectoriales evaluadas en el estudio.

Recuadro 4.8 CAPRA: El programa de evaluación probabilística del riesgo en Centroamérica

El Programa CAPRA se creó en 2008 como una iniciativa de colaboración entre el Centro de Coordinación para la Prevención de los Desastres Naturales en América Central (CEPREDENAC), la Oficina de las Naciones Unidas para la Reducción del Riesgo de Desastres (UNISDR), el Banco Interamericano de Desarrollo (BID), el Banco Mundial (BM), el Fondo Mundial para la Reducción del Riesgo de Desastres y la Recuperación (GFDRR) y la Agencia de Desarrollo de Australia (AusAID).

Desde su creación, CAPRA ha buscado fortalecer la capacidad institucional para evaluar, comprender y comunicar los riesgos de desastres, con el objetivo de generar información relevante para ser incorporada en programas de desarrollo y estrategias de toma de decisiones. A nivel operativo, CAPRA utiliza un ambiente de software modular gratuito que permite a los profesionales técnicos de diferentes disciplinas llevar a cabo evaluaciones probabilísticas del riesgo de desastres.

Los módulos de riesgo que componen el software gratuito de CAPRA, y que se pueden utilizar para evaluar terremotos, huracanes, lluvias, volcanes, inundaciones, deslizamientos de tierra y tsunamis, se basan en sólidas bases de datos, revisadas entre pares, de cientos de

Mapa B4.8.1 Probabilístico de distribución de daños por riesgo de terremoto, Santa Tecla, El Salvador, 2016

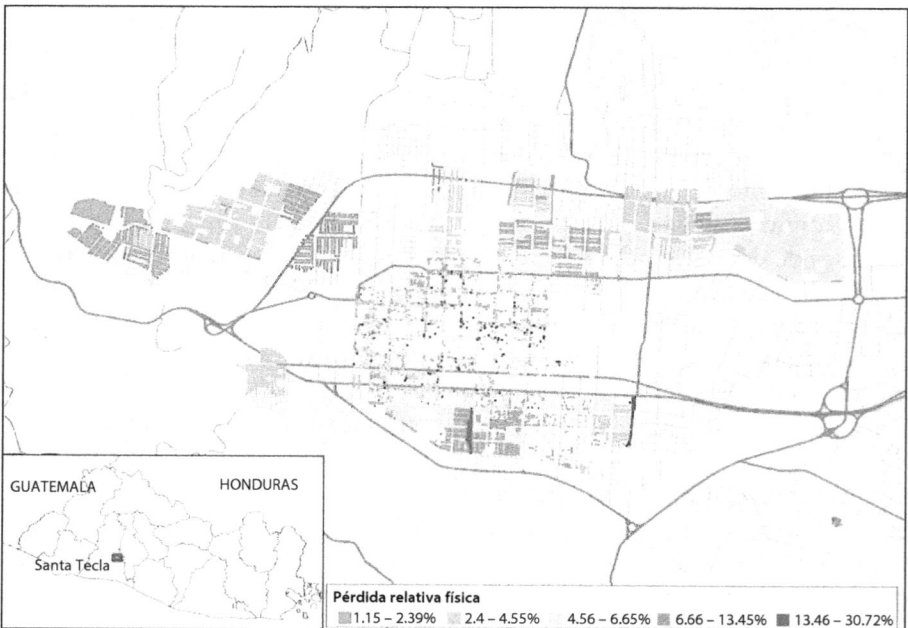

Fuente: Equipo CAPRA, Banco Mundial 2016b.

Recuadro continúa en la siguiente página

Recuadro 4.8 CAPRA: El programa de evaluación probabilística del riesgo en Centroamérica
(continuación)

acontecimientos históricos y simulados. La información generada a partir de la evaluación de los riesgos se combina entonces con: (i) las bases de datos sobre exposición, incluyendo los activos en riesgo (infraestructura y población); y (ii) la vulnerabilidad asociada a esos activos en riesgo. Por último, el módulo principal, CAPRA-SIG, combina los escenarios de los riesgos, las bases de datos sobre exposición y la información sobre vulnerabilidad, y estima las curvas de excedencia de pérdidas (tanto económicas como humanas).

Gráficamente, una de las salidas principales es un conjunto de mapas de riesgo que potencialmente podría convertirse en un elemento útil para proporcionar información esencial para una futura gestión preventiva del riesgo de desastres. La figura B4.8.1 presenta un mapa probabilístico de distribución de daños a la vivienda y el sector comercial por el riesgo de un terremoto –expresados en términos de pérdidas anuales promedio– en la ciudad de Santa Tecla, El Salvador,

---

Estudios completos de evaluación del riesgo a nivel urbano están incorporando gradualmente los enfoques probabilísticos, pero se requiere una mayor articulación con el proceso de toma de decisiones. El beneficio final de las iniciativas de modelos y mapeo de riesgos, tales como CAPRA, no se puede lograr sin mecanismos eficaces para garantizar la aplicación de la información sobre estos peligros y den lugar a asentamientos más seguros y a mejores edificaciones para el desarrollo urbano. Existe todavía un reto importante para mejorar las formas de comunicar los resultados técnicos de las evaluaciones del riesgo de desastres a las autoridades locales y nacionales para que se promuevan medidas concretas de RRD. Idealmente, una combinación de las evaluaciones probabilísticas del riesgo con procesos participativos de evaluación del riesgo –que incluyen la percepción del riesgo y la determinación del riesgo política y socialmente aceptado– puede conducir a la decisión de hacer una inversión en medidas de RRD en contextos urbanos.

También se necesita responder la creciente demanda de evaluaciones del riesgo asociado con los peligros hidrometeorológicos. Ha habido en la región un importante desarrollo e investigaciones focalizadas en herramientas para evaluar el riesgo sísmico. Sin embargo, los eventos más frecuentes en Centroamérica son los asociados a los peligros hidrometeorológicos. Crear modelos de estos riesgos para escenarios localizados implica desafíos metodológicos significativos y acceso a información que no está fácilmente disponible, sobre todo debido a la falta histórica de recolección sistemática de datos y a un monitoreo deficiente en la región. Existe un creciente interés en la integración de los escenarios climáticos como parte de los procesos de evaluación del riesgo climático, lo que también representa grandes retos metodológicos. En un contexto de países relativamente pequeños, la cooperación regional sigue desempeñando un papel importante a través de iniciativas como el Foro Centroamericano del Clima impulsado por el Comité Regional de Recursos Hidráulicos, CRRH.

Datos geoespaciales

A medida que las herramientas y plataformas para la evaluación probabilística del riesgo -anteriormente bajo el dominio de las compañías de seguros- se encuentran cada vez más a disposición del público, las oportunidades de mejora de los datos geoespaciales se amplían. Existe también una oferta cada vez mayor de plataformas de datos geoespaciales de código abierto que pueden ayudar a superar la falta de instituciones para la evaluación y el mapeo de riesgos, en un contexto donde las reformas públicas necesarias tomarían algún tiempo para materializarse. Estas plataformas de código abierto pueden promover el intercambio de datos y la colaboración entre los diversos actores tales como agencias gubernamentales, el sector privado, la academia y la sociedad civil. Un ejemplo se encuentra en Panamá, donde unas pocas instituciones guiadas por el equipo de *Open Data* para la Iniciativa de Resiliencia (OpenDRI) del Banco Mundial y la *Open Data Initiative* más amplia, desarrollaron un GeoNodo para la GRD (véase el Recuadro 4.9).

Este tipo de iniciativas son particularmente importantes en contextos en los que los datos sobre el riesgo de desastres se encuentran dispersos y atomizados en diversas instituciones, con la ausencia de interoperabilidad espacial de los

---

Recuadro 4.9 Fomento del intercambio de datos y la colaboración interinstitucional: El caso de geonodo para la GRD en Panamá

Reconociendo una serie de factores que limitan la distribución de información geoespacial relacionada con los riesgos de desastres en Panamá, el Ministerio de Finanzas (MEF) y el Ministerio de Vivienda y Ordenamiento Territorial (MIVIOT), con el apoyo de GFDRR, lideraron el desarrollo de GeoNodo, una aplicación y plataforma de código abierto basada en la web para desarrollar y compartir información geoespacial. Hasta ahora, el GeoNodo ha ayudado a concentrar en un repositorio abierto la cartografía básica existente, mapas de riesgo y catálogos de terremotos, los datos de la base de datos de desastres de Panamá DesInventar, el mapeo de los indicadores de desarrollo y los resultados de las evaluaciones probabilísticas del riesgo de desastres que han sido llevadas a cabo en últimos años (estudios de CAPRA en David, Ciudad de Panamá y Boquete).

El MEF está cargando gradualmente a GeoNodo la información de los activos públicos para determinar la exposición de los activos públicos, mientras que MIVIOT ha proporcionado la información espacial sobre los planes urbanos y del uso del suelo recientemente desarrollados por la institución. Inspirado por esta iniciativa, el Municipio de la Ciudad de Panamá ha implementado un GeoNodo cuyos datos incluyen el inventario y depósito original de los datos, y se ha ampliado con información de la planificación urbana y la GRD, incluyendo el catastro. En un contexto de información no accesible fácilmente e institucionalmente dispersa sobre el riesgo de desastres, y un desarrollo aún incipiente de iniciativas para el intercambio de datos, el GeoNodo ha demostrado ser una herramienta eficaz para compartir información relevante e involucrar instituciones y gobiernos locales que se convierten en proveedores y usuarios de la información para la GRD.

---

datos y de protocolos institucionales de intercambio. Éstas promueven la identificación de datos existentes sobre riesgos que representan niveles relevantes de exposición, de amenazas y de vulnerabilidad a nivel local. Dada la relativamente alta penetración de internet y la cobertura de telefonía móvil en los países de Centroamérica, existe un alto potencial en las iniciativas de mapeo colaborativo (*crowdsourced*) del riesgo de desastres en las ciudades, añadiendo a lo que debería ser una tendencia creciente del uso de estas herramientas de código abierto para la resiliencia urbana.

El desarrollo de bases de datos sobre la exposición al riesgo de desastres de las ciudades también es fundamental para impulsar las estrategias de protección financiera contra el riesgo. La falta de conocimiento acerca de la exposición al riesgo de las ciudades –y acerca del costo de este riesgo– puede dar lugar a decisiones de inversión sub-óptimas para proteger el bienestar. Los registros históricos de cómo afectaron los desastres las finanzas públicas en el pasado, y los análisis probabilísticos actuariales y financieros -como los modelos de pérdidas por desastres-, son elementos fundamentales en la toma de decisiones para la protección financiera que puede afectar la capacidad de recuperación urbana. El desarrollo de capacidades para la evaluación del riesgo -en particular sobre los métodos y herramientas probabilísticas-, así como la construcción de bases de datos sobre la exposición de los activos públicos de las ciudades, es esencial para documentar el desarrollo de estrategias sólidas de financiamiento del riesgo de desastres que finalmente construyan la resiliencia económica en una Centroamérica cada vez más urbanizada.

Avanzando en la construcción de ciudades resilientes

En los últimos cinco años, se han desarrollado políticas regionales y nacionales modernas e integrales para la GRD. Después de un largo y completo proceso consultivo, en agosto de 2010 los países del área adoptaron la Política Centroamericana para la Gestión Integral del Riesgo de Desastres (PCGIR), que establece las directrices de política para que los gobiernos de la región actualicen y establezcan políticas modernas y marcos estratégicos para la gestión del riesgo de desastres en sus territorios. Desde entonces, Panamá, Costa Rica, Guatemala, Honduras y Nicaragua han adoptado nuevos marcos de política y planificación nacionales documentados por el PCGIR para abordar diferentes procesos de GRD.

A pesar del progreso regional y nacional, aún se requiere el desarrollo legislativo de las responsabilidades de GRD a nivel subnacional y local. Mientras que los marcos nacionales de GRD identifican el papel de los gobiernos locales y promueven sus responsabilidades para la GRD, esto todavía no se refleja en los diversos marcos de políticas de descentralización en Centroamérica. Solo en Panamá, cuyo marco de descentralización fue aprobado en 2009 y entró en vigor en 2015, se establece que "...la gestión integral del riesgo de desastres para la protección de la población y la implementación de las políticas nacionales para la prevención y mitigación de desastres" es una responsabilidad a nivel municipal. Pero el trabajo de los municipios en la reducción del riesgo de desastres todavía no está inscrito en sus propios marcos de regulación y es promovido principalmente como una nueva tarea de los marcos nacionales de GRD.

La medición del riesgo vista como una base para la intervención es relevante cuando la población reconoce y entiende dicho riesgo. A pesar de los recientes avances en el ámbito nacional, la mayoría de las ciudades de Centroamérica no tienen suficientes recursos técnicos y financieros para la medición y representación del riesgo local, pues existe una falta de modelos, mapas e índices a nivel local-urbano. La evaluación del riesgo que se necesita debería incluir la evaluación de amenazas, los diferentes aspectos de la vulnerabilidad ante ellas, y las estimaciones en cuanto a la ocurrencia de posibles consecuencias durante un tiempo de exposición determinado.

La protección financiera es fundamental para la sostenibilidad del desarrollo y el crecimiento económico en Centroamérica. Esto implica la adecuada asignación y uso de recursos financieros para la gestión e implementación de estrategias apropiadas de retención y transferencia de las pérdidas por desastres. La mayoría de los países de la región han creado fondos de reserva o procedimientos presupuestarios que se activan cuando se enfrentan a desastres naturales; sin embargo, a nivel local-urbano existe una falta de recursos para el diseño de estrategias integrales de protección financiera en base a estimaciones probabilísticas del riesgo.

Principales áreas de focalización:

- Identificar los factores clave de la vulnerabilidad y la resiliencia urbana, las falencias, las oportunidades, las capacidades/recursos, y las barreras y oportunidades para llevar a cabo inversiones resilientes centradas en lo urbano y a nivel nacional.
- Impulsar reformas de descentralización para fortalecer las responsabilidades de GRD dentro de los marcos de regulación de las entidades territoriales y los sectores.
- Desarrollar e integrar herramientas de planificación de GRD a nivel local como parte de una planificación más amplia del desarrollo local de los municipios, enfocada en la planificación del uso del suelo y los permisos de construcción.
- Los gobiernos locales pueden promover estándares y sistemas de certificación de resiliencia específicos como mecanismos de apoyo para la reducción de riesgos a través de incentivos, especialmente incentivos no financieros
- Asegurarse de que las inversiones en infraestructura específica incorporen medidas para gestionar los impactos del riesgo de desastres a lo largo de su vida útil, desde su diseño hasta la construcción, el mantenimiento y la planificación de contingencias.
- Implementar intervenciones focalizadas en las comunidades vulnerables para minimizar efectivamente el desastre físico, social y financiero, así como el riesgo climático.
- Prestar asistencia técnica para facilitar las inversiones específicas en infraestructura y un enfoque sectorial que valore la extensión de la vida útil de la infraestructura pública.

- Focalizarse en el mantenimiento de la calidad y funcionalidad de los activos, reduciendo así las pérdidas medias anuales resultantes del riesgo de desastres y causadas por la creciente vulnerabilidad de la infraestructura debido a su mala conservación.
- Elaborar estrategias integrales de financiamiento del riesgo de desastres mediante la cuantificación del valor financiero de las reservas requeridas para desastres. Esto se logra mediante la evaluación de los pasivos contingentes explícitos e implícitos, la identificación de oportunidades para racionalizar la ejecución del presupuesto después de un desastre y la exploración de oportunidades para el crecimiento del mercado de los seguros.

Notas

1. Para ser incluido en EM-DAT, un desastre debe cumplir con al menos uno de los siguientes criterios: 10 o más personas reportadas como fallecidas; 100 o más personas reportadas como afectadas; declaración del estado de emergencia o llamado a la asistencia internacional.
2. *CEPAL 2011*, "Evaluación Regional de los impactos de la depresión tropical 12E en Centroamérica".
3. US$ de 2000. Los datos presentados aquí sobre el impacto económico de los eventos históricos se basan en la Evaluación de Necesidades Post Desastres (ENPD) que representan un daño directo a los activos y los edificios y las pérdidas indirectas debido a la variación de los precios o ingresos. Esta metodología es muy diferente de la presentada en la sub-sección *"¿Qué está en riesgo en las zonas urbanas de Centroamérica?"* y los resultados no se pueden comparar. Los datos sobre el impacto histórico de los desastres han sido recopilados por CEPAL (2014), *"La estimación de los efectos de los desastres en América Latina"*, Serie Medio Ambiente y Desarrollo 157.
4. Este proyecto ha sido financiado por el Banco Mundial a través de una subvención del Fondo Mundial para la Reducción de los Desastres y la Recuperación (GFDRR) (TF014499) del Gobierno de Australia (AusAID) en el marco del programa CAPRA de Evaluación Probabilística de Riesgos (P144982).
5. La PMA es una medida de riesgo usada comúnmente que representa la media de una distribución de probabilidad de pérdidas excedentes (PE).
6. Una publicación reciente del BM-GFDRR *Building Regulation for Resilience: Managing Risk for Safer Cities* explora y documenta los factores que han limitado la incidencia efectiva de las normas de uso del suelo y de construcción sobre la reducción del riesgo de desastres en los países de ingresos bajos y medios.
7. Este caso es descrito en *"Strategic Communications for Business Environment Reforms"*. FMI, 2007.
8. CENAPRED se estableció tras el terremoto de 1976 en la Ciudad de México, con un mandato robusto y capacidades técnicas para generar la información de riesgo a todos los niveles territoriales en México.

Referencias

Aubrecht, C., R. Gunasekera, J. Ungar, y O. Ishizawa. 2016. "Consistent yet adaptive global geospatial identification of urban-rural patterns: The iURBAN model." Proceedings of the National Academy of Sciences (PNAS), en preparación.

Banco Mundial. 2007. "Strategic Communications for Business Environment Reforms: A Guideline for Stakeholder Engagement and Reform Promotion." Corporación Financiera Internacional.

———. 2015. "Perfil del Riesgo de Desastres del País para Costa Rica, El Salvador, Guatemala, Honduras, Nicaragua y Panama." Banco Mundial.

Banco Mundial y GFDRR (Global Facility for Disaster Reduction and Recovery). 2011. "Preventive Resettlement of Populations at Risk of Disaster: Experiences from Latin America." Banco Mundial y GFDRR.

———. 2015a. "Building Regulation for Resilience: Managing Risk for Safer Cities." Banco Mundial y GFDRR.

———. 2015b. "Strategic Framework for the Financial Management of Disaster Risk." Banco Mundial y GFDRR.

———. 2016a. "Disaster Risk Management in the Latin American Region – Notas de País, Costa Rica." Banco Mundial y GFDRR.

———. 2016b. "Experiencias en la inclusión de la Gestión de Riesgo de Desastres en el Ordenamiento Territorial en Panamá: Desde la implementación del marco normativo nacional a su implementación a nivel local." Banco Mundial y GFDRR.

BID (Banco Interamericano de Desarrollo). 2013. "Integración de la Gestión de Riesgo de Desastres y la Adaptación al Cambio Climático en la Inversión Pública en Centroamérica." Nota Técnica. BID -TN-509.

CRRH-SICA (Comité Regional de Recursos Hidráulicos and Sistema de la Integración Centroamericana). 2015. "Diagnóstico de capacidades, umbrales de referencia para el monitoreo y lineamientos de SAT en sequía para Centroamérica." CRRH-SICA.

Gunasekera, R., Ishizawa, O., Aubrecht, C., Blankespoor, B., Murray, S., Pomonis, A. y Daniell, J. 2015. "Developing an adaptive global exposure model to support the generation of country disaster risk profiles." *Earth-Science Reviews*, 150, 594-608.

Socio-Economic Database for Latin America and the Caribbean (SEDLAC). Center for Distributive, Labor and Social Studies (CEDLAS). Banco Mundial. http://sedlac.econo.unlp.edu.ar/eng/statistics-detalle.php?idE=35.

CAPÍTULO 5

Hacia ciudades más competitivas para la creación de más y mejores empleos

Albert Solé

Síntesis

Las ciudades de Centroamérica juegan un papel central a la hora de impulsar el crecimiento económico y la generación de oportunidades de empleo para sus habitantes. A medida que la urbanización conduce a una creciente concentración de actividades económicas en las ciudades, se vuelve cada vez más importante mejorar la competitividad a nivel de ciudad. La experiencia internacional muestra que una visión subnacional para el desarrollo económico puede tener un impacto significativo. Las ciudades competitivas son capaces de mantener el éxito económico mediante la participación en políticas proactivas de Desarrollo Económico Local (DEL) para apoyar el crecimiento de las empresas existentes, atraer a los inversionistas externos y estimular la creación de nuevas empresas.

En este Capítulo se analiza cómo un DEL eficaz puede contribuir a elevar la competitividad en Centroamérica. La Sección 1 analiza los diferentes modelos de crecimiento y explica por qué la mejora de la competitividad es fundamental para mantener el crecimiento económico de la región. La Sección 2 presenta lecciones aprendidas de ciudades competitivas globales que ilustran cómo las políticas locales pueden apoyar la competitividad. La Sección 3 identifica ejemplos y áreas de oportunidades específicos para las ciudades de Centroamérica. Por último, la Sección 4 presenta un conjunto de recomendaciones de política dirigidas a desarrollar e implementar estrategias eficaces de desarrollo económico a nivel local.

Mensajes clave
- A través de políticas eficaces de DEL, las ciudades de Centroamérica pueden mejorar su competitividad y facilitar el crecimiento económico y la creación de empleo en sus territorios.

- Los factores críticos de éxito para el DEL incluyen una clara comprensión de las ventajas económicas locales, el desarrollo de un sólido Diálogo Público-Privado (DPP) a nivel local y el desarrollo de la capacidad local en la escala geográfica adecuada.

Por qué el desarrollo económico local es importante para Centroamérica

La región debe seguir ampliando las fuentes de crecimiento inclusivo con el fin de revertir la desigualdad y la pobreza generalizada. Para aprovechar plenamente el dividendo demográfico masivo[1] será necesario que los países de Centroamérica aceleren el cambio hacia actividades productivas de mayor valor añadido. El grado en que una economía compite en un entorno globalizado está definido por la forma en que la productividad de sus empresas y trabajadores se compara con otras. El *Crecimiento Impulsado por Productividad* se refiere a mejorar la eficiencia con la cual el sector privado utiliza los recursos humanos, de capital y naturales de una economía. Este camino implica esfuerzos constantes por parte de los gobiernos nacionales hacia la estabilidad macroeconómica, aunque existen políticas adicionales para promover el Desarrollo del Sector Privado (DSP). Los ejemplos van desde aumentar la capacidad productiva y mejorar el clima de inversión, hasta políticas más orientadas hacia el exterior tales como la ampliación y diversificación de los mercados de exportación, y el apoyo a la integración de las empresas locales en las cadenas globales de valor. Las políticas que diseñan e implementan los gobiernos se pueden clasificar de acuerdo con el alcance y el tipo de intervención. Las políticas de DSP se pueden aplicar a las empresas en industrias específicas (vertical) o a todas las empresas independientemente del sector al que pertenecen (horizontal), mientras que los instrumentos, ya sea una intervención en el mercado o un insumo público, se basan en las fallas del mercado que serán abordadas (Fernández-Arias, Agosin, y Sabel 2010).

Una visión con enfoque subnacional hacia el desarrollo económico proporciona a los países de Centroamérica nuevas vías para la formulación de políticas hacia la transición económica de la región. Los esfuerzos de desarrollo económico de la región son liderados por los gobiernos centrales –a pesar de que las ciudades generan dos tercios del PIB en la región– y han gravitado principalmente en torno a la regulación del clima de inversión. Un acercamiento al nivel subnacional en la política de desarrollo económico ofrece oportunidades únicas para que los formuladores de política potencien un crecimiento transformador e impulsado por la alta productividad, mediante el fortalecimiento de la competitividad local y regional. Son varios los motivos que hacen que las ciudades y regiones estén bien posicionadas para facilitar e implementar mecanismos de apoyo al DSP. La escala geográfica de las ciudades y las regiones puede apoyar la aglomeración espacial de las empresas en torno a redes de proveedores, fabricantes y compradores que comparten necesidades similares de infraestructura física, de acceso al mismo tipo de conocimiento o de una reserva de capital humano. Esta escala hace que sea más fácil convocar distintos actores locales y facilitar los procesos de consulta incluyentes.

Mediante la formulación de políticas de Desarrollo Económico Local (DEL), los países de Centroamérica pueden aprovechar el potencial de las ciudades para contribuir al crecimiento económico a largo plazo. El DEL es un enfoque de desarrollo económico que incluye estrategias mediante las cuales las ciudades o regiones pueden apoyar la actividad económica y la creación de empleo en su escala territorial. Las intervenciones de política se clasifican generalmente dentro de una o varias de las siguientes cuatro áreas: (i) instituciones y normas que mejoren el ambiente empresarial, (ii) provisión de infraestructura y suelo adecuados para las actividades económicas, (iii) programas y políticas destinados a desarrollar las habilidades y la innovación, y (iv) apoyo y financiamiento a las empresas. Un análisis global del Banco Mundial sobre la competitividad muestra que las ciudades que fomentan el crecimiento económico y la creación de empleo son capaces de construir alianzas eficaces entre agentes públicos y privados (coalición de crecimiento) y poner en práctica estrategias que combinan acciones en las cuatro áreas mencionadas anteriormente. El DEL, indistintamente de las capacidades locales existentes, brinda lecciones importantes que pueden ser aprovechadas por los actores subnacionales que buscan incorporar consideraciones económicas espaciales en sus planes de desarrollo local.

El aumento de la competitividad es fundamental para mantener el crecimiento económico en Centroamérica

El desempeño moderado de las economías de Centroamérica ha sido impulsado por reformas comerciales consistentes y condiciones externas favorables. Durante la crisis de la deuda externa de Latinoamérica en la década de 1980 conocida como *la década perdida*, el crecimiento compuesto anual en Centroamérica promedió 1.1 por ciento (Porter 2013). Más tarde, durante la década de 1990, las economías de la región florecieron al tiempo que la consolidación de la paz,[2] las políticas macroeconómicas sólidas y las reformas pro-comercio ampliaron la inversión extranjera y posicionaron a la región para aprovechar al máximo el auge de las materias primas. Más recientemente, la región sufrió indirectamente los efectos de la última crisis mundial a través de los Estados Unidos, debido a la importancia de ese país como el principal socio comercial, inversionista y fuente de remesas de la región (Guillén 2011). Gracias en parte a políticas macroeconómicas sólidas, la crisis no ha erosionado los mercados financieros en Centroamérica tanto como en otras regiones, pero los déficits fiscales y la deuda pública se han mantenido en niveles altos desde el inicio de la misma en 2008 (FMI 2012). Las proyecciones de crecimiento a mediano plazo se mantienen estables, influenciadas positivamente por los bajos precios del petróleo[3] y una recuperación más temprana de lo esperado de la economía de Estados Unidos. Las proyecciones del Fondo Monetario Internacional (FMI) indican que Panamá podría ser el país con el mejor desempeño en Latinoamérica con un crecimiento promedio del 6 por ciento durante los próximos 3 años, seguido por Nicaragua con el 4 por ciento y por Costa Rica. El Salvador, Honduras y Guatemala se mantendrán estancados en una banda de crecimiento del 1 al 3 por ciento.

Sin embargo, la mayoría de los países de Centroamérica necesitarían un crecimiento per cápita de los ingresos reales entre 6 y 14 por ciento para cerrar la brecha con los países más prósperos del mundo en 2030. Latinoamérica, en su conjunto, necesitaría un crecimiento per cápita de los ingresos reales del 7.5 por ciento al año si se mantiene el mismo ritmo de reducción de la desigualdad observada en los últimos años. Esta cifra es más del doble del 3.1 por ciento alcanzado en 2003-2011, el período de mayor crecimiento en la región. Suponiendo la tasa de 3.1 por ciento y el mismo ritmo de reducción de la desigualdad, Latinoamérica necesitaría 41 años para cerrar la brecha con los países de mejor desempeño a nivel mundial, y 51 años si la desigualdad se mantuviera constante al nivel de 2011 (Banco Mundial 2013a). Para las economías de Centroamérica, se necesitaría un crecimiento aún mayor. La Figura 5.1 muestra que, excluyendo a Panamá, los

Figura 5.1 Tasas de crecimiento necesarias para alcanzar el punto de referencia en PIB per cápita y Gini en 2030, para los países de Latinoamérica

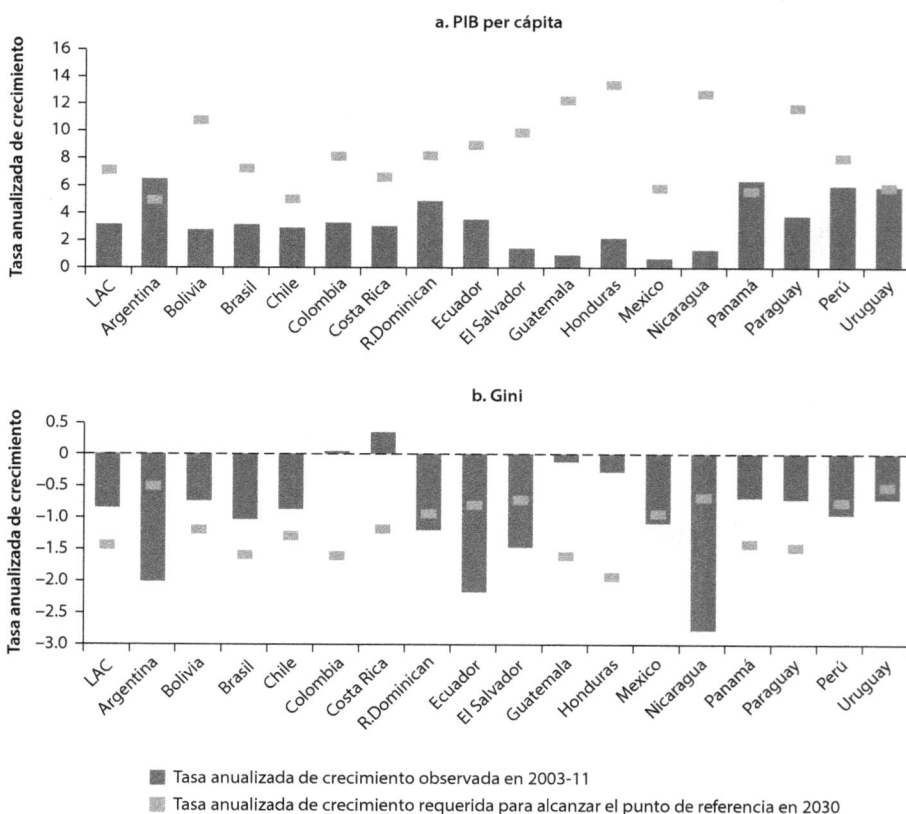

Fuente: Banco Mundial. 2013b.
Nota: LAC= Latinoamérica y el Caribe.

países de Centroamérica necesitarían un crecimiento de entre 6 (Costa Rica) y 14 por ciento (Honduras) anual con el fin de cerrar la brecha con los países más prósperos en 2030.

Otros indicadores presentan una región con profundas desventajas socioeconómicas, y que no está bien equipada para crear los empleos necesarios para un joven grupo demográfico en pleno auge. El PIB per cápita en la región ha crecido muy por debajo de la media global de las economías de ingresos medios y, en comparación con el resto de Latinoamérica, la región ha tenido un desempeño inferior en la reducción de la pobreza[4]. La disminución de la desigualdad del ingreso en Centroamérica ha estado en gran parte estancada durante la última década, lo que dificulta la capacidad de la región en ayudar a la población a salir de la vulnerabilidad y alcanzar un nivel de clase media. En Panamá y Costa Rica, donde el crecimiento económico ha sido más alto, la desigualdad se ha mantenido sin cambios o incluso aumentado[5]. A mediados de la década de 2000, los países del Triángulo del Norte –Honduras, El Salvador y Guatemala– sufrieron altos niveles de delincuencia y emigración a otros países, especialmente a los Estados Unidos. De los 3 millones de inmigrantes centroamericanos que vivían en los Estados Unidos en 2012, el 90 por ciento se trasladó desde estos países (MPI 2013). Factores tales como la emigración y el peso de la economía informal siguen distorsionando los datos de desempleo, que oscila entre el 4-6 por ciento, excepto en Costa Rica donde el desempleo alcanzó el 8 por ciento en 2014. El subempleo, sin embargo, sigue siendo alto[6], representando el 63 por ciento de la población menor de 30 años.

Las economías de Centroamérica exhiben diferentes trayectorias de crecimiento, pero en general, su ventaja competitiva se ha basado en las riquezas naturales de la región y en la proximidad con Estados Unidos. La historia económica reciente de Centroamérica se explica en cierta medida por la capacidad de cada país para capitalizar estos dos factores. Una combinación de clima favorable y diversidad ecológica facilitó el desarrollo agrícola y una industria turística competitiva, mientras que la inversión extranjera se disparó en los sectores donde los tiempos de entrega más cortos y menores costos laborales constituía un factor clave del éxito para servir al mercado de Estados Unidos. Las economías de Guatemala, Honduras, El Salvador y Nicaragua siguen dependiendo en gran medida de estos factores económicos, mientras que Costa Rica y Panamá han logrado diversificar sus economías y transitar a sectores más productivos.

Aunque la producción en la mayoría de países centroamericanos se ha dirigido cada vez más hacia la manufactura, los trabajos se concentran todavía en sectores productivos de baja cualificación que están expuestos a los choques externos. Se estima que en países como El Salvador, Honduras, Guatemala y Nicaragua, más del 50 por ciento de la fuerza laboral se concentra en actividades de baja cualificación relacionados con el comercio y la agricultura, mientras que solo el 15 por ciento se emplea en la manufactura. Las dotaciones naturales de la región, tales como el clima favorable para la producción durante todo el año, las horas de sol al día y la calidad del suelo, constituyen fuertes ventajas comparativas para la

producción de café, azúcar y frutas. Sin embargo, estos productos son extremadamente vulnerables a los desastres naturales, la volatilidad de los precios y otras
perturbaciones. Por otro lado, la industria textil y de confección tipo maquila está
vinculada a las zonas de libre comercio o zonas francas, dado que existen menos
derechos de importación y exportación y, en el caso de Honduras, es el segundo
mayor contribuyente del PIB después de las divisas. Sin embargo, las maquilas
están expuestas a cambios en los precios de las materias primas y la volatilidad
de la inversión extranjera directa (IED).

Los servicios representan una proporción cada vez mayor del PIB en toda
la región, y van desde el 52 por ciento en Nicaragua al 75 por ciento en
Panamá. Definida a grandes rasgos, la categoría de *servicios* incluye actividades no transables de negocios como el comercio o las ventas al por menor,
industrias consolidadas como el turismo y otras emergentes, tales como la
tercerización (*outsourcing*) de procesos de negocio. Tras la expansión de
modelos de negocio basados en la nube y la consiguiente demanda de sub-
contratación de las ventas, la reducción de las tarifas de telecomunicaciones
y una reserva considerable de mano de obra bilingüe han posicionado a
Centroamérica como un lugar competitivo para la industria de centros de
atención telefónica (*call centers*). Aunque la facturación agregada de la industria es todavía baja, está creciendo a un ritmo impresionante. Por otra parte,
hoy en día el turismo es una fuente importante de ingresos para los países de
la región, en un rango que representa entre el 5 y el 10 por ciento del PIB. El
turismo internacional equivale al 7.6 por ciento del PIB en Costa Rica y al
4.3 por ciento en El Salvador.

Las exportaciones de Costa Rica se basan en su mayoría en alta tecnología y
servicios intensivos en conocimiento. Una sólida reforma de liberalización del
comercio y mano de obra con cualificación relativamente alta permite a Costa
Rica nutrir a un vibrante sector de las exportaciones. Hoy en día el país es reconocido mundialmente por su éxito en IED. Las exportaciones representan el 55
por ciento del PIB, partiendo del 27 por ciento en 1980, y la proporción de productos de alta tecnología y TIC es una de las más altas en comparación con otros
países de renta media alta. La producción agrícola se redujo del 13 por ciento del
PIB a principios de 1980 al 5 por ciento actual, mientras que el sector industrial
se ha estancado con una contribución del 20-22 por ciento del PIB en los últimos
25 años y disminuido en términos de empleo (de 25-12 por ciento).

El crecimiento de Panamá está fuertemente influenciado por la operación y
modernización en fases consecutivas del Canal de Panamá. Esta infraestructura
emblemática posiciona a Panamá como un centro de transporte y una economía
únicos en comparación con otros países de Centroamérica. Esto explica la especialización del país en servicios de distribución y logística, y dificulta cualquier
comparación de sus fuentes de crecimiento económico con las de otros países de
la región. La Zona Libre de Colón es el hogar de 2,000 empresas y 15,000 puestos de trabajo. En 2014, Panamá superó la marca de US$ 10 mil millones en
exportación de servicios, liderados por los servicios de transporte relacionados
con el Canal (US$ 5.4 mil millones), el turismo (US$ 3.4 mil millones) y los

servicios financieros, de seguros y de negocios (US$ 1.2 mil millones en total) (ITC, 2014).

Para crear más y mejores empleos, los países centroamericanos deben fortalecer la competitividad del sector privado. Un desarrollo económico exitoso, capaz de elevar al mismo tiempo los ingresos y el nivel de vida es, en última instancia, impulsado por la mejora de la competitividad a nivel de empresa. Los gobiernos de todo el mundo tienen diferentes *palancas* para mejorar el contexto en el que las empresas se expanden e innovan. Ejercen poderes monetarios y fiscales para fomentar la estabilidad macroeconómica, pero también aplican herramientas de política innovadoras para promover el Desarrollo del Sector Privado (DSP) mediante la mejora del entorno empresarial en el que operan las firmas. Tradicionalmente, en Centroamérica estas medidas han sido lideradas principalmente por organismos del gobierno nacional y se han dirigido a mejorar el clima de inversión. A pesar del éxito de estas políticas, concentrar las políticas de desarrollo económico en el trabajo de las Agencias de Promoción de Inversión (API) nacionales es, de hecho, una oportunidad perdida. El impacto de las iniciativas de DSP de forma descendente no se maximiza cuando éstas funcionan de manera aislada. Es la falta de un marco normativo más amplio para hacer frente a los retos del empresariado local lo que limita la capacidad de los gobiernos de Centroamérica para fortalecer el ambiente de negocios y la competitividad del país a través de políticas alternativas.

Construyendo el desarrollo económico local: Lecciones de ciudades competitivas globales

El interés mundial en las políticas de DEL ha crecido en paralelo con los patrones de rápida urbanización. En tanto que los líderes de las ciudades se enfrentan cada vez más a desafíos socioeconómicos significativos, la creación de empleo en las zonas urbanas se ha convertido en una prioridad en el desarrollo económico mundial (WDR, 2013). Una economía boyante crea condiciones para la prosperidad en la forma de mayores ingresos y mejoras generalizadas en el nivel de vida. La comunidad internacional se ha percatado que las políticas de DEL pueden tener un impacto grande en la economía local. Un estudio reciente del Banco Mundial de evaluación comparativa (*benchmarking*) entre las 750 ciudades más grandes del mundo identifica un conjunto de principios comunes aplicados por las ciudades que muestran excelentes resultados económicos. Es decir, un crecimiento por encima del promedio en la creación de empleo del sector, de los ingresos disponibles y de la productividad laboral. Reconocer que las políticas a nivel de ciudad pueden hacer una diferencia en la competitividad del sector privado local, el cual genera el 75 por ciento de todos los puestos de trabajo y el 80 por ciento del valor añadido bruto en las ciudades de todo el mundo, tiene importantes ramificaciones de política. Entender lo que hace que estas ciudades tengan éxito, así como el análisis posterior de las mejores prácticas, documentará la discusión sobre las políticas potenciales de DEL en Centroamérica.

Recuadro 5.1 Las ciudades competitivas impulsan el crecimiento del empleo y el aumento de los ingresos y la productividad

Las ciudades competitivas sostienen el éxito económico mediante políticas en tres canales de crecimiento a nivel de empresa: el crecimiento de las empresas existentes, la atracción de inversionistas externos y la creación de nuevas empresas. Además de atraer inversiones externas, las ciudades exitosas apoyan a las empresas existentes para abordar diferentes limitaciones al crecimiento y apoyan la formación de nuevas empresas. Las ciudades competitivas se caracterizan por un rendimiento económico superior a la media, medido a través de indicadores específicos:

- *El crecimiento económico acelerado:* El 10 por ciento más alto de las ciudades logró un crecimiento anual del PIB per cápita de 13.5 por ciento, comparado con el 4.7 por ciento en una ciudad promedio.
- *El crecimiento del empleo:* El 10 por ciento más alto de las ciudades logró un crecimiento anual de los puestos de trabajo de 9.2 por ciento, frente al 1.9 por ciento en el 90 por ciento restante.
- *El aumento de los ingresos y la productividad:* El 10 por ciento más alto de las ciudades aumentó los ingresos medios disponibles de sus hogares en un 9.8 por ciento al año.
- *"Imanes" para la inversión extranjera directa (IED):* El 5 por ciento más alto de las ciudades obtuvo la misma IED que el 95 por ciento de las ciudades restantes combinadas.

Existe un vínculo entre las políticas de DEL, el nivel de ingresos y la estructura económica de una ciudad. Como muestra la Figura 5.2, las economías locales que generan US\$ 2,500 per cápita, o menos, son impulsadas principalmente por las actividades de negocio tales como los servicios de consumo, comercio mayorista y ventas al menudeo. Éstas pueden ser etiquetadas como "ciudades mercado". La actividad industrial tiende a dominar en "centros de producción" de ingresos bajos y medios con niveles de PIB per cápita entre US\$ 2,500 y US\$ 20,000. Cuando las ciudades se gradúan de esta categoría tienden a convertirse en centros creativos y financieros. El análisis concluyó que, en la navegación de esta transformación económica, las ciudades utilizan *palancas* de política similares o diferenciadas para maximizar los resultados de sus intervenciones DEL. En los niveles más bajos de ingresos, las políticas enfatizan la transformación estructural, es decir, el desarrollo de capacidad institucional, el empuje de la reforma regulatoria y la inversión en infraestructura básica. A medida que la ciudad se desarrolla, el enfoque cambia para escalar el rendimiento productivo, mejorando el uso eficiente de los recursos en la economía, por ejemplo a través de servicios de alto nivel. La mejora del capital humano tiende a ser un objetivo permanente en la agenda de desarrollo económico, pero las ciudades pueden tener que elegir a menudo entre más o mejores puestos de trabajo en función de la etapa en la que se encuentren dentro del ciclo de transformación de la economía.

Las ciudades competitivas centran sus intervenciones a través de cuatro *palancas* o herramientas de política general para influir en los determinantes locales de

Figura 5.2 Las diferentes estructuras económicas y necesidades de las ciudades en diferentes niveles de ingreso

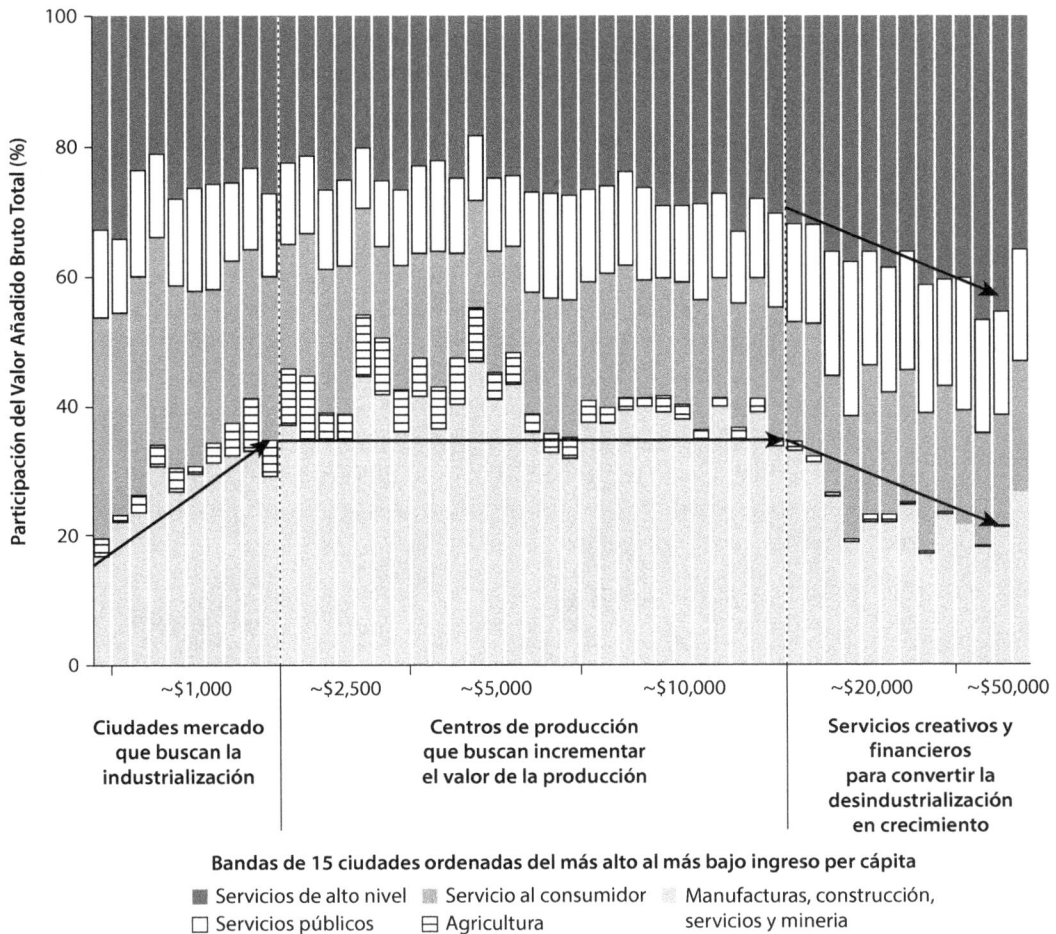

Bandas de 15 ciudades ordenadas del más alto al más bajo ingreso per cápita

- Servicios de alto nivel
- Servicios públicos
- Servicio al consumidor
- Agricultura
- Manufacturas, construcción, servicios y mineria

Fuente: Banco Mundial 2015a.

la competitividad. Estas palancas están fuertemente vinculadas y en conjunto proporcionan un marco amplio para determinar qué opciones de política pueden ponerse en marcha para crear empleos, y al mismo tiempo, aumentar los ingresos y la productividad. Las herramientas subnacionales para las acciones de política se pueden resumir en cuatro categorías:

- *Instituciones y regulaciones:* impuestos, licencias, tasas, regulación legal, promoción y mercadeo;
- *Infraestructura y suelo:* carreteras, electricidad, agua, saneamiento, transporte, comunicaciones y suelo (incluidos los acuerdos de colocación para empresas similares);

- *Habilidades e innovación:* educación básica, formación vocacional y desarrollo laboral, y redes de innovación;
- *Apoyo y financiamiento a las empresas:* acceso al capital, subsidios, incentivos, asistencia para la exportación y desarrollo de capacidades para las actividades operacionales (legales, financieras, administrativas).

El éxito del DEL radica en gran medida en la convergencia del liderazgo proactivo de la ciudad y la política adecuada para facilitar la actuación en diversas áreas de la competitividad. Los líderes de la ciudad generalmente tienen diferentes vías para impulsar las iniciativas de desarrollo económico. La Figura 5.3 presenta algunas de las competencias usualmente disponibles para el gobierno de una ciudad. Para concretizar estas iniciativas, se requerirá la creación de "coaliciones de crecimiento" permanentes o temporales con agentes públicos y privados, además de impulsar la coordinación intergubernamental. Si bien el liderazgo personal y la confianza entre las diferentes partes interesadas es fundamental, el establecimiento de instituciones facilitadoras y la asignación de responsabilidades han probado ser más eficaces para el impulso del DEL sostenible. Estas estructuras pueden surgir para la implementación de una sola acción o volverse permanentes.

Figura 5.3 Las ciudades competitivas conocen sus propias competencias en relación con otras partes interesadas y priorizan sus esfuerzos acorde a ello

	Instituciones y Regulaciones	Infraestructura y Tierra	Habilidades e Innovación	Soporte Empresarial y Financiero
Gobierno Nacional	Manejo macroeconómico Política nacional de inversión y comercio Marco legal y protección de la propiedad Impuestos y regulaciones para industrias específicas	Carreteras, vías, aeropuertos, puertos Red eléctrica Regulaciones para provisión de infraestructura, tales como leyes PPP	Sistema de educación pública Políticas de inmigración para atraer talento Financiamiento y planes de apoyo para I/D Sistema de salud	Facilitación de las exportaciones y el comercio Acceso a sistemas de apoyo financiero
Gobierno de la Ciudad	Impuestos e incentivos municipales Políticas de uso del suelo y zonificación Permisos de construcción, licencias de negocios Seguridad pública y cumplimiento de la ley	Vías urbanas y transporte público Agua y saneamiento Seguridad pública Vivienda y mejora de los barrios marginados	Programas de atracción de talento Apoyo a desarrollo de *clusters* Vinculación de empresas con academia	Servicios de apoyo empresarial Políticas de inversión, promoción y asistencia Facilitación de capital semilla, de fomento y de riesgo
Sector Privado	Asociaciones de estándares y certificación	Infraestructura adicional y servicios compartidos	Programas de entrenamiento vocacional Investigación y desarrollo	Asociaciones y redes de apoyo empresariales Inteligencia de mercado e información comercial Capital y deuda

Fuente: Banco Mundial 2015a.

Qué pueden hacer las ciudades de Centroamérica

Una perspectiva general de las oportunidades de DEL en la región revela áreas específicas por medio de las cuales las ciudades de Centroamérica pueden mejorar su desempeño en diferentes áreas clave de la competitividad local:

- *Instituciones y regulaciones*: Los gobiernos locales pueden aprender unos de otros para mejorar aún más el ambiente de negocios a nivel local.
- *Infraestructura y suelo*: El impacto de los planes de desarrollo territoriales locales y la inversión en el DEL pueden mejorarse mediante un enfoque de desarrollo económico en los procesos de planificación territorial y de inversión.
- *Habilidades e innovación*: Las asociaciones locales pueden ayudar a reducir la brecha de habilidades de la región, facilitando la coincidencia de oferta y la demanda de habilidades específicas.
- *Apoyo a las empresas*: La eficacia de los servicios de apoyo empresarial puede mejorarse mediante un enfoque más estratégico para la promoción de la inversión y un mayor acceso de las firmas locales a estos servicios.

Instituciones y regulaciones
Aprender de otros para mejorar el ambiente de negocios a nivel local

Las instituciones y regulaciones locales dan forma a una parte importante del entorno empresarial a nivel de ciudad. Por ejemplo, a menudo determinan qué tan fácil es para las empresas y los empresarios iniciar un nuevo negocio, obtener un permiso de construcción o registrar una propiedad. El reporte subnacional *Doing Business in Central America* (Banco Mundial, 2015) comparó las regulaciones de negocios a nivel local en los 6 países de Centroamérica y la República Dominicana. Se encontraron variaciones sustanciales en las regulaciones de negocios y su aplicación en todos los países, y también entre las ciudades de un mismo país. La Figura 5.4 presenta el desempeño de varias ciudades a través de las tres áreas estudiadas (apertura de una empresa, obtención de un permiso de construcción y el registro de una propiedad) y revela oportunidades para la reforma y el intercambio de buenas prácticas.

Los gobiernos centrales y locales en Centroamérica están trabajando en mejorar la facilidad para hacer negocios a nivel local. En Costa Rica, los municipios en el área metropolitana de San José compiten para atraer la inversión mediante el establecimiento de sistemas de «ventanilla única» para agilizar los procedimientos de registro y permisos de construcción, haciendo que las regulaciones de la ciudad sean más fáciles de navegar para las empresas y los emprendedores. Como se señaló en el Capítulo 2, este tipo de iniciativas se basa en el aumento de la capacidad local y la coordinación entre los gobiernos central y municipales, y puede beneficiarse de la cooperación entre municipios. La Ciudad de Panamá ha creado una ventanilla única en la oficina de la municipalidad para el procesamiento de permisos de construcción que es supervisada por el Ministerio de Vivienda y Ordenamiento Territorial (MIVIOT). En El Salvador, basándose en la experiencia de OPAMSS, el Vice Ministerio de Vivienda ha creado Oficinas de Planificación

Figura 5.4 Facilidad para hacer negocios en Centroamérica

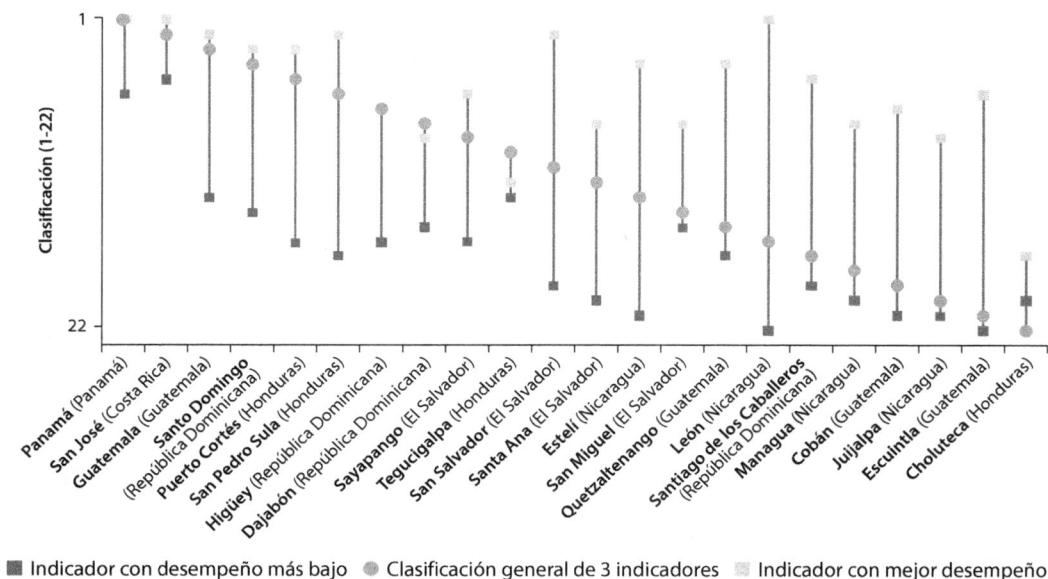

■ Indicador con desempeño más bajo   ● Clasificación general de 3 indicadores   ■ Indicador con mejor desempeño

Fuente: Banco Mundial 2015b.

y Gestión Territorial. Estas unidades técnicas se establecen a nivel de asociaciones de municipios (mancomunidades) que obtienen las economías de escala necesarias para hacerlas sostenibles a nivel local.

Infraestructura y suelo
El uso de un enfoque de desarrollo económico en los planes de desarrollo local

La experiencia internacional muestra cómo las ciudades competitivas son capaces de identificar y realizar inversiones en infraestructura a través de asociaciones eficaces entre los sectores público y privado, y entre distintos niveles de gobierno. Las ciudades de Centroamérica pueden mejorar el impacto de las inversiones en infraestructura en el desarrollo económico local a través de una mayor participación de los gobiernos y los agentes económicos locales en el proceso de planificación. Como se señaló en el Capítulo 2, los planes de desarrollo de la ciudad regularmente se preparan con poca participación de los gobiernos locales. Una mayor participación de los gobiernos locales en la preparación de los planes locales de desarrollo no solo podría mejorar la coordinación entre la planificación espacial y la inversión en infraestructura a nivel de ciudad, sino también garantizar la participación de los actores económicos locales en el proceso.

Las "coaliciones de crecimiento" locales pueden ayudar a las ciudades a identificar prioridades y aprovechar las inversiones del gobierno nacional. Por ejemplo, Bucaramanga, en Colombia, fue capaz de cabildear con éxito al gobierno central para que realizara las mejoras de infraestructura que eran más necesarias para la economía de la ciudad. Una asociación entre el gobierno de la ciudad y el sector privado local condujo a la identificación del transporte como una restricción clave para el crecimiento de las empresas locales. El gobierno local utilizó un estudio preparado por la cámara de comercio de la ciudad para persuadir al gobierno nacional para financiar inversiones específicas en infraestructura. Tánger, en Marruecos, aprovechó las inversiones nacionales en un nuevo puerto para atraer inversiones extranjeras a través de los esfuerzos coordinados de los organismos nacionales y locales de promoción de inversiones.

La infraestructura de conectividad es un ejemplo de las inversiones nacionales que pueden ser aprovechadas a nivel local. A través de un análisis de los cuellos de botella logísticos en Centroamérica (Banco Mundial, 2012), se identificó la congestión urbana, así como los tiempos de espera en la frontera, como una de las principales causas de los retrasos en el transporte de mercancías en la región. La ausencia de rutas de circunvalación representa aproximadamente el 12 por ciento del tiempo de tránsito en las rutas que pasan por la Ciudad de Guatemala y la Ciudad de Panamá. Las vías de circunvalación urbana son un ejemplo de una inversión importante que requiere el apoyo financiero del gobierno central, pero que genera grandes impactos potenciales sobre el desarrollo espacial y económico de la ciudad. La inversión en este tipo de infraestructura abre nuevas áreas a ser planificadas en el marco de una estrategia de desarrollo espacial integral de la ciudad, lo que permite nuevas actividades económicas y contribuye a un desarrollo urbano más sostenible. La introducción de rutas de circunvalación también puede mejorar significativamente la habitabilidad, aliviando la congestión del tráfico y la contaminación atmosférica asociada con el tráfico de carga que pasa por la ciudad.

Los esfuerzos para mejorar la infraestructura para la actividad económica se han centrado principalmente en áreas específicas poco vinculadas con las estrategias de desarrollo integral de la ciudad. Mediante la creación de zonas económicas especiales los países de Centroamérica han estado ofreciendo una mejor infraestructura, junto a condiciones fiscales favorables, para atraer inversiones en sectores seleccionados orientados a la exportación. La siguiente sección analiza cómo los países de Centroamérica pueden mejorar el impacto a largo plazo del apoyo brindado a las empresas si cuentan con un enfoque más estratégico de promoción a la inversión y alineado con las estrategias locales de desarrollo territorial.

Habilidades e innovación
Reducción de la brecha de habilidades al ajustar la oferta y la demanda
Los actores subnacionales se encuentran en una posición ideal para hacer que coincida la oferta con la demanda de capital humano. Un análisis reciente del Banco Mundial[7] concluyó que la mejora del capital humano es imprescindible para enfrentar los retos del empleo en Centroamérica, considerando el pobre historial de la región en los indicadores de desarrollo educativo y formación de habilidades.[8] Una fuerza laboral no cualificada obstaculiza el desarrollo económico y ata a la economía a las industrias de salarios bajos, como es el caso en el

Triángulo del Norte y Nicaragua, lo que hace más difícil romper el círculo vicioso de la desigualdad, el desempleo juvenil y la migración. Los esfuerzos del gobierno para reformar el sistema educativo deben ir acompañados de políticas pragmáticas que respondan a las necesidades de las empresas mediante un enfoque de la educación secundaria y post-secundaria basado en la demanda, con el fin de mejorar las tasas de graduados que se incorporan al mercado laboral. Los administradores de las ciudades tienen una ventaja cuando se trata de facilitar estos vínculos entre las empresas y las universidades e instituciones de formación.

Hay ejemplos de ciudades en Centroamérica que están dando un paso adelante en alinear la educación y formación con las habilidades requeridas por una industria o un inversionista específicos. Cartago, una ciudad de medio millón de personas en Costa Rica, y sede del campus principal del Instituto Tecnológico de Costa Rica (TEC), trabajó con la Coalición de Iniciativas de Desarrollo (CINDE) de Costa Rica para establecer los planes de estudios técnicos necesarios para preparar a una reserva de trabajadores que son demandados por las empresas multinacionales de dispositivos médicos. Dado que la universidad local no fue capaz de proporcionar esta formación en un primer momento, CINDE y la ciudad de Cartago facilitaron una colaboración con la Universidad de Minnesota. Hoy en día hay 52 estudiantes matriculados en un máster de ingeniería a medida de las necesidades de la industria de dispositivos médicos, el primero de este tipo en Latinoamérica. La atracción de universidades extranjeras para establecer campus locales y ampliar la oferta de programas de posgrado también puede ayudar a fortalecer y mejorar los programas ofrecidos por las universidades de la región. Las ciudades también pueden ejecutar programas diseñados para reintegrar a los migrantes que regresan,[9] proporcionando a las economías locales trabajadores con una experiencia y un conjunto de habilidades diferenciados. Este enlace entre la oferta y la demanda locales de habilidades puede ser impulsado ya sea por una iniciativa conjunta entre los gobiernos central y locales como el caso de Cartago, a través de empresas privadas como se muestra en el Recuadro 5.2, que

---

Recuadro 5.2 El caso de Aeroman: Una asociación local para la mejora de competencias

Compromiso con la calidad mediante la mejora de las habilidades técnicas

Establecida en 1983 como la división de mantenimiento e ingeniería de Aerolíneas TACA, Aeroman se convirtió en un importante proveedor de servicios de mantenimiento, reparación y transformación (MRT) de aviones de fuselaje estrecho en América. Desde sus inicios, la empresa ha mostrado un claro compromiso con la mejora continua de las habilidades técnicas del personal con el fin de mantener altos niveles de calidad y lograr tiempos de entrega competitivos. Combinados con su ventaja de costos y su posición geográfica estratégica que conecta América del Sur y del Norte, estos factores han sido fundamental en el éxito de la empresa.

Recuadro continúa en la siguiente página

Recuadro 5.2 El caso de Aeroman: una asociación local para la mejora de competencias *(continuación)*

Cuando los actores privados, públicos y de la educación se intersectan

A través de la colaboración con la Universidad Don Bosco, se desarrolló un curso para técnicos de mantenimiento de aeronaves en 2005. Actualmente 300 estudiantes están inscritos en el programa, 237 se han graduado de él y muchos de ellos son empleados en Aeroman. Los planes de estudio se ampliarán próximamente para incluir también cursos de ingeniería. Según el presidente de Aeroman, un nuevo mecánico debe someterse a dos años de entrenamiento antes de trabajar en las líneas de producción. Tal inversión por trabajador demuestra el compromiso de la compañía con la mejora continua de las capacidades técnicas de su fuerza laboral.

Una perspectiva prometedora

Hoy en día, Aeroman es el único miembro de la red de MRT de Airbus en Latinoamérica y brinda servicio a varias líneas aéreas comerciales. Recientemente llegó a su verificación completa de mantenimiento número 1,000 (realiza alrededor de 150 al año), la gran mayoría de las cuales ha sido para aerolíneas estadounidenses como US Airways o Jet Blue. Aeroman tiene 12 líneas para fuselajes estrechos de Boeing y Airbus y planea añadir capacidades para Embraer en 2016. Se espera que la firma añada 6 nuevas líneas y cree 3,500 nuevos puestos de trabajo en los próximos 7 años. Un nuevo hangar permitirá a Aeroman realizar el MRT de aviones de fuselaje ancho e incluirá un edificio dedicado a la formación.

---

describe el caso de Aeroman, uno de los mejores empleadores en El Salvador. La colaboración de Aeroman con una universidad local ayudó a la empresa a construir una estrategia de negocios exitosa en torno al capital humano

Apoyo a las empresas
Desarrollo de un enfoque más estratégico para la promoción de inversioens y mejora del acceso de las empresas locales a servicios de apoyo empresarial

Aprovechando las zonas económicas especiales. Los países de Centroamérica se han apoyado en gran medida en las zonas económicas especiales para promover las actividades orientadas a la exportación. La región ha sido un adoptador temprano de las Zonas de Procesamiento de Exportaciones (ZPE) o *Zonas Francas*, junto con México, Colombia y la República Dominicana. Generalmente consideradas soluciones rápidas para impulsar las exportaciones, las Zonas Francas en un primer momento eran impulsadas por el sector público y se aplicaba un conjunto similar de incentivos[10] para atraer inversionistas a través de costos de producción, aranceles e impuestos corporativos reducidos. Sin embargo, los limitados beneficios sociales a largo plazo, medidos por el aumento de los salarios, el conocimiento y la mejora de las condiciones de trabajo, no siempre superaban los costos. Con el tiempo, la herramienta se transformó en Zonas Económicas Especiales (ZEE), que ahora representan una gran proporción de los empleos de

Estudio de la urbanización en Centroamérica • http://dx.doi.org/10.1596/978-1-4648-1220-0

manufactura ligera en El Salvador, Honduras, Guatemala y Nicaragua. Aunque las zonas económicas especiales han contribuido a la atracción de inversión extranjera directa, muchas de las empresas que invierten en ellas lo hacen en gran medida por el acceso continuo a los salarios bajos, la electricidad asequible y los incentivos fiscales. La evidencia internacional sugiere que la atracción de la producción basada en los costos, sin la capitalización de los efectos locales, limita la sostenibilidad de las ganancias económicas.

Ejemplos en la región muestran cómo los países pueden desarrollar un enfoque más estratégico para la promoción de inversiones. Con un período de ventaja de 5-10 años sobre la mayoría de los países de Centroamérica, la República Dominicana representa un buen punto de referencia para los países que lograron trasladar la inversión de los sectores intensivos en mano de obra no calificada a los sectores de mayor valor añadido con vínculos más estrechos con los proveedores locales. En 2003, las empresas textiles y de confección representaron más del 50 por ciento de todas las firmas que operaban en las zonas económicas especiales en la República Dominicana. Representaban incluso una proporción mayor de las exportaciones y el empleo. A finales de 2010, los textiles y las prendas de vestir representaron solo el 22 por ciento de las empresas de las zonas económicas especiales, ya que los esfuerzos de promoción se orientaron de forma activa hacia otros sectores económicos como los de servicios, tabaco, agroindustria, productos farmacéuticos y productos electrónicos. La región es también sede de casos de éxito y casos emergentes de IED reconocidos, tales como el establecimiento del fabricante de microchips Intel en Costa Rica en 1996. En Honduras, el *cluster* textil experimentó una notable evolución desde etapas productivas de bajo valor y bajo nivel de calificación de la mano de obra hacia otras más intensivas en capital.

Con la guía de Organizaciones de Promoción de Inversiones (OPI) de clase mundial basadas en la región, las autoridades locales pueden atar inversiones estratégicas tanto a las ZEE existentes como a las nuevas. En El Salvador, Honduras, Guatemala y Nicaragua las ZEE constituyen una importante fuente de empleo en el área de manufactura ligera, principalmente en la industria textil y de confección. En Nicaragua, las ZEE representaron el 80 por ciento de las exportaciones en 2005, frente al 67 por ciento de Panamá. En El Salvador, las exportaciones de textiles procedentes de las ZEE, por un importe de US$ 2.4 mil millones, representan casi la mitad de las exportaciones nacionales. Este escenario económico es una oportunidad para que los agentes subnacionales aprovechen su conocimiento preciso sobre los activos y la especialización productiva de la región, fomenten la transferencia de tecnología y de conocimientos técnicos de las empresas líderes en las ZEE existentes, y documenten la planificación de otras nuevas.

Las ciudades grandes y medianas de Centroamérica colaboran con sus respectivas oficinas de propiedad intelectual (OPI) para garantizar que los incentivos que promueven a lo largo de la cadena estén alineados con la transición hacia la liberalización del comercio. Países como Nicaragua y Costa Rica cuentan con instituciones renombradas a nivel mundial en este campo. En Nicaragua, mientras que PRONICARAGUA es reconocida por su eficiencia y celeridad en la respuesta a las peticiones de los inversionistas internacionales, CINDE se ha destacado especialmente en los servicios dirigidos a consolidar y expandir las operaciones de las corporaciones multinacionales (CMN) establecidas. A diferencia del enfoque de "tú construye y ellos vendrán", CINDE dedica la mitad de su equipo de 40 personas a la promoción de negocios, incluyendo un equipo de expertos en "inteligencia de inversión" para anticipar la demanda global en los países con sectores estratégicos basados en el conocimiento. El fomento de las inversiones en sectores específicos permite a CINDE orientar la promoción de las ZEE a firmas líderes específicas y otras más pequeñas que producen insumos relacionados, y sacar provecho de las ventajas comparativas y competitivas locales. Para las empresas establecidas, el objetivo de la organización es inequívocamente el talento. Representantes de CINDE se reúnen periódicamente con los jefes de departamento de recursos humanos para abordar los conjuntos de habilidades que requieren para ampliar la producción o la actividad empresarial en sus filiales de Costa Rica.

La mejora del acceso de las empresas a los servicios de apoyo empresarial

Oficinas de DEL a nivel de ciudad pueden mejorar la oferta y el acceso a los servicios de apoyo empresarial. Como se mencionó en la sección anterior, las estrategias de desarrollo económico exitosas a nivel nacional combinan la promoción proactiva de la inversión con el continuo suministro de una amplia gama de servicios de apoyo empresarial. Para hacer crecer sus negocios, las empresas y los empresarios en Centroamérica pueden solicitar la asistencia de proveedores privados e institucionales que brindan servicios que van desde la información actualizada sobre mercados de exportación, hasta el asesoramiento sobre cuestiones de cumplimiento, certificación de calidad o el acceso al financiamiento.

Los mecanismos de apoyo a las empresas tienden a estar dispersos en múltiples agencias y departamentos del gobierno nacional. Por lo general el portafolio de programas de apoyo a la competitividad no está consolidado bajo un mismo techo, por lo que las empresas deben navegar por una estructura pública a menudo burocrática y deben ajustar sus necesidades específicas a los parámetros de un programa de soporte ya existente, y no al revés. Sin embargo, se están realizando esfuerzos para racionalizar y consolidar el apoyo nacional a la competitividad. Costa Rica aprobó una ley en octubre de 2015 para la racionalización de la cartera de apoyo a las PYMEs a través de la creación de FOMPRODUCE.[11] Con un presupuesto inicial de US$ 34 millones, FOMPRODUCE integra seis organismos diferentes (DIGEPYME, INAPYME, PRONAPYME, FODEMIPYME, PROPYME y CONICIT)[12] y reúne a cuatro ministerios (MEIC, MICITT, MAG y COMEX). Su consejo de administración tendrá representantes permanentes del sector privado, incluidas las cámaras de comercio y UCCAEP, un gremio que agrupa a las asociaciones empresariales.

La prestación de servicios de negocios a nivel nacional debe ir acompañada por el desarrollo de ventanas integradas similares a nivel local. Hacerlo de esta manera no solo simplificaría las cosas desde la perspectiva del beneficiario, sino que también permitiría a los funcionarios públicos obtener una comprensión más completa de los retos competitivos que enfrenta el sector privado, dándoles así la oportunidad de documentar sus decisiones de intervención.

¿Cómo hacerlo? Prioridades para el desarrollo de políticas de DEL en Centroamérica

El análisis de las experiencias de desarrollo e implementación de políticas de DEL en Centroamérica revela varias limitaciones. Las estrategias de DEL que se han implementado en la región a menudo sufren de la falta de un análisis riguroso de la situación local en términos de la actividad económica, el empleo y el potencial de desarrollo económico. Existe un limitado compromiso sistemático del sector privado en los procesos de definición de las estrategias de desarrollo a nivel local. Finalmente, las ciudades carecen de la capacidad para facilitar el diálogo entre los actores locales y proveer los servicios fundamentales para la definición e implementación de estrategias de DEL.

Con base en la experiencia de los países de Centroamérica y las lecciones de los estudios de casos globales, las prioridades para desarrollar mejores políticas de DEL en Centroamérica son:

- Comprender mejor la economía local a través del análisis y la evaluación comparativa (*benchmarking*)
- Facilitar una visión de largo plazo para la ciudad o la región y fortalecer el Diálogo Público-Privado (DPP) para preparar agendas de competitividad encaminadas a lograr esa visión
- Traducir las estrategias en acción a través de la obtención de competencias subnacionales y el fomento de la coordinación intergubernamental

Comprender mejor la economía local a través del análisis y la evaluación comparativa

Cualquier discusión sobre las prioridades de política de DEL debe basarse en una comprensión exacta de la realidad económica local o regional.[13] Las autoridades locales deben capturar la naturaleza distintiva de sus economías locales para comprender las posibles fuentes de ventajas comparativas y competitivas. Algunas iniciativas, como el Índice de Competitividad Municipal en El Salvador y otros intentos similares para evaluar las condiciones subnacionales del clima de inversión, son pasos importantes para la recopilación de indicadores económicos precisos y poder llevar a cabo una evaluación comparativa (*benchmarking*) en los entornos locales. En este contexto, las encuestas a nivel de empresa y los indicadores del clima de inversión pueden decirnos cuáles son las limitaciones percibidas para el desarrollo del sector privado en cada país y en la región en su conjunto. Gracias a una encuesta de 2010[14] sabemos que en Guatemala y El Salvador el crimen es percibido como la limitación más vinculante en las operaciones del día a día, mientras que la electricidad es una limitante importante en Nicaragua, el acceso al financiamiento lo es en Costa Rica y la corrupción en Panamá y Honduras.

También sabemos que cuando los resultados a nivel de país se promedian, las empresas registradas clasifican a la competencia de las empresas informales como la mayor restricción para las operaciones del día a día.[15] Sin embargo, éstas restricciones deben basarse en una comprensión de los aspectos y tendencias cualitativos que afectan a la estructura económica de la ciudad.

El análisis debe tener en cuenta los rápidos cambios que se dan en la industria, como se ejemplifica en las ciudades capitales de Centroamérica. Al incrementarse los costos de producción en las ciudades, los trabajos de manufactura son reemplazados por actividades orientadas a los servicios. El surgimiento de la industria de los *call centers* ilustra esta tendencia, que al igual que el *multiplexing* y las tecnologías basadas en la nube están creando las condiciones para un auge del BPO (*Business Process Outsourcing*) y el CCO (*Contact Center Outsourcing*). En los últimos 15 años, en ciudad de Guatemala se han perdido 80,000 puestos de trabajo en el sector manufacturero, pero la creación de empleo en los *call centers* para BPO está creciendo rápidamente. Quetzaltenango, una ciudad de tamaño medio con una infraestructura comercial limitada, espera crear 70,000 empleos en un futuro próximo. Este sector empleaba en Guatemala a 9,000 personas en 2008, pero en 2014, 75 empresas ya empleaban a 35,000 personas y se espera que esta cifra aumente a 55,000 a finales de 2016. Predicciones recientes (Frost y Sullivan, 2014) sitúan el empleo futuro en 150,000. Del mismo modo, la industria de los *call centers* en Costa Rica creó 45,000 puestos de trabajo en los últimos 15 años, empleos que se distribuyen entre 28 centros de contacto y 18 grandes empresas que ofrecen servicios de BPO.

El resto de las economías centroamericanas están alcanzando a estos países a una velocidad impresionante. La industria de Panamá surgió en 2010 y, con un promedio de crecimiento anual del 25 por ciento desde entonces, incluye en la actualidad 40 centros y 13,000 puestos de trabajo. En El Salvador creció 19 por ciento para crear 17,500 puestos de trabajo y Nicaragua cuenta al día de hoy con 25 centros en funcionamiento. La industria de los *call centers* en Honduras ha sido el sector económico de mayor crecimiento en los últimos 3 años. Emplea a aproximadamente 27,000 personas; 10,000 de estos puestos de trabajo fueron creados tan solo en 2014. San Pedro Sula, la capital industrial, se está convirtiendo en un punto de acceso para los centros de llamadas y ha desarrollado un parque industrial dedicado a atraer a los jugadores globales clave. Honduras es la sede de 30 CCO y 12 BPO de inversionistas internacionales.

Facilitar una visión de largo plazo y una agenda de competitividad a través de un Diálogo Público-Privado (DPP) orientado a la acción

El DEL en Centroamérica puede mejorar el impacto de los intentos anteriores para desarrollar programas de desarrollo económico a nivel nacional. A través de la facilitación de procesos de abajo hacia arriba, las políticas de DEL pueden superar un cierto grado de parálisis política que ha afectado negativamente la implementación de las prioridades nacionales en materia de competitividad. En 1994, los países de la región crearon la Alianza Centroamericana para el Desarrollo Sostenible dirigida a mejorar la cooperación regional en el campo del desarrollo económico. Un equipo de expertos internacionales[16] recomendó estrategias de política para fortalecer la posición de la competitividad global de la región y promovió la aparición de Consejos Nacionales de Competitividad.[17] Estos Consejos reconocieron las virtudes de una interacción más estrecha entre los sectores público y privado para apoyar la competitividad, actualizaron el análisis de los retos económicos y establecieron prioridades nacionales para abordarlos. Sin embargo, no les fue posible sostener una interfaz renovada con el sector privado y rara vez se acoplaron con una asignación correspondiente de recursos para su implementación.

Un gobierno local eficaz prioriza las acciones de política que se alinean con una visión económica a largo plazo. La visión de una ciudad hacia la prosperidad sostenida debe establecerse a través de un proceso participativo y basarse en una evaluación de la economía y sus ventajas comparativas. Aquellos municipios de Centroamérica que cuentan con mapas de ruta estratégicos rara vez incluyen un componente de desarrollo económico y, cuando lo hacen, estos no son apoyados por un análisis exhaustivo. Una visión compartida es esencial cuando se trata de construir consensos sobre las estrategias necesarias para lograrla, por lo que la selección de los actores en un proceso de DPP debe reflejar la escala geográfica real de la economía de la ciudad.[18] Los facilitadores en las ciudades capitales de Centroamérica, a modo de ejemplo, deben determinar qué límites administrativos metropolitanos serán los más adecuados para hacer frente a los desafíos clave del desarrollo económico. Es esencial pensar a largo plazo y fomentar la participación de la población y del sector público de modo que sean capaces de apropiarse del proceso.

En la definición de estrategias para apoyar esta visión, el grupo de participantes públicos y privados en los esfuerzos de DPP puede ser más estrecho en su alcance. Los actores del DEL pueden maximizar el impacto de las intervenciones resultantes dado que tienen un mejor conocimiento de las tendencias del mercado dentro de la industria donde compiten las empresas locales. En las regiones con un amplio grupo de empresas y una estructura económica diversa, un equipo o una unidad permanente del DEL puede encargarse de reunir a las partes interesadas en la economía local con el objetivo de facilitar las actualizaciones periódicas de la visión económica basada en indicadores de rendimiento económico. El éxito de proyectos requiere una filosofía centrada en los negocios, que reconozca al análisis estratégico como el medio para evitar las formulas intuitivas para el crecimiento. Como lo demuestra el análisis global de ciudades competitivas, cuando el personal de DEL realiza un análisis adecuado y entiende los conceptos de la estrategia de negocios, puede realizar una función similar a la de los consultores de estrategia, combinando la facilitación de procesos y el análisis estratégico con los participantes, para después traducirlos en planes de acción de DEL. Los DPP efectivos a menudo comienzan con el planteamiento de preguntas estratégicas basadas en la evidencia, apoyados por un análisis de oferta y demanda.

Cuando el desarrollo general de la estrategia se lleva a cabo en un sector económico o una cadena de valor específicos, las acciones resultantes de DEL tienden a ser más avanzadas. El camino hacia la competitividad no es el mismo para todas las empresas en una economía. Aquellas que pertenecen a la misma cadena de valor o segmento de negocios estarán influenciadas por factores similares de éxito para competir, que a su vez están cada vez más influenciados por las tendencias mundiales. Por lo tanto, los equipos de DEL pueden facilitar una discusión más específica sobre los desafíos estratégicos mediante la participación de los actores del sector en un análisis basado en la demanda. Tradicionalmente, las empresas multinacionales concentraron sus procesos productivos en un solo lugar, por lo que los países en desarrollo se quedaron con muy pocas opciones para diversificar su economía: atraer a una empresa líder en este sector, desarrollar nuevos sectores a partir de cero o mantener una especialización en el sector de la agricultura con salarios bajos. El patrón de globalización intensa ocurrido durante las últimas décadas causó la fragmentación de las actividades productivas, abriendo todo un nuevo conjunto de oportunidades para las empresas que participan en las cadenas globales de valor[19] (CGV) mediante la captura progresiva de actividades de mayor valor agregado.

Pasar de las estrategias a la acción a través de las competencias subnacionales y la coordinación intergubernamental

El liderazgo en la implementación del DEL proviene de diversas combinaciones de actores en la economía de una ciudad. A pesar de las dificultades intrínsecas en la definición de una visión económica a largo plazo, la mayoría de las políticas de DEL tienden a fallar durante la fase de implementación. Los cuellos de botella surgen a partir de varios escenarios, por ejemplo, cuando las acciones están mal formuladas, cuando el financiamiento depende de un único actor o cuando la iniciativa es impulsada en gran parte por una sola figura pública. Entrevistas realizadas en todo Centroamérica revelaron que varios casos de éxito en DEL se han construido sobre la influencia de "líderes personales", ya sea alcaldes, empresarios reconocidos o expertos de la industria. Mientras que la participación de estos actores conlleve a buscar soluciones para problemas específicos, también indica una falta de diálogo sistemático con otros actores pertinentes, poniendo en peligro la sostenibilidad global de los procesos de DEL. Dado que los retos económicos son dinámicos y que los problemas cambian con el paso del tiempo, la estructura de DPP debe ser capaz de sostener las iniciativas a largo plazo, adaptarse a ellas y, más importante aún, sobrevivir crisis políticas durante distintos ciclos electorales. Los administradores de las ciudades deben explorar fórmulas basadas en el desempeño, que vinculen las estructuras de DEL a criterios para evaluar el impacto.

Es esencial la coordinación con los actores regionales y otros niveles de administración. Las ciudades competitivas utilizan su influencia para unir fuerzas con aquellas que comparten intereses similares, dado que las iniciativas más transformadoras normalmente requieren una cooperación interjurisdiccional con las comunidades vecinas para conseguir financiamiento. En una escala más pequeña, como se indicó anteriormente, los actores de DEL también tendrán que coordinar con las instancias nacionales de gobierno para ayudar a las empresas locales a navegar los instrumentos de apoyo a la competitividad. La colaboración entre los funcionarios de desarrollo económico subnacional y nacional tiene lugar en ambos sentidos. Las reformas a nivel nacional pueden extenderse más fácilmente a las empresas cuando el alcance de los actores locales y regionales representa un conducto activo y eficiente para comunicarse, particularmente con las PYMEs.

La asignación de competencias de DEL debe estar precedida por una discusión sobre la escala conveniente para llevar a cabo políticas de DEL, la cual puede ampliarse progresivamente según los resultados. La ampliación de las competencias de DEL en la estructura institucional, los recursos financieros y capital humano puede ocurrir de forma gradual. Teniendo en cuenta que no todas las grandes ciudades de la región cuentan con una unidad de DEL, y las que sí tienen están principalmente involucradas en la regulación de los sectores no transables como el comercio y la venta al por menor, la actualización de las políticas de DEL no necesariamente requiere la configuración inicial de nuevas estructuras institucionales. Antes de aumentar las estructuras de personal de DEL y asignar otras competencias, debe determinarse cuál es la mejor escala para participar en el DEL. El Salvador, el país más pequeño de Centroamérica y uno de los más densamente poblados del mundo, ha fomentado alianzas entre sus 292 municipios y actualmente está impulsando las políticas de desarrollo económico regional con un grupo de 24 asociaciones de municipios o mancomunidades. Una vez que quede definida la unidad de administración encargada del desarrollo económico subnacional, los equipos de DEL pueden encontrar formas económicas para facilitar logros rápidos ("quick wins") mientras que aprenden en el proceso.

Este enfoque de "aprender haciendo" puede permitir que los funcionarios de una ciudad diseñen una estructura de DEL que refleje mejor la dinámica de la economía local. Es más, estas experiencias en el terreno y los logros iniciales normalmente sirven como prueba para convocar la participación de un espectro más amplio de actores locales. Una unidad prospectiva de DEL requerirá de las habilidades adecuadas para llevar a cabo su papel como facilitadora de estrategias regionales y sectoriales, y su desempeño debe medirse a través de indicadores tales como el impacto evidenciado en la competitividad local o la tracción generada con el sector privado.

Notas

1. El "bono demográfico" se refiere a las oportunidades derivadas de los cambios en la estructura de edad de un país como consecuencia del desarrollo gradual de su economía. Cuando el promedio de esperanza de vida aumenta y el tamaño de las familias se reduce progresivamente, hay un periodo de tiempo en el que un gran número de jóvenes con estudios entra en el mercado de trabajo.

2. Progresivamente, a principios y mediados de la década de 1990 los países de Centroamérica terminaron largos períodos de conflicto civil e inestabilidad política, incluyendo las principales guerras civiles, una guerra regional entre Guatemala y Honduras y la participación de la región en la Guerra Fría. Sorprendentemente, el ser un escenario central en los conflictos de la guerra fría impulsó la afluencia de ayuda internacional que cada gobierno utilizó de manera muy diferente. Mientras que

Honduras amplió su capacidad militar, Costa Rica dio prioridad a las inversiones en educación, salud y vivienda.

3. A diferencia del resto de LAC, Centroamérica es un importador neto de petróleo y por tanto muy dependiente de los precios de los hidrocarburos, ya que el 40 por ciento de su producción eléctrica se basa en combustibles fósiles.

4. El 44 por ciento de la población aún vive con menos de US$ 4 por día, una reducción de solo 9 por ciento desde el año 2000, en comparación con una disminución del 40 por ciento en LAC para el mismo período.

5. Costa Rica y Panamá pasaron de ser unos de los países menos desiguales en LAC en 2000, a estar cerca de la mediana para el año 2012.

6. Trabajadores *subempleados* son (i) empleados altamente calificados que trabajan en empleos de baja remuneración y que requieren habilidades menores, o (ii) trabajadores a tiempo parcial que preferirían trabajar tiempo completo. En el Triángulo del Norte esta cifra equivale a un 30-40 por ciento.

7. *Better Jobs in Central America: The Role of Human Capital* es un informe de referencia de 2012 preparado por el Departamento de Desarrollo Humano para LAC del Banco Mundial.

8. La calidad de la educación primaria es pobre, como lo demuestran los bajos puntajes de lectura y niveles de rendimiento. Nicaragua, Guatemala y Honduras tienen una fuerza de trabajo con un promedio de menos de 6 años de estudio, mientras que Costa Rica y Panamá tienen 8.4 y 9.4, respectivamente. Estos niveles contrastan con el nivel de Estados Unidos de 13 años de estudio. Es preocupante que la región en su conjunto haya mostrado poca mejoría en los últimos 10 años. En relación a la proporción de la fuerza de trabajo con algunos años de educación post-secundaria, Costa Rica encabeza la lista en la región con el 18.6 por ciento. Guatemala, Honduras y Nicaragua tienen niveles que están significativamente debajo del 10 por ciento, mientras que El Salvador alcanza el 10.6 por ciento. Estos niveles se comparan con la cifra de Estados Unidos del 50.1 por ciento. El gasto público en educación en la región es bajo, y solo Panamá y Costa Rica se encuentran ligeramente por encima del promedio de LAC. El promedio de LAC para el período 2000-2009 fue del 4.14 por ciento del PIB, solo superado por Costa Rica (4.98) y Panamá (4.31). Esto sigue siendo un tercio de la media de los países de la OCDE.

9. La reducción de capital humano en los países de Centroamérica emisores de migrantes tiene lugar generalmente en los segmentos educados de la sociedad, pues las personas que salen del país tienden a estar mejor preparadas que los que se quedan atrás. Las tasas de emigración de población con educación terciaria en El Salvador, Guatemala, Honduras y Nicaragua se encuentran dentro de una banda asombrosa de 25-30 por ciento. Estos emigrantes generalmente terminan en empleos de baja remuneración en los Estados Unidos, el destino para aproximadamente el 70 por ciento del total de migrantes de Centroamérica. *Bashir, Gindling y Oviedo 2012; World Bank Migration and Remittances Factbook 2011.*

10. Las categorías de zonificación industrial incluyen seis tipos: i) Zona de Libre Comercio, ii) Zona de Procesamiento de Exportaciones, iii) Zona Empresarial, iv) Fábricas Individuales, v) Puerto Libre, y vi) Zona Especializada. En Colombia, la zona de Barranquilla fue abierta en 1964; en la República Dominicana en 1965. El Salvador, Guatemala y Honduras le siguieron a principios de 1970. Después de esto vinieron Nicaragua en 1976, Jamaica en 1976 y Costa Rica en 1981.

11. Agencia de Fomento Productivo, Innovación y Valor Agregado.

12. En ese mismo orden, estas siglas significan: Dirección General de Apoyo a la Pequeña y Mediana Empresa, Unidad de Desarrollo de la Pequeña y Mediana Empresa, Programa Nacional de Apoyo a la Microempresa y la Movilidad Social, Fondo para el Desarrollo de las Micro, Pequeñas y Medianas Empresas, Programa de Apoyo a las Pequeñas y Medianas Empresas, y el Consejo Nacional para Investigaciones Científicas y Tecnológicas.

13. En los países pequeños como los de Centroamérica, los límites de esta realidad económica pueden ir más allá del alcance local o regional, lo que requeriría una configuración acorde de la iniciativa de DEL.

14. La Encuesta de las Empresas del IFC (Banco Mundial, 2014) incluyó 12,855 entrevistas a empresas con más de cinco empleados en 30 países de la región, que pertenecen a los sectores no agrícolas (manufactura, construcción, servicios, transporte, almacenamiento, comunicaciones y TI). Los encuestados en Centroamérica estaban ubicados mayoritariamente las ciudades capitales.

15. La informalidad ha sido tradicionalmente alta en la región de LAC, solo superada por el África subsahariana en términos globales. La proporción real del empleo en el sector informal se estima en 71 por ciento en El Salvador, 81 por ciento en Guatemala y 84 por ciento en Honduras. Las múltiples ramificaciones de la informalidad en la economía no se limitan al entorno de competencia. El hecho de que casi 9 de cada 10 empresas en LAC empiezan como formales y siguen siendo formales refuerza el papel fundamental que desempeñan las autoridades locales fomentar la iniciativa empresarial ya que la simplificación de los procedimientos necesarios para iniciar un negocio y registrar una nueva empresa fomenta la expansión de la economía formal.

16. *Harvard Business School* e INCAE facilitaron una serie de sesiones de trabajo con los funcionarios públicos de 5 países.

17. Estas iniciativas siguieron el éxito de instituciones público-privadas similares para el impulso a la transformación productiva en República Dominicana, Colombia y algunos países de Asia y Europa.

18. Documento complementario. Marco para el Diálogo Público-Privado en las Ciudades.

19. Cada sector económico, tradicional o no tradicional, está influenciado de un modo u otro por las CGV. Gracias a la reforma para la facilitación del comercio llevada a cabo en las últimas décadas y la proximidad a los grandes mercados, Centroamérica ha logrado sobresalir claramente en la provisión de soluciones de cadenas de suministro. Sin embargo, la cadena de suministro y la cadena de valor no son exactamente el mismo concepto. Las cadenas de valor giran en torno al concepto de valor y qué procesos pueden añadir más de éste, mientras que una cadena de suministro tiene que ver con el movimiento eficiente de los insumos para la fabricación y distribución de un producto. Dado que la facilitación del comercio consiste en hacer que las cadenas de suministro sean más eficaces, el éxito de las CGV depende de la eficiencia de las cadenas de suministro.

Referencias

Bashir, S., Gindling, T. H. y Oviedo, A. M. 2012. *Better Jobs in Central America: The Role of Human Capital.* Washington, DC: Banco Mundial.

Banco Mundial. 2012a. *Logistics in Central America. The path to competitiveness.* Washington, DC: Banco Mundial.

————. 2012b. *World Development Report 2013: Jobs*. Washington, DC: Banco Mundial.

————. 2013a. *Unlocking Central America's Export Potential Knowledge Platform. Documento Resumen*. Washington, DC: Banco Mundial.

————. 2013b. *Shifting gears to accelerate shared prosperity in Latin America and Caribbean*. Latin America and the Caribbean Poverty and Labor Brief. Banco Mundial. Washington, DC.

————. 2014. *Mapping enterprises in Latin America and the Caribbean*. Enterprise surveys Latin America and the Caribbean Series: Note Num. 1. Washington, DC: Banco Mundial.

————. 2015a. *Competitive Cities for Jobs and Growth: What, Who and How*. Washington, DC: Banco Mundial.

————. 2015b. *Doing Business in Central America and the Dominican Republic 2015*. Washington, DC: Banco Mundial.

Cunha, B. y Jaramillo, C. 2013. *Trade and Logistics in Central America.*Washington, DC: Banco Mundial.

Fernández-Arias, E. 2010. *Multilateral Safety Nets for Financial Crises*. Washington, DC: Banco Interamericano de Desarrollo.

Fernandez-Arias, E., M. Agosin y C. Sabel. 2010. "Phantom or Phoenix? Industrial Policies in Latin America Today." In *The Age of Productivity: Transforming Economies from the Bottom Up*, editado por Carmen Pages. Development in the Americas Series. Washington, DC: BID.

FMI (Fondo Monetario Internacional). 2012. "Central America, Panama, and the Dominican Republic: Trade Integration and Economic Performance", FMI *working paper* N. 12/234.

Frost & Sullivan. 2014. *Latin American Contact Center Systems Market 2014 Report*. Frost & Sullivan.

Guillén, R. 2011. "The effects of the global economic crisis in Latin America." *Revista de Economía Política*, 31(2), 187-202.

ITC (International Trade Centre). 2014. *Panama Country Report*. ITC

Lederman, D., J. Messina, S. Pienknagura y J. Rigolini. 2014. *Latin American Entrepreneurs: Many Firms but Little Innovation.*Washington, DC: Banco Mundial.

MPI (Migration Policy Institute). 2013. "Tabulation of data from the U.S. Census Bureau."

Porter, Michael E. 2013. "Economic and Social Development: The New Learning. Americas Competitiveness Forum." Presentación, Ciudad de Panamá, Panamá.